THE E-ERA: NEW STRATEGIC
LANDSCAPE UNDER INTERNET

互联网时代@
新战略全景

马旭飞 杨 慧◎著

图书在版编目（CIP）数据

互联网时代：新战略全景/马旭飞，杨慧著.—北京：经济管理出版社，2014.12
ISBN 978-7-5096-3590-2

Ⅰ.①互⋯ Ⅱ.①马⋯ ②杨⋯ Ⅲ.①互联网络—应用—企业管理—研究 Ⅳ.①F270.7

中国版本图书馆 CIP 数据核字（2015）第 004064 号

组稿编辑：申桂萍
责任编辑：张　达
责任印制：司东翔
责任校对：陈　颖

出版发行：经济管理出版社
（北京市海淀区北蜂窝 8 号中雅大厦 11 层　100038）
网　　址：www.E-mp.com.cn
电　　话：（010）51915602
印　　刷：三河市延风印装厂
经　　销：新华书店
开　　本：710mm×1000mm/16
印　　张：18.25
字　　数：306 千字
版　　次：2015 年 5 月第 1 版　2015 年 5 月第 1 次印刷
书　　号：ISBN 978-7-5096-3590-2
定　　价：58.00 元

·版权所有　翻印必究·

凡购本社图书，如有印装错误，由本社读者服务部负责调换。
联系地址：北京阜外月坛北小街 2 号
电话：（010）68022974　　邮编：100836

作者序 Preface

在互联网思维震耳欲聋的雷鸣中，战略管理学界的声音太小了，几乎集体"失声"。

为什么呢？坊间传说的原因大致有二：

其一，"不是我不明白，这世界变化快"。因为不熟悉"天下武功，唯快不破"这一互联网界的武林玩法，学者对互联网的研究比实践的发展要滞后一些。

其二，"你的柔情，我永远不懂"。战略研究有意无意地与实践保持距离，在另一个与之平行的空间独立地做学术运行，虽有关注，但也只能是隔空喊话。

互联网思维的英语翻译是"Internet Thinking"，我们用 Google Scholar 进行搜索发现，在国外的学术文章里很少有人在谈这个概念。偶尔涉及这一概念的一两个文献，也是在近期才出现的，作者姓名显示还是"Made in China"。

我们不甘心，继续文献回顾，用无比强大的文献"神器库"进行大数据搜索，结果喜出望外，这次真的有！然而，定睛一看，发现发表时间较久远，在公元 2000 年左右。千禧年，那是什么时间？互联网发生了什么事情？为什么在那时会有 Internet Thinking 这样的概念如雨后春笋般出现？想着想着，惊呆了，出了一身冷汗，你懂的。

有人说，战略管理的理论已经开始被新的所谓的互联网思维颠覆。

我说，绝！无！可！能！原因有二：

（1）战略管理是应用学科，根本没有纯粹自己的理论，你去颠覆一个虚空，岂不是零做分母？

（2）战略管理的发展是基于诸多基础学科众筹的结果，你去颠覆一个无限，岂不是夜郎自大？

话虽这样说，作为战略学者和实践者的你我，你不做我不做，谁来保卫咱战略谁来保卫TA？

我们以前的研究以传统的、集团的、跨国战略为重点，现在，已经开始关注未来的创新的成长型公司，因为只看飞利浦、诺基亚，不了解TABLE就弱爆了。

我以前的时间几乎是学院派的理论研究占中，现在已经开始重新深研案例并被互联网的逻辑思维微洗脑，因为马化腾说了，"玩"也是一种生产力。

事实上，战略与创业的研究界限越来越模糊。理论必须走下神坛，走到人们身边来。这种转型很痛苦，但是，不能放弃治疗，要长知识，要迭代。

于是，问题来了，在学者层面，怎样在保持经典研究水准的同时，又能迅速拥抱这看着也是醉了的美丽新世界呢？

我们决定，写本有节操、有情怀的书。我们有个梦想，做深度而接地气的研究。

于是，这本书诞生了。本文按照传统战略管理理论的思路，对比 Micheal Hitt 的战略管理框架的环境分析部分（包括了外部环境和内部环境），看一看互联网究竟改变了哪些环境因素，是如何改变的。

期待在读这本书的你们，在学习到基本的战略管理分析框架的同时，也能够从更深入的层面了解互联网对人类社会的深远影响。

马旭飞
2015年5月于香港

目录 Contents

第一篇
互联网引发新竞争

第一章 互联网的本质与竞争格局的改变 / 003
第一节 互联网的本质 / 008
一、互联网定义和本质 / 011
二、互联网发展历史 / 014
三、互联网三大盈利来源 / 016
四、移动互联网：不是 PC 互联网的简单复制 / 020

第二节 竞争格局的改变 / 021
一、互联网时代的利益相关者 / 028
二、互联网企业的生态圈：三类企业 / 032

第二章 新理论：互联网对传统理论的冲击 / 037
第一节 互联网时代下的战略管理理论 / 039
一、产业组织模型的改变 / 039
二、资源基础模型的改变 / 041
三、交易成本的改变 / 044

第二节 打破传统战略管理过程和企业边界 / 051
一、互联网合作促使传统管理手段和管理过程更新 / 051
二、互联网合作正推翻传统组织边界和"有限绩效"的界限 / 052

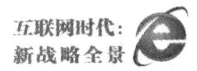

　　本篇知识点小结 / 053
　　本篇复习题 / 054
　　篇末案例和练习 / 055

|第二篇|
外部环境的变化

第三章　外部环境的变化 / 067
第一节　互联网行业的发展对于外部环境的影响 / 072
　　一、外部环境分析的过程 / 074
　　二、互联网时代的总体环境 / 075
第二节　互联网时代的行业环境和竞争环境 / 103
第三节　战略群组 / 120

第四章　互联网时代的消费者行为分析 / 125
　　本篇知识点小结 / 129
　　本篇复习题 / 130
　　篇末案例和练习 / 131

|第三篇|
内部环境的变化

第五章　内部环境的变化 / 145
第一节　资源、价值、能力和核心竞争力 / 149
　　一、卓越价值 / 151
　　二、稀缺性 / 154
　　三、难以模仿性 / 155
　　四、不可替代性 / 156
第二节　价值链分析 / 157

第六章　建立核心竞争力 / 161
第一节　内外部组织分析中的挑战 / 161
第二节　互联网时代的价值创新 / 162

第三节 外包 / 166
  本篇知识点小结 / 171
  本篇复习题 / 173
  篇末案例和练习 / 173

第四篇

互联网时代下的战略决策

第七章 互联网时代下的战略决策的特点 / 187
  第一节 快速度 / 192
  第二节 可靠性 / 193
  第三节 用户至上 / 194
  第四节 跨界和平台合作 / 197

第八章 互联网思维 / 205
  第一节 互联网思维：推翻 SWOT？ / 205
  第二节 互联网思维：商业模式创新 / 219
  第三节 互联网思维与三类企业 / 226
    一、核心企业和天生互联网化企业：布道者 / 228
    二、传统行业：变冲击为机会 / 229
    本篇知识点小结 / 232
    本篇复习题 / 233
    篇末案例和练习 / 233

参考文献 / 245

Part One 第一篇
互联网引发新竞争

第一章 互联网的本质与竞争格局的改变
第二章 新理论：互联网对传统理论的冲击

| 第一章 |

互联网的本质与竞争格局的改变

章首案例：

零售商和卖场的衰落与电商的兴起

早在 10 年前，伴随着电子商务的兴起，有人就预言"市场之都"义乌将不可避免地衰落。

在马云的淘宝、天猫和刘强东的京东这两大电子商务巨头的冲击下，传统零售商的日子变得越发艰难。特别是传统的中小零售商更是到了生死存亡的时候。就连传统零售巨头也明显感觉到了压力。前几年，国美、苏宁纷纷投入巨资建立国美商城和苏宁电器，就是想在纯电商企业带来的巨大冲击下稳住原有市场份额。这是个不错的办法，当然也是没办法的办法，电子商务网上购物已经是未来趋势。据中国连锁经营协会相关负责人介绍，"2012 年 6 月底，已有 59 家传统零售百强企业开展了电子商务网上零售业务，经营网店数超过 70 家"。这是一个全球电商的时代，面对如此宏大的电商规模，传统零售商该何去何从？

有"中国博客教父"之称的方兴东，并不推崇无形市场的威力，反而更愿为实体市场作解释。这位义乌人曾经见证了义乌小商品城的成长，因而更清醒地认为，"替代说"是个伪命题。他认为，将来如果专业市场要出问题，一定不是因为实体市场和网上市场之间出现了矛盾，而是因为实体市场没有

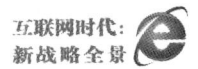

发展电子商务。换句话说，有形市场和无形市场如果难以融合将是最大的障碍。

电子商务要想完全脱离传统市场，目前还做不到，但过去那种几级批发体系，面对电子商务，已显得不堪一击。他举例说，过去一件衣服，从广州的白马服装批发市场到朝天门市场，再到各区县的批发市场，经过了几个层级。在电商时代，市场还得有，但确实不需要那么多。"一个行业或者一个区域，有那么几个大型专业市场，再借用电子商务的能量，足够用了。"

"这其实就是一场行业的洗牌。"如今只有大市场才有生命力，小市场面对大型市场与电子商务的双重夹击，会举步维艰。对于这样的趋势，企业家的感触更深。曾在成都操盘多个大型市场的杨永政，说自己三年前初到重庆时，"一下子懵了"，杨永政说，重庆建材市场的容量大概只有成都的一半，但重庆的建材市场的数量却是成都的三倍。"真不知道这些大大小小的商家是怎么活下来的。"

"我来重庆三年，每年都看到一些过去声名显赫的建材市场，要么关门，要么转型。这就是市场规律。其实，重庆有那么两三家大型综合建材市场，就足够了。"杨永政说。

与杨永政的观点类似，重庆多家大型市场的负责人均表示，电商时代，资源整合是大势所趋，政府在二环规划了十大专业市场集群，也表明了政府的态度。市场的力量，政府的力量，都决定了重庆在未来会形成数个大规模市场，其他的小市场，恐怕难有发展空间。但是传统零售商进入电子商务领域真的能自救吗？国美电器今年前期的业绩报告是亏损的，苏宁电器的日子也不怎么好过，虽然其上半年的营业总收入同比增加6.69%，但总利润比上年同期下降了34.7%。其主要原因是电子商务商品价格普遍比传统零售店的价格要低。以价换量是电商企业的发展策略。用低价来获取流量、获取客户，大家都在亏损，就看谁能挺到最后。

资料来源：电商时代，传统市场何去何从？重庆日报[N].2012-02-23,第013版：特别关注；张英.电子商务时代传统零售商该何去何从，2012-08-07, http://www.nw158.com/xy/detail/201287113629.aspx.

互联网的兴起改变了整个战略格局。艾瑞咨询集团（www.iresearch.com.cn）

发布的 2014 年第二季度网络经济数据显示，中国网络经济规模超过了 2000 亿元人民币，其中 PC 网络营收 1641.5 亿元人民币，贡献率为 78.2%，移动网络营收 457.6 亿元人民币，贡献率为 21.8%（如图 1-1 所示）。截至 2014 年 5 月，PC 端（网页端和客户端去重）月度用户活跃人数为 52285 万人，移动端（包含智能手机和 Pad，监测以 APP 为主）月度活跃人数为 34760 万人，PC 端活跃用户规模仍领先于移动端，但与 2013 年同月数字相比，移动端月度活跃用户增长 75.4%，PC 端月度活跃用户增长率仅 10.7%，移动端增速远超 PC 端。

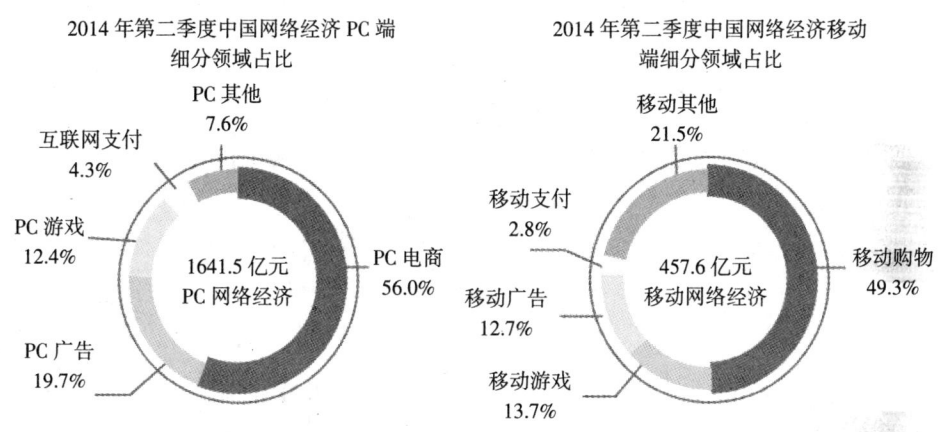

图 1-1　2014 年第二季度网络经济统计

资料来源：艾瑞网（www.iresearch.com.cn）。

网络经济对于其他类型经济增长的影响更是无法估测。以网络电商为例，2014 年第二季度的中国电子商务市场交易规模高达 2.83 万亿元人民币；网络购物市场在社会消费品零售总额的占比已经达到了 10.1%。从章首案例我们可以知道，包括义乌小商品城在内的所有公司，在追求战略竞争力和超额利润及回报时所采取的承诺、决策和行动——也就是整个战略管理过程——都面临着颠覆性的挑战。

本书在已有的战略管理知识架构体系上，会逐步分析互联网对于整个战略管理的全景（Landscape）的改变。本书以 Michael A. Hitt 的《战略管理：竞争与全球化（概念）》中的战略管理过程为主要脉络，按照战略管理过程（Strategic Management Process），将互联网对于整个战略过程的改变进行详细的阐述（如图 1-2 所示）。战略管理过程是一家公司想要获取战略竞争力和超额利润而采用的一整套约定、决策和行动。在此过程中，这家公司第一步要对其所在的内外部环境进行分析,以决定其资源、能力和核心竞争力——也就是战略输入要素的来源。借助这些信息,公司能够形成愿景和使命,并制定其战略。执行战略的过程就是公司为获得战略竞争力和超额利润而采取行动的过程。有效的战略行动整合了战略规划和战略执行,并且会有期望的战略产出。这是一个动态的过程,因为不断变化的市场和竞争结构与公司的可持续发展的战略输入是一致的。如虚线框所示,战略输入是战略过程最重要的部分,决定着战略过程的产出。因此,本书将重点介绍战略输入部分。

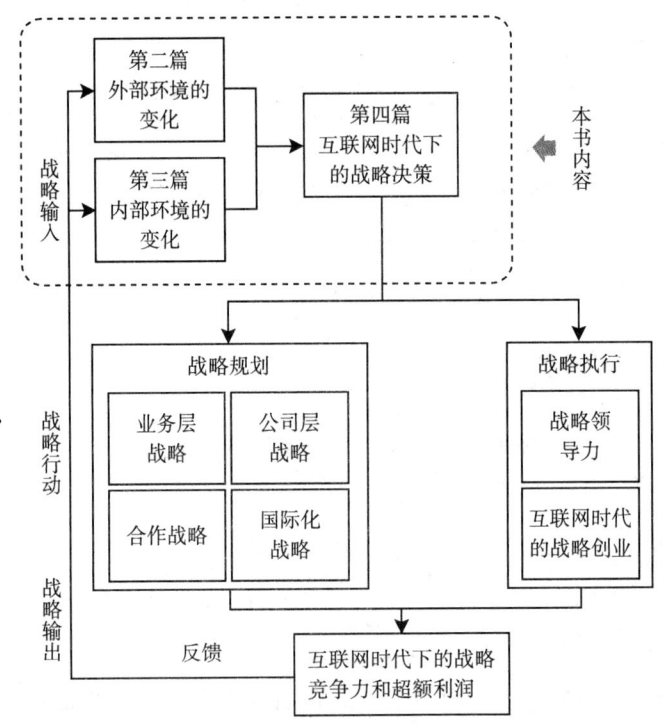

图 1-2　互联网时代下的战略管理过程

资料来源:作者根据第九版《战略管理:竞争与全球化(概念)》第 4 页进行整理。Ireland, R. D., Hoskisson, R. E., & Hitt, M. A. The management of strategy [M]. Mason, OH: South-Western Cengage Learning, 2009.

互联网提供了一个战略管理的新情境(New Context),但是不会颠覆已有的战略知识框架。战略管理过程依然是围绕着以下的几个关键概念进行的:当一个公司成功地按照上述战略管理过程制定和执行了能够创造价值的战略,该公司就会获得战略竞争力(Strategic Competitiveness)。战略(Strategy)是设计用来开发核心竞争力、获取竞争优势的一系列综合的、协调的约定和行动。当某个公司选择了一种战略，该公司即在不同的竞争性方案中选择了以何种途径获得战略竞争力。从这个意义上来说，战略选择表明了这家公司打算做什么以及不打算做什么。

当一家公司的竞争对手不能复制，或因成本太高而无法模仿其战略时，它就获得了竞争优势（Competitive Advantage）。只有在竞争对手模仿其战略的努力停止或失败后，一个组织才能确信其战略产生了一个或者多个有价值的竞争优势。此外，公司也必须了解到，没有任何竞争优势是永恒的。竞争对手复制该公司价值创造战略的速度，决定了该公司的竞争优势能够持续多久。

超额利润（Above-average Returns）是指一项投资的利润超过投资者预期的能从其他相同风险投资项目获得的那部分利润。风险（Risk）是指一项特定投资盈亏的不确定性。最成功的企业会有效地管理风险，从而降低投资者对投资结果的不确定性。利润通常用会计数据来计量，如资产收益率、股本收益率、销售汇报等。此外，利润也能以股票市场的收益为基础来衡量。在小型风险投资公司里，有时候会以增长的规模和速度而不是传统的利润指标来衡量公司业绩，因为对它们而言，要获得投资者可接受的汇报和盈利水平尚需时日。

一家公司要获得超额利润，理解如何发展竞争优势是很重要的，这在互联网盛行的今天，也是不变的真理。那些不具备竞争优势的公司，或者不是在有吸引力的产业中竞争的公司，充其量只能赚取平均利润。平均利润是指一项投资的盈利水平与投资者预期从其他相同风险的项目中获得相同的利润。从长期来看，如果公司无法获取平均利润，则会导致失败。因为投资者会撤出资金而转向其他公司，以期至少获取平均利润。

本书的核心要点，就是帮助在新兴互联网浪潮中的各类企业获得战略竞争力以及赚取超额利润。新的全景也就意味着新环境的改变和规则的变化。通过对这些新的要素的阐述，作者试图分析为什么一些公司能获得持续的成功，而另一些不能。正如你将看到的，互联网催生下的全球竞争格局是战略管理将要面对的一个关键情境，并将极大地影响公司的表现。实际上，对于现代企业而言，学习如何在互联网的世界里竞争将是一个巨大的挑战。

本章将讨论两个主题。第一个主题包括两方面：首先，介绍互联网的本质与其对竞争格局的改变。自互联网的出现和最新一波互联网浪潮的掀起，全球经济、技术的格局发生了快速变化，波及世界经济。其次，介绍两个大家熟知的、公司选择和执行战略的理论模型。通过对这两个模型的介绍，以及分析互联网对

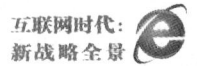

这两个模型的影响，将深入了解当今公司形成使命和愿景的基础。第一个模型就是 IO 模型，认为外部环境是影响一个公司战略行动的决定性因素，这个模型的关键在于，组织需要确定一个有利可图的行业，并在这个行业的竞争中获得成功。该模型关注的主要是公司的外部环境。第二个模型是 RBV 模型，认为公司特有的资源和能力才是形成战略竞争力的关键，关注的主要是公司的内部环境。这两个模型是全书第一部分的逻辑主干。接下来，将讨论新环境下公司要服务的对象，也就是利益相关者，以及互联网时代的生态圈格局。当公司获得战略竞争力和超额利润，利益相关者的需求才能得到更好的满足。而生态圈更清晰地将互联网时代下企业之间由单一的关系变为复杂的关系的格局展现出来。第二个主题是就互联网对传统理论的修正进行讨论，主要针对互联网改变传统战略理论的几个部分进行讨论和举例。这部分也是全书的理论基调，其内容在本章只作综述性的陈述，在后面的章节中将会进行更加细致的讨论。

第一节　互联网的本质

互联网企业的异军突起已经让所有的企业因"触网"而像热锅上的蚂蚁一般着急，从两个著名的"互联网对赌"就可以看出，面对互联网企业的汹汹来势，无论是传统企业还是非传统企业，都对今后互联网对于各个行业将要掀起的滔天巨浪拭目以待。这两个著名的"对赌"，都是传统行业（地产业和家电制造业）与互联网行业的领军人物之间进行的，我们有理由相信，这样的"对赌"，不仅仅只是噱头，更揭示了在中国，各个行业、各类企业的商界精英们对于互联网是日益重视的。

> **战略聚焦：**
>
> **中国经济年度人物颁奖典礼上的两次著名的对赌**
>
> 2012 年 12 月 12 日，在年度"CCTV 中国经济年度人物"揭晓典礼上，同为获奖者的阿里巴巴董事会主席马云和万达董事长王健林，在颁奖现场围绕"电子商务能否取代传统实体零售"展开辩论。两人还为十年后电商在零

售市场份额能否过半设下亿元赌局。

皆为第二次成为央视年度经济人物的马云和王健林,前者被称为"在虚拟世界纵横捭阖",后者则被描述为"在实体经济领域开疆破土"。在颁奖现场设置的辩论环节,两人就"电商会否取代传统的店铺经营"这一话题展开辩论。

马云指出电商不可能完全取代零售行业,但也会"基本取代"。他进一步表示,今天电子商务不是想取代谁,不是想消灭谁,而是想建设更加新颖、透明、开放、公正、公平的商业环境,去支持更多的年轻人成长发展。

"但是我不认为电商出来,传统零售渠道就一定会死",王健林的反驳基于三个观点:一是电商份额目前仍然很小,二是零售渠道有独特的存在价值,三是零售商会采取措施积极应对。王健林举例说,美国前十大电商都是零售渠道。王健林补充说,所有新的商业模式出来,必然对传统形成冲击。但传统产业生命是最强的,不然的话,商业不会存在2000多年,"所以我一定要坚守传统产业,但是在传统产业基础上尽可能去创新,也包括向马云学习"。

王健林和马云设下了一个亿元的赌局。"2020年,10年后,如果电商在中国零售市场份额占到50%,我给马云一个亿。如果没到,他还我一个亿。"大半个2013年,这个赌局都成为热点话题。

时间到了2013年12月12日,还是央视年度经济人物颁奖晚会现场,2012年此刻曾经上演对赌好戏的王健林与马云,再一次站在了赌局面前,而且使赌额渐涨,从1亿元攀升到了10亿元。不过,这次的主角成了董明珠与雷军。董、雷两人双双当选新一届的年度经济人物,为他们颁奖的正是王健林与马云。新赌局,还是王健林与马云,不过这次他们只是见证人。

12月12日晚,当董明珠与雷军同台站在一起时,谈到小米手机在互联网上的营销模式时,董明珠首先向雷军发炮:"现在这个大数据的时代,格力的电商模式也是新型的商业模式,所以它和实体经济的实体店的同步发展,是很正常的。我想问雷军,当然我们俩都是来自珠海,我们俩是朋友,但今天不能不在这儿掐一下。第一个问今天在座的有多少人用小米?第二个问题,在手机里面谁是真正的老大?第三个,我想问雷军,如果全世界的工

厂都关掉了,你还有销售吗?"

在这个过程中,雷军插空解释了所谓的"小米模式"。雷军这样说:"小米的盈利模式最重要的就是轻资产,第一,它没有工厂,所以它可以用世界上最好的工厂。第二,它没有渠道,没有零售店,所以它可以采用互联网的电商直销模式。这样的话没有渠道成本,没有店面成本,没有销售成本,效率更高。第三点更重要的是,因为没有工厂,因为没有零售店,它可以把注意力全部放在产品研发,放在和用户的交流上。所以,小米4000名员工,2500人在做跟用户沟通的事情,1400人在做研发。它把自己的精力高度集中在产品研发和用户服务上。"

董明珠根据雷军的介绍,进一步指点:"他做营销确实很出色,但是他要感谢那么多工厂在为他服务,一个群体为他服务。所以我觉得我们取得成绩的时候,不要忘了别人。"然后,董明珠终于忍不住开炮了:"我是讲时代是在发展的,IT行业大数据的时代,应该随着时间在变化,我们格力在23年前,我觉得那时候拿一个大哥大,很大像奖杯一样大的手机,大家都引以为豪,但今天的手机变得很小,证明我们在变。格力从成立到今天,如果那时没有现在这么现代,就想到这样,那我们就叫腾云驾雾、空想。所以我们要脚踏实地做。到了今天大数据到来的时候,格力,像我们这样制造业的企业坚守什么、发展什么是很重要的,所以我觉得雷军做得虽然不错。雷军刚才在台后就跟我杠起来了,他说我相信五年以后我超过你,我就没回应他,我现在在台上说不可能。""我告诉你说,一块钱不要在这说,第一,我告诉你不可能;第二,要赌不是1个亿,我跟你赌10个亿。为什么?因为我们有23年的基础,我们有科技创新研发的能力。"

雷军忍不住接招,进一步解释:"董总绝对营销比我好。我简单地总结一下,我觉得第一个,格力是我非常尊重的企业,董明珠也是我非常尊重的企业家。她在传统制造和传统的消费电子领域做得非常好。但是今天在互联网时代,用互联网的基因重新做消费电子的时代已经开始了,小米就是这个方向的典型代表。那么它的优势在什么地方呢?第一,它跟用户群最贴近,极其强调用户体验和口碑。我们为什么不做广告?最重要的就是希望在这样的情况下,测试我们产品的品质和口碑。第二,因为它是轻模式,所以它的成长速度快。第三,并不因为是轻模式,实际上我们有2500人的服务团队,1300人的7乘24小时的呼叫服务,这样的服务我们下的功夫是蛮大的。我最后总结一句,小米模式能不能战胜格力模式,我觉得看未来五年。请全国人民作证,五年之内,如果我们的营业额击败格力的话,董明珠董总输我一块钱就行了。"

王健林与马云的对赌,热闹了大半年,董、雷对赌,出结果就在三五年间。这不算太久,很快就能看到,好戏开始了。

资料来源:作者根据新浪科技、中国企业家网相关信息整理而成。

一、互联网定义和本质

互联网始于1969年的美国,又称网际网路,或音译因特网、英特网,是网络与网络之间所串联成的庞大网络,这些网络以一组通用的协议相连,形成逻辑上的单一巨大国际网络。这种将计算机网络互相联接在一起的方法可称作"网络互联",在这基础上发展出覆盖全世界的全球性互联网络被称互联网,即互相连接一起的网络。互联网可视化路径见图1-3。

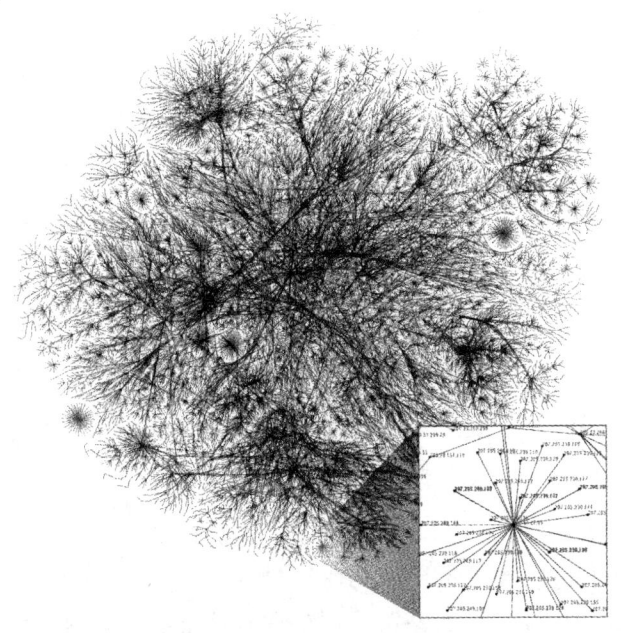

图1-3 互联网可视化路径

资料来源:http://en.wikipedia.org/wiki/Internet#mediaviewer/File: Internet_map_1024_-_transparent.png。

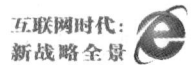

从技术上讲，互联网是由一些使用公用语言互相通信的计算机连接而成的网络，即广域网、局域网及单机按照一定的通信协议组成的国际计算机网络，从其出现开始，就逐步展现出对社会生活的巨大影响，引发了各类交流方式的变化。有形网络，是关于互联网本质的一种价值认同——即公众认为互联网是非虚拟的、有规律可循的，以及可管理的。互联网早期发展阶段，人们更容易接受"无形网络"的观念，即认为技术已经创造了一个自由的环境，因而网络空间无法被规制，即网络的特性使它摆脱了政府（以及其他任何组织或个人）的控制。

关于互联网的本质，他们说……

● **马化腾**：互联网的本质就是促进信息沟通，使得信息交流和获取的效率更高、成本更低。

● **张朝阳**：互联网的本质——信息的加工聚合，最终实现公众对于事件无限接近真实的了解。

● **马云**：互联网的本质是"分享"。唯有分享才可能把资源都聚拢在一起，而唯有资源聚拢在一起，才可能降低沟通和交易的成本，世界在这个意义上被碾成了一块扁平的大饼，而以往依靠信息不对称而构筑起来的产业链便会被彻底地打破。

● **李彦宏**：Web2.0的蓬勃发展主要是源于其内涵，首先回到互联网的本质上，互联网之所以蓬勃发展起来，是因为人和人之间需要更高效快速的信息沟通方式，所以互联网的第一次商业应用是以电子邮件E-mail开始的。后来，随着互联网技术不断升级，互联网可承载的内容越来越多，互联网才真正地焕发了其巨大的商业价值。

● **丁磊**：用户是互联网服务的根本。为用户提供什么样的服务，用户需要什么样的服务，互联网需要什么样的用户，市场份额等，我个人觉得用户是我们互联网服务的最重要的出发点之一。

互联网究其对于商业研究的意义，可以从其三个本质出发。

互联网的第一本质是"共享"。N个元素之间能建立（N-1）（N-2）种直接关联，无数种间接关联。广泛联接，任意联接，包括不同地理位置、不同人群、不同职业、互相不认识的人。不同点之间构建的网络，纷繁复杂，多元化，高效、共享、资源丰富，信息量大。"共享"应该是资源共享性，也就是资源在网络上的互通互联。包括网站和 BBS 里的，甚至是博客中的资讯、图片、软件等的内容共享，这里的共享也可以是通过一定的代价取得的共享资源，威客经济便是智慧资源的共享并需要"支付"一定代价的。"完全免费的午餐"在互联网界已经是"家常菜"了。当然，一些纯粹的个人资源不在"共享"之中，除非个人愿意。

互联网的第二本质是"互动"。包括人与人之间的交互、人与机器之间的交互、机器与机器之间的交互，交互的内容包括各种各类的信息，个人喜好信息、地理位置信息、信用信息、家庭成员信息、职业信息、手机型号信息、MAC 地址信息、喜欢的品牌、喜欢的咖啡厅……传统的信息传播方式基本上是从信源到信宿的单向方式，一般来说，信宿只能"被动"地接收信源传播的信息。而在互联网环境下，信宿却可以"主动"地向信宿传递信息，要求信宿根据自己的要求提供信息。

互联网的第三本质是"虚拟"。互联网的虚拟性是互联网发展最突出的特点之一，很明显地表现在 IM 即时通信和网络游戏中。而这两项内容在互联网经济中占了很大比例。在充分理解互联网的虚拟性之后，便要充分利用和挖掘这一特点，在虚拟中引出真实。

小调查：互联网的功能：你用过哪些？

1. 通信（即时通信，电邮，微信，百度 HI……）
2. 社交（Facebook，微博，人人，QQ 空间，博客，论坛……）
3. 网上贸易（网购，售票，转账汇款，工农贸易……）
4. 云端化服务（网盘，笔记，资源，计算……）
5. 资源的共享化（电子市场，门户资源，论坛资源等，媒体（视频、音乐、文档）、游戏，信息……）
6. 服务对象化（互联网电视直播媒体、数据以及维护服务、物联网、网络营销、流量、流量 nnt……）

互联网是全球性的。这就意味着这个网络不管由谁发明，都是属于全人类的。这种"全球性"并不是一个空洞的政治口号，而是有其技术保证的。互联网的结构是按照"包交换"的方式连接的分布式网络。因此，在技术的层面上，互联网绝对不存在中央控制的问题。也就是说，不可能存在某一个国家或者某一个利益集团通过某种技术手段来控制互联网的问题。反过来，也无法把互联网封闭在一个国家之内，除非建立的不是互联网。这个全球性的网络需要有一个机构来制定所有主机都必须遵守的交往规则（协议），否则就不可能建立起全球范围内的、不同的电脑、不同的操作系统都能够通用的互联网。

事实上，互联网还远远不是通常听说的"信息高速公路"。这不仅因为互联网的传输速度不够，更重要的是互联网还没有定型，还一直在发展、变化。因此，任何对互联网的技术定义也只能是当下的、现时的。与此同时，在越来越多的人加入到互联网中、越来越多地使用互联网的过程中，也会不断地从社会、文化的角度对互联网的意义、价值和本质提出新的理解。

互联网受欢迎的根本原因在于它的（使用）成本低，使用的（信息）价值超高。互联网的优点有以下几方面：

（1）互联网能够不受空间限制来进行信息交换。
（2）信息交换具有时域性（更新速度快）。
（3）交换信息具有互动性（人与人、人与信息之间可以互动交流）。
（4）信息交换的使用成本低（通过信息交换，代替实物交换）。
（5）信息交换趋向于个性化发展（容易满足每个人的个性化需求）。
（6）使用者众多。
（7）有价值的信息被资源整合，信息储存量大，高效、快。
（8）信息交换能以多种形式存在（视频、图片、文章等）。

二、互联网发展历史

从发展的时间顺序来看：2000年互联网泡沫破灭以后，在中国市场首先兴起的是网络游戏，随着盛大、腾讯、网易等互联网公司的进入，网游市场规模在2007年突破100亿元。随着网络游戏、音频、视频等互联网内容逐步丰富，搜索这项应用服务迎来了第一波发展。2003年的"非典"催热了电子商务产业的发展，阿里巴巴旗下的淘宝平台异军突起，随后支付宝迅速被消费者所接受，随着2007年京东B2C全面启动，中国网购规模于2008年突破千亿元。大量商家在电子商务领域获利后,积极投放互联网广告,从而也推动了搜索的第二波发展,2010年搜索市场规模超过百亿元。中国互联网发展历史大事记见图1-4。

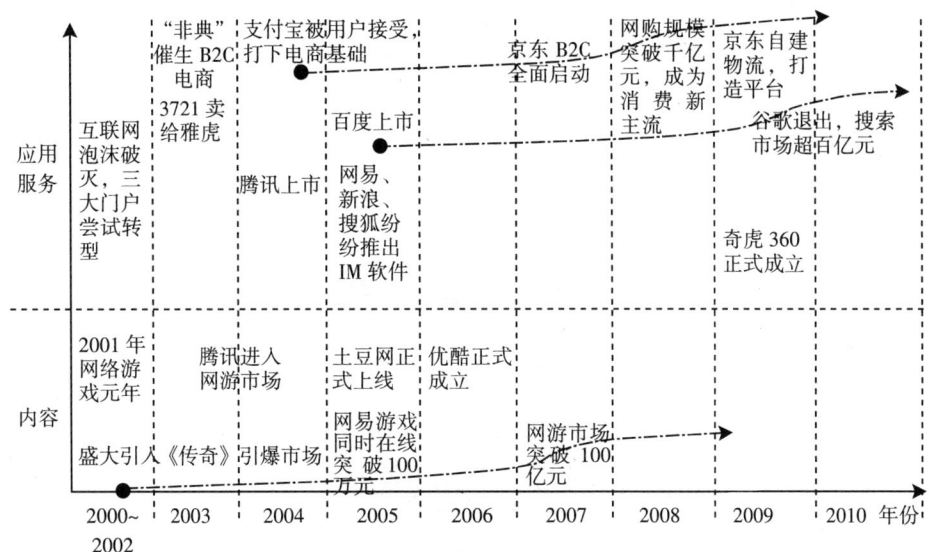

图1-4　中国互联网发展历史大事记

资料来源:方正证券研究所,2014年中国移动互联网行业深度报告。

从发展的结果看:游戏、广告和电商三个细分市场催生了中国PC互联网三巨头,腾讯(T)、百度(B)、阿里巴巴(A)(以下简称BAT)。BAT有资金、经验、技术和用户优势,加快了移动互联网建设的进程。

从需求端看:刚性需求最先出现在顺从人性的文化娱乐方向。PC互联网内容虽然衍生出7个内容方向,但实质上主要集中在两大内容:文化娱乐(网络文学、门户资讯、网络游戏、网络音乐、在线视频、直播秀场)和教育。这主要由于文化娱乐是人的天性需求,而教育培训更多呈现出逆人性的方面,但由于其能够带来功利性效果,所以才能够称为互联网内容中为数不多逆人性的部分,这也解释了为何只有以会计考证为主的正保远程实现了发展和盈利,但并没有成为整个行业的盈利模式。从总体来看,顺人性的刚需占据主导力量。

从供给角度看:各内容相继出现的顺序又受制于网络速度的上限。以文字和图片为载体的在线文学和咨询门户网站,由于对带宽需求最小而最先出现;随之是小型网络游戏、网络音乐、在线视频;而对于带宽需求最大的在线秀场,虽然存在刚性需求,但受制于带宽,因而在2005年后才逐渐出现。

三、互联网三大盈利来源

通过对 2013 年互联网公司的各项业务的盈利情况加以汇总（包含阿里巴巴、腾讯、百度、360、网易、搜狐、新浪、汽车之家、易车、携程、完美、巨人、盛大、欢聚时代、搜房等），可以看到，中国互联网公司盈利的主要来源是游戏、广告和电商，三者相加达到 93%。见图 1-5。

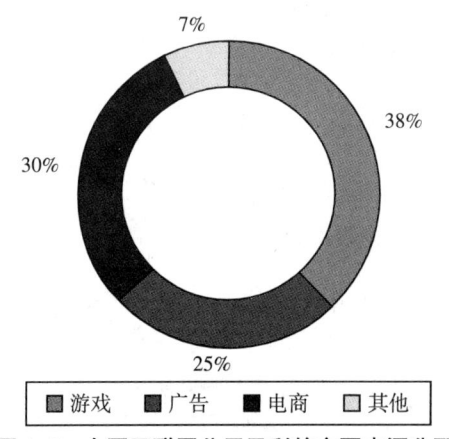

图 1-5　中国互联网公司盈利的主要来源分配

资料来源：方正证券研究所，2014 年中国移动互联网行业深度报告。

从盈利模式角度看，主要有前端收费和后端收费两种。前端收费即直接向用户收费，这种收费能力主要基于内容需求的刚性程度、内容的不可替代性以及难以盗版。目前，能够顺利实现前端收费的内容行业主要是网络游戏、在线秀场及在线文学。后端收费主要是广告模式，这种收费能力基于强大的流量导入能力以及具备适合广告的展示方式，目前主要应用在信息门户、在线视频领域。在线音乐和在线教育目前尚未找到盈利模式。移动互联网时代受制于移动化、碎片化以及移动终端屏幕偏小的特征，广告效果会大幅减弱，盈利能力随之大幅降低，未来互联网内容盈利模式将以直接面向用户前端收费能力的网络游戏、在线直播秀场、在线教育等作为主要研究方向。

战略聚焦：

传统企业必须理解互联网的四个经济特点

今天，越来越多的传统行业正在受到互联网的冲击，众多企业面临着互联网的挑战，希望更好地理解互联网。于是，"互联网思维"这个词不胫而走，也越来越热，但我很担心互联网思维最后变成了"包治百病"的"万能药"。其实，面对互联网的飞速发展，我们都还是在它的"海边"玩耍的"小孩子"，即使有互联网思维，那也是海边的几朵小浪花。

但作为在互联网里从业近二十年的创业者，我认为传统企业必须要理解互联网经济的特征，与传统经济不一样的地方，这样才能更好地迎接挑战。如果以传统经济思维进入互联网里去竞争，那无异于鲨鱼爬到陆地上去跟豹子搏斗，肯定是要输的。因此，准备向互联网转型的传统企业，必须理解以下几个互联网经济的特点：

第一，用户至上。传统经济的企业强调"客户（顾客）是上帝"。这是一种二维经济关系，即商家只为付费的人提供服务。然而，在互联网经济中，只要用你的产品或服务，那就是上帝。因此，互联网经济崇尚的信条，是"用户是上帝"。在互联网上，很多东西不仅不要钱，还把质量做得特别好，甚至倒贴钱以欢迎人们去用。最近，有两个叫车软件打得不亦乐乎，乘客用软件成功下单，你敢给乘客5块，我就敢给10元。[①]

很多传统企业都看不懂这种游戏规则，认为这种倒贴钱的行为简直就是疯子。但互联网经济就是这样，如果不能汇聚海量用户，那就很难建立有效的商业模式。所以，在抢夺用户上，互联网公司是绞尽脑汁，使出十八般武艺，发展到极致就是像叫车软件这样看谁敢砸钱，看谁砸钱多。

传统积极的思维到了互联网领域就会失效，遭遇挫折。例如，2002年之前出现过电子邮箱大战，当时占据市场主导地位的263邮箱全面转向收费，其实这就是传统的"客户就是上帝"的思维。结果是，用户纷纷放弃

---

① 作者注：周鸿祎在发表此演讲时期，"滴滴—快的大战"还没有进入白热化阶段。这两大打车软件在高峰时期曾经一度有过单笔叫车补贴14元，通过转发分享等方式最高可获补偿20元的超高补贴额度。

263邮箱，转向免费的网易邮箱。最后，263邮箱的用户数量大幅下降，现在市场上已经很难听到它的声音。

第二，体验为王。大家要知道，互联网时代是一个消灭信息不对称的时代，是一个信息透明的时代。在互联网时代，顾客的消费行为发生了变化。在没有互联网的传统时期，商家跟消费者之间的关系，是以信息不对称为基础。通俗地讲，买的没有卖的精。但是，有了互联网之后，游戏规则变了。他们鼠标一点就可以比价，而且相互之间可以方便地在网上讨论，消费者变得越来越有主动权，越来越有话语权。传统的基于信息不对称的营销，其效果会越来越小，而在互联网经济里，产品的用户体验会变得越来越重要。

今天，所有的产品高度同质化，但到最后，你发现能胜出的决定性要素，其实是用户体验。

什么叫用户体验？举个例子，我打开一瓶矿泉水，喝完之后，它确实是矿泉水，这叫体验吗？这不叫体验。只有把一个东西做到极致，超出预期才叫体验。比如，有人递过一个矿泉水瓶子，我一喝原来是50度的茅台。这就超出我的体验。假设它真的发生了，我还要写一个微博，绝对转发500次以上。

在互联网时代，如果你的产品或者服务做得好，好得超出他们的预期，即使你一分钱广告都不投放，消费者也会愿意在网上去分享，免费为你创造口碑，免费为你做广告，甚至你都变成了一个社会话题。

在过去，厂商把产品销售给顾客，拿到了钱，厂商就希望这个用户最好不要再来找自己。然而，在这个用户体验的时代，厂商的产品递送到用户手里，产品的体验之旅才刚刚开始。在今天，比广告等各种营销更重要的，是顾客在使用你的产品时产生的感觉。苹果公司很少做广告，但苹果手机每次出新品，都会有大量顾客重复购买。如果你的产品在体验方面做得好，用户每天在使用它的时候都感知到你的存在，这意味着你的产品每天都在产生价值。

第三，免费的商业模式。互联网上的商业模式总结起来无非三种。电子商务、广告和增值服务。但这三种商业模式，都有一个共同的前提，那就是必须要拥有一个巨大的、免费的用户群。在互联网上，只有拥有一个巨大的用户群作为基础，百分之几的付费率才能产生足够的收入，才有可能产生利润。

因此，互联网经济强调的，首先不是如何获取收入，而是如何获取用户。这正是传统厂商容易误读互联网的地方。很多厂商进入互联网的时候，一上来就想着怎么赚钱，简单地认为只要有了互联网的技术，有了互联网作为分销、推广平台，成功就会水到渠成。这样的认识一定会导致失败。

硬件也正在步入免费的时代。但硬件免费不是白送人，而是指硬件以成本价出售，零利润，然后依靠增值服务去赚钱。为什么互联网硬件可以不赚钱？那是因为硬件不再是一个价值链里的唯一一环，而是变成了第一环。电视、盒子、手表等互联网硬件虽然不挣钱，但是变成了互联网厂商与用户之间沟通的窗口，只要这个窗口存在，互联网厂商就能创造出新的价值链，就能通过广告、电子商务、增值服务等方式来挣钱。

最后的结果是只会生产硬件、卖硬件的厂商，如果学不会互联网的思维，它的价值链被互联网免费掉了以后，可能只能变成代工，赚取微薄的利润，而高附加值的价值链则被提供互联网信息服务的厂商拿走。

这不是危言耸听，它不会立马发生，但在下一个五年会看到这个趋势。

第四，颠覆式创新。在互联网上，颠覆式创新非常多，也发生得非常快。不一定要去发明一个可口可乐秘方，也不一定要去弄一个伟大的专利。现在，颠覆式创新越来越多地以两种形式出现。一种是用户体验的创新，一种是商业模式的颠覆。商业模式颠覆，用大俗话说，就是你把原来很贵的东西，能想办法把成本降得特别低，甚至能把原来收费的东西变得免费。我讲了淘宝、微信、360，这种例子太多了，免费的商业模式，包括互联网手机、互联网硬件，颠覆的威力非常强大。什么叫用户体验的创新呢？也特别简单，就是你把一个过去很复杂的事变得很简单。

对于消费者来说，你要想做一个巨大的消费市场，如果能够降低门槛，刚才说了，一个是钱的门槛，一个是使用障碍的门槛。它能产生奇迹的力量。

你要评价苹果的成功，我们就做一个特别简单的实验。如果各位有一个3岁的孩子或者有一个70岁的父母，你给他一个苹果设备，再给他一个传统电脑。3分钟，哪一个最容易上手使用？我研究了很多例子，最后为什么

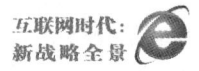

苹果能颠覆？因为人性一个最基本的东西：喜欢简单，我们都是最懒的。人性中还有另外一个最基本的东西：喜欢便宜。你要把东西做得便宜，甚至免费；把东西做得特简单，就能打动人心，就能赢得用户超出预期的体验上的呼应，就能赢得用户。你赢得用户了，就为你的成功打下了坚实的基础。

很多时候，从用户的角度出发，从你的身边出发，观察你的用户，观察你的供应链，观察你的上下游，你会发现还有很多很复杂的问题没有被简化，很贵的东西没有更便宜，甚至免费。这里面就一定蕴含着颠覆的机会。

资料来源：根据周鸿祎演讲整理而成，http://www.iceo.com.cn/renwu2013/133/2014/0213/275133.shtml。

四、移动互联网：不是 PC 互联网的简单复制

移动互联网和 PC 互联网相比，最大的不同点在于商业模式调整。PC 互联网的商业模式是通过入口级产品获取用户，把控网络流量，最后通过流量变现来获取盈利。移动互联网的商业模式是通过极致的产品和服务来获取用户，把用户变成自己的"粉丝"，然后通过跨界整合资源来为用户提供更好的用户体验，最终提高用户的 arpu 值。之所以会形成这样变化的原因在于：

（1）移动互联网用户量更多，但是碎片化的特征导致无效流量增加，无法通过简单的流量变现来盈利。

（2）PC 互联网只能通过标准产品来获取用户，而移动互联网可通过非标准产品（服务）来获取用户，从而提高对用户的黏性，形成"粉丝"群。对于粉丝的理解：品牌认知度高、付费意愿度高、愿意口碑推广、愿意产生内容。

（3）移动互联网的强社交属性会增加用户平台的黏性。

移动互联网相比 PC 互联网，除了搜索、支付、社交等方面有不同外，最大的不同在于线下商户。线下商户提供产品+服务，非标商品产生差异化竞争优势，在"粉丝"经济下，线下商户可以尽可能摆脱入口流量的束缚。有了线下商户的参与，移动互联网对于用户生活的影响更加巨大，同时也爆发更大的市场空间。

除了互联网的三大盈利来源，我们认为，增值服务将成为移动互联网的第四种盈利来源，主要理由如下：线下商户所提供的产品和服务种类、特征各异，需要互联网平台提供客制化程度很高的 LBS、移动支付和移动社交等服务，而缺乏简单流量变现模式的互联网平台，也将以这种增值服务作为盈利的主要来源之

一。这也就不难理解 2013 年全年，BAT 在产业中进行疯狂的并购行为。

互联网的快速崛起和发展，给当今商业市场带来了巨大的变化，对此将在下一节具体阐述。

第二节　竞争格局的改变

当前，全球众多行业的竞争正在发生本质上的变化。现实是金融资本非常稀缺且集中，市场波动日益加速、加剧。这种风云变幻是无情的，使得界定行业的边界也变得具有挑战性了。"跨界"不仅仅是一个炙手可热的网络热词，更是描述当今竞争格局的最贴切的词汇。你可以考虑一下，当年的交互式计算机网络和电子通信的飞速发展是如何使得各个产业的边界变得不再那么清晰的。拿客厅媒体产业为例，不仅有线电视公司和卫星网络公司在竞争客厅电视市场，而且通信网络公司也鱼贯而入，以求分食"蛋糕"，所以市场上出现了种类纷繁复杂的各类机顶盒、智能电视等。

> **战略聚焦：**
>
> ### 周厚健"反围剿"（节选）
>
> 对于自己不喜欢但是又需要出现的变化，周厚健一直有这个"本领"，宽容地静观其变。正因为有此氛围，周才一直认为创新本来就是海信的基因，而不是互联网企业的专利。
>
> 但在外界眼中，传统制造企业正在成为"保守"的代名词，一如小米、乐视正在成为"颠覆者"的同义语。"如今好像到了你不是互联网企业就很自卑的地步。"周厚健调侃说。
>
> 压力是现实的，2013 年 5 月 7 日，乐视推出超级电视，次日海信电器（600060.SH）股价应声大跌 8%。没办法，谁让你是电视市场"龙头"，"连续十年市场占有率第一"。虽然海信在此之前已经推出了自己的拳头产品——智能电视 VIDAA TV，第三方数据显示这是国内市场目前激活率最高的一款智能电视，但是风头仍旧被乐视超级电视盖过。数月后，小米电视问世，虽

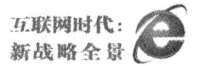

未掀起更大波澜，但是舆论已经迫不及待地为传统电视厂商写"悼词"了。

时至今日，不依不饶的互联网企业仍旧在持续施压。如无特别意外之事发生，2014年海信集团突破千亿规模，成为中国第四家规模超过千亿的家电企业应顺理成章。但周厚健说他"并不兴奋"。就在2014年"两会"期间，雷军放言，小米完全可以在2015年达到千亿规模。要知道，小米到今年不过成立4年，而海信从其前身算起，已经存在了45年。

周厚健始终相信，技术是世界进步的推动力量，满足客户需求这件事也不例外。

无论是主动还是被动，周厚健如今已经置身于变革漩涡的中心。但周厚健认为，海信变革的对立面并非互联网企业："网络时代不是你们看到的那几家的时代，是全世界的新时代。这种机遇与挑战是针对所有人。"他认为，竞争的终点是用户，"互联网精神的核心就是十分了解用户"——周厚健早已明白，互联网时代顾客不等于用户。

回顾中国家电产业的发展历程就知道，这是一次完全不同于过去的竞争。曾经三度撰书研究海信历史的著名财经作家迟宇宙认为，现今互联网企业与家电企业的这场竞争本质是，一个由互联网思维指导，一个由传统工业思维指导，尽管都往融合的方向走，但原点不同，对利润的依赖不同，所走的路径也会不同。如果说以前的家电产业是技术、营销、渠道的竞争，那么现在是路径的竞争。"互联网模式已经对家电企业构成了颠覆，所谓颠覆就是创新者有将成熟工业体系变为代工者的可能，但这种竞争目前来看还不是有你没我。"

面对汹涌的互联网浪潮，传统企业目前有两种应法。立足产业分工做好制造业根本，广泛寻求合作是一种思路（参见附文对创维杨东文的访谈）；彻底向互联网思维靠拢，甚至声称自己也要变身互联网企业又是一种，典型如同城的海尔，以及苏宁云商——后者甚至连企业的名字都改了。这都不是周氏想要走的道路。

周厚健想要从两极对峙中跳脱出来，对于当下互联网企业挑起的价格战，他的态度和20世纪90年代末期应对长虹价格战时一样，采取了不跟随的态度，"我不跟他，一跟就进入了他的逻辑，死定了"。这是周厚健的坚持。近年来，海信围绕智能化转型，在产业链上下游乃至国内、国际市场进行了多方布局。与TCL、创维不同，海信与视频企业广为人知的合作并不多。外界把海信的道路归纳为"造船出海"，而其他厂家多为"借船出海"。

这也是最大的隐忧。崇尚技术立企的海信有着深入骨髓的工程师文化，面对唯快不破、唯用户至上的互联网思维，封闭、控制、慢节奏的工程师文化也可能让海信重蹈日本家电企业的覆辙。就当下互联网电视产业而言，竞争正空前激烈，这家一向稳字当头的技术原教旨企业能否寻找到属于自己的第三条道路，确实是前所未有的考验，其间注定会荆棘密布。

周厚健早年的假想敌是苹果、三星或者谷歌这样的国际巨头。2010年起，这些巨头纷纷在大洋彼岸布局以智能电视为核心的客厅娱乐市场。周厚健认为中国家电企业要与这些巨头同台竞争必须进行智能化转型。"智能化对于家电企业将是一场残酷的考验，在此冲击下，未来十年中国电视品牌不会超过三到五家。"周说这话时，时间还在2012年下半年。彼时，乐视、小米还未崭露头角，外界甚至未必明白周厚健的焦虑感从何而来。

出乎所有人意料，或许也包括周厚健，仅仅不到一年，新的竞争者汹涌来袭。2013年5月，比周厚健小16岁的山西籍商人、乐视网董事长贾跃亭登上北京五棵松体育馆的舞台，宣布将联合富士康等合作方，推出两款直指主流大屏电视市场的乐视超级电视，价格却仅为同类产品的一半。这让传统家电厂商一度阵脚大乱，一方面他们纷纷表态在战略上"蔑视"乐视，斥之为噱头。另一方面，许多厂家的电视价格都跟着下降了不少，但海信除外。

作为行业"龙头"的海信电器也一度被资本市场唱衰，周厚健当时没有出声，但并非视而不见。两个月后，周厚健公开表态说："海信不惧怕外来者，做电视对别人可能就是一顿饭，对海信却是一条命。"此时周厚健压力可见一斑。巧的是几年前，他用过同样的比喻，当时外界看到海信豪掷6亿多元拿下科龙，担心这会要了海信的命。但周厚健却说，"科龙只是一顿饭，而不是一条命"。上述是周厚健在2013年第二次为一款名叫VIDAA的智能电视产品站台时所做的发言，他声称自己要为这款产品代言。对于性格保守、严谨的周，这并不多见。回头来看，这款名为VIDAA的产品成为2013年海信的秘密武器。

说来有些让人难以置信，这款被评论者认为是当年"最接近互联网思维"的电视产品，其实是个"备胎"，而且差点"胎死腹中"。

VIDAA TV能够活下来，要感谢它的产品经理海视云CEO高雄勇的坚持。此人是海信的异类，也是为数不多从互联网公司来的"空降兵"。在进入海信之前，高曾经在盛大集团陈天桥麾下担任盒子研发的负责人。

在海信的同事眼中，高算是一朵"奇葩"。起初做的都是别人不懂的事儿，还特爱讲PPT。他个子不高，总是斗志满满的样子，并且语速极快。我们见面时，高身着大红色TOMMY条纹线衣，倚在沙发上，还拎着里面的衬衫领子对我们说，"为了开会才穿正式一点"。

做VIDAA的设想发生在2011年底，那时智能电视市场还停留在炒概念阶段，别的不说，各家的产品连叫法都不一样，有的叫智能电视，有的叫云电视，也有叫互联网电视。消费者也一头雾水。大家都知道智能化是个方向，却没人知道路在哪。高雄勇总结说，那时候流行的做法，"是把电视接入互联网"，但他认为那根本不是真正的智能电视。

电视接入互联网的误区带来的一个问题，就是电视功能越来越多，遥控器操作越来越复杂，他甚至发现，电视越来越花哨，身边看电视的亲人却越来越沮丧——质疑自己怎么连电视也不会用了。高雄勇入互联网行业多年，深知"简单"才是互联网精神的要义，"智能电视，已经被一大波人骂成是不会用的电视了"。

高雄勇相信自己可以扭转这个误区，做一款老人和小孩也一看就会用的智能电视。他的想法得到海信集团首席科学家黄卫平的支持，在黄的帮助下，高雄勇制定了自己的规划方案，并走到了论证会的流程。

在诸多海信高管面前，高雄勇如此阐述自己的想法——"智能是一个附加的东西，能给人带来更多愉悦，而不是强迫给别人的东西。"

不过最终高的方案只得了一票，来自黄卫平。其他人将这个方案完全否决，有人甚至发狠话，"你这电视能卖出去，我就从25楼跳下去"。不幸中的万幸是，周厚健没有支持，但也没有反对。这是在海信的游戏规则："周总的优点是，只要他不认为你是错的时候，你就可以干。所以在他PASS你之前，你可以不断去尝试。"

在第二次论证会上，高雄勇有备而来，他在同事的帮助下做出了一个仿真的产品，能够简单体验智能电视的场景。周厚健明白了这种想法，他说，这个电视出来我会要一台。但最终结果是——这个方案需要继续论证。按计划 VIDAA 应该在 2012 年 10 月面市。但在产品投产前，许多高管认为风险太大，于是资源继续投向另一产品方案，这是后来海信在 2013 年推出"双 V"智能电视产品中的另一款 VISION，VIDAA 则作为候选方案继续论证。原本计划在 2012 年底面市的 VIDAA 最终未能按时面市。

此时，海信的海外布局无意中为 VIDAA 的"出生"埋下伏笔，2012 年，海信在海外并购上加大了高科技产业链布局的步伐，其中一家名为 Jamdeo 的加拿大做 iOS 开发的公司被收入囊中。需要资源支持的高雄勇得到了他们的帮助。在此基础上，高做出了一整套更加完整的方案。首先，建立用户社区和后台系统。其次，建立第三方内容合作方的技术支撑和线上服务体系。

与市场主流的智能电视，包括互联网公司同类产品不同，最终 VIDAA 采取了无主页的设计。VIDAA 开机后，用户可以在电视、点播、媒体中心、应用四个功能按钮中随意切换，完成各项功能都不超过 3 次操作。高始终认为，智能电视不是要把电视变成大号的电脑，所以简单至上，无须主页。

当时，分管品牌推广的海信副总裁程开训听懂了 VIDDA 团队的想法，给予了全力支持，并说服了周厚健在 2013 年 4 月参加了 VIDAA 发布会。借着五一黄金周的销售旺季，短短 2 个月，海信 VIDAA 55 寸产品全国卖断货。中怡康 5 月份销售数据显示，VIDAA 给海信贡献了 1.05 个点的市场占有率，使得海信以 16.59% 的占有率保持着电视市场全国第一的位置。截至去年年底，VIDAA 与 VISION 已经将海信在智能电视市场的份额由 16% 左右扩大到了 20% 以上。

在 2013 年 7 月北京的一次测评会上，海信 VIDAA 被外界称作"制造企业里最具有互联网思维、最简单"的一款智能电视产品。

为了让工程师理解互联网，海信还曾邀请互联网企业家来海信，易到用车 CEO 周航、奇虎 360 董事长周鸿祎都曾前往海信"布道"。周航曾在交流中直接挑战海信的工程师们："家电企业往往在广告中说自己是国内第一个

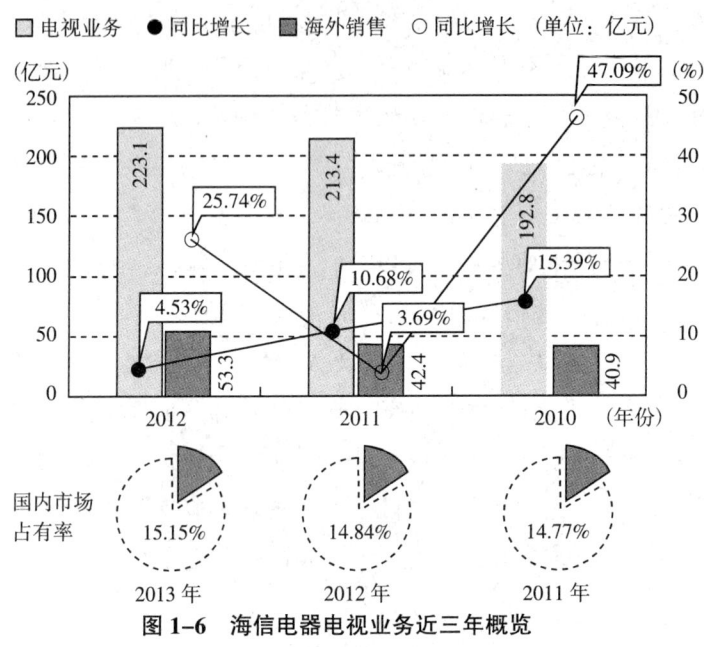

图 1-6　海信电器电视业务近三年概览

推出 4K 电视的公司，感到骄傲。我想请问，你们去街头做个调查，找 100 个人来问，4K、1080P 这些概念有几个人明白？"

2014 年 2 月，海信集团要求海信电器等消费类公司设立分管服务的领导，来组织公司各系统真正俯下身子，关注用户"痛点"，聆听用户吐槽，倾听用户心声，建立完整、系统的用户至上管理体系。海信总裁于淑珉认为，互联网正在重构制造者与用户关系，用户的"参与"与"好评"变成了企业最有价值的资产。

总的来说，海信转型是小步慢跑，并不是大刀阔斧。似乎周厚健并不担心自己的慢，他说："没有迟到的企业，只有落伍的企业。"做企业要顺势而为。

资料来源：伏昕. 周厚健反围剿[J]. 中国企业家，2014（6）：36-48.

还有很多其他例子说明在不同行业中，竞争已经发生了根本性的变化。例如，除了传统的有线电视和卫星电视，许多公司正积极寻求以最能获利并引起关注的方式来传送视频信息。例如，英国 VoIP 网络电话服务商 Raketu 公司正积极实行一种全新的社交体验，当人们观看相同的娱乐节目时，就可以通过该公司的电话服务进行聊天。此外，全新的交互系统改变了用户/消费者的购物习惯，竞争者需要根据需求的改变而重新布局。2012年上半年，阿里巴巴旗下B2C平台天猫网就发布了视频购物技术。该技术的远景规划是使消费者在观看任意视频时只要见到感兴趣的服装，即可由系统自动识别并导引至天猫商城对应的商品。该技术目前仅在天猫平台应用，今后将根据发展情况扩展到支持全网视频。这对于传统的快消品公司的营销、物流、仓储、生产乃至战略带来的挑战是永无止境的。

互联网使得全球化问题更加复杂和多变。如今已有超过10亿人使用网络，在发展中国家，如中国、印度、俄罗斯和巴西，新的使用者更是日益增多。当发展中国家的人们渐渐依靠网络的力量来解决问题，他们就成为使用本国语言丰富网络内容和发展本土接入方法（如便宜的手机和笔记本电脑）的主力军。尽管有些国家的政府限制了其网民所获取的信息内容（例如，法国和德国屏蔽有关新纳粹的内容），但互联网已成为人们跨越时空界限相互联系的主要力量。企业可以通过互联网将自己的信息发布给分布在各大洲的用户，并且人们期望企业能够在任何时间和任何地点提供服务。这可能改变人们工作的方式和时间。劳拉·亚希拉（Laura Asiala）是位于美国密歇根州（Michigan）米德兰市（Midland）的道康宁公司（Dow Corning）的一位经理，她管理着来自于东京、首尔、中国香港、上海和布鲁塞尔的员工。为了与员工们保持联系，她有的时候早晨5点就开始工作，并且一直持续到半夜。她每天3:30到9:30休息，网络技术使她在家中可以进行工作沟通。

成功的CEO们知道，从本土市场向全球市场转变的势头日益强烈且不可逆转。在理想状况下，跨国公司的管理者们不仅要通晓特定业务知识和管理职能知识，也要了解特定的国家。而且，整个公司的管理者们都应当了解全球状况，不论他们是服务于大型跨国公司还是小公司。许多小公司也会出口它们的商品；许多国内的公司基金在国外组装它们的产品。而且，很多公司不得不持续改进它们的产品以应对国外制造者带来的激烈竞争压力。今天的企业应当自问："我们如何成为世界上最优秀的？"

当前竞争格局的其他特点同样值得我们关注。传统的竞争优势来源，如规模经济、大规模的广告预算投入已不再像以前那么有效了。在信息爆炸的时代，找准信息渠道定向投放才是正确的做法。而且，传统观的管理思维模式已不太可能引领一家公司获得战略竞争力。管理者必须采取一种全新的思维模式：这种思维

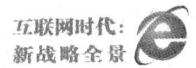

模式珍视灵活、速度、创新、全面、开放，正视不断变化着的环境条件产生的挑战。新的卓越价值从哪里来？价值连接的不再是简单的产品或服务的质量，而是体验感受。如今，企业为获取竞争优势向消费者提供产品或服务，不仅仅需要满足用户的使用价值，更要对潜在价值进行抓取，也就是抓住独特的"痛点"——用户身上最人性化、最根本的需求。这种价值可能是转瞬即逝的，而由于现今生产技术的普及，产品本身的使用质量趋于一致，所以，企业竞相为客户/用户提供定制化的服务，进行精准营销、快速反应，以期获得更多价值。竞争格局的现状导致了一个充满危险的商业世界，在这个世界里，全球性竞争要求的投资额非常巨大，一旦失败，后果非常严重。当公司面对今天的竞争格局时，有效地利用战略管理过程将降低失败的概率。

一、互联网时代的利益相关者

任何组织都是一个包含主要利益相关者的系统，由此组织得以确立并管理着各种关系。利益相关者（Stakehoders）是指能够影响企业的愿景和使命，同时也受企业战略影响，并对企业经营业绩拥有主张权的个人或群体。利益相关者通过加大或者停止向企业投入关键资源来影响企业的业绩，这些关键资源关乎企业的生存、竞争以及盈利能力。如果公司的绩效达到或者超出他们的期望，利益相关者会继续支持公司。最新研究也表明，能够有效处理与利益相关者关系的公司，业绩要比其他公司好。因此，利益相关者关系也可以成为竞争优势的一个来源。

虽然组织与利益相关者相互依存，但企业并非在任何时间与任何利益相关者都有着同等的依存关系；因此，每一个利益相关者能对企业施加的影响也不尽相同。一个利益相关者参与企业的程度越高、越有价值，则企业对其依赖就越强。反过来，更强的依赖性又会使利益相关者产生对公司业务、决策和行动更强的印象。管理者必须找到方法，要么与那些控制着关键资源的利益相关者和谐相处，要么将组织与这些利益相关者的需求隔离开来。

参与企业运作的利益相关者至少可以分为三类群体。如图 1-7 所示，这些群体分别是：资本市场利益相关者（企业股东和主要的资金供应商）、产品市场利益相关者（企业主要的顾客、供应商、所在社区、工会）和组织利益相关者（企业所有的员工，包括非管理人员和管理层）。

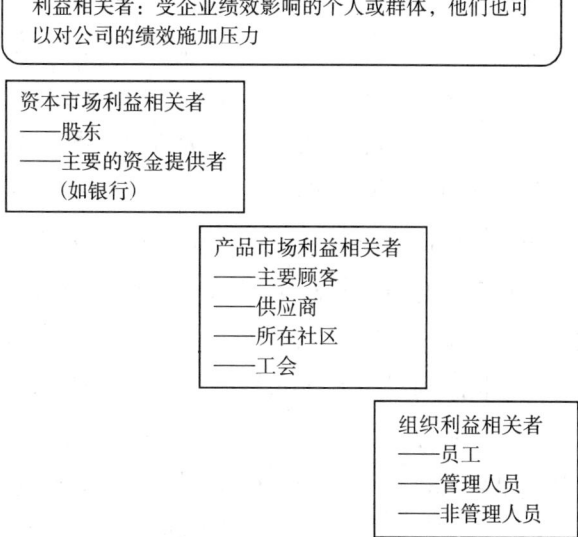

图 1-7 三类利益相关者

资料来源:作者根据第九版《战略管理:竞争与全球化(概念)》第 19 页进行整理。Ireland, R. D., Hoskisson, R. E., & Hitt, M. A. The management of strategy [M]. Mason, OH: South-Western Cengage Learning, 2009.

每一利益相关者群体都希望有利于自己目标实现的领导方式能够被企业的战略决策者采纳并实施。然而,不同利益集团的目标通常各不相同,有时管理者不得不做出妥协和平衡。股东是企业最显而易见的利益相关者,他们由那些向企业投入资本、期望为此获得积极的投资回报的个人和团体组成。企业股东的权益受私人财产法和私人企业法保护。

与股东形成鲜明的对比,企业的另一类利益相关者——顾客则希望投资者获得最小化的收益。如果企业产品的质量和性能提高,而价格不上涨,顾客的利益将得到最大化。顾客利益增加了,资本市场上股东的利益就可能减少。

员工——作为组织利益相关者——总希望企业能够提供一个充满活力、充满激励的有益环境。能够有效地学习新知识的员工对组织的成功非常关键。这其中,战略领导者起到了非常重要的作用。战略领导者(Strategic Leaders)是指那些存在于企业不同位置、利用战略管理过程帮助企业达成愿景和使命的人。无论其在企业的何种位置,一个成功的战略领导者必须有决断力,并且能够帮助周围的人成长,帮助企业为利益相关者创造价值。战略领导者的工作就是利用人力资源创造一个人们能够成长和学习,同时达成其共同目标、培育其人文精神的组织。组织文化会影响战略领导者以及他们所做的工作。反过来，战略领导者的决策和行动也会塑造企业的组织文化。华为的狼性法则就是一种强组织文化。组织文化（Organizational Culture）是指整个企业共有的一套复杂的意识形态、符号象征、核心价值的系统，这套系统同时也会影响企业如何进行商业活动。在这方面，社会力量是企业的推动力，不管成功与否。

由于潜在利益冲突的存在，每家公司都面临着管理好利益相关者的挑战。首先，公司必须识别所有重要的利益相关者。其次，一旦公司无法满足所有利益相关者的要求，就要对他们排定优先级。实力是公司判断利益相关者优先级的最关键指标，其他标准还包括某利益相关者需求满足的紧急程度及其对公司的重要程度等。

如果公司能够赚取超额利润，有效管理利益相关者的难度便会大大下降。有了超额利润带来的能力和灵活性，公司更容易同时满足多个利益相关者的需求。如果公司只能获取平均利润，就很难实现所有利益相关者利益最大化，公司的目标会变成最低程度地满足所有利益相关者。这种平衡的做法也要看利益相关者对公司支持程度的重要性。

互联网是一个大的利益共荣圈。眼下，几乎没有一家知名的互联网企业或行业领军企业在单打独斗，而是在各个行业领域有各种"战略联盟"（见图1-8）。在这纷繁复杂的互联网网络中，并不是所有企业的组织活动、盈利模式都相同。并且，随着用户需求的深挖，它们的分类也呈现一定的特点（见图1-9）。此时，需要将企业进行分类。

在本书中，涉及互联网活动的企业被分为三类：第一类，核心企业，也就是通常所说的"互联网公司"，它们拥有互联网核心技术和人才，以及庞大的资金池，其业务触角遍及互联网以及其他行业的各个领域。是它们引领着互联网前沿技术的发展和包括自己在内的所有企业的商业模式创新。第二类，天生互联网化企业，有的时候，这类企业太过于"互联网化"，以至于人们会将它们与"互联网公司"相混淆。实际上，它们是产品或服务基于互联网开展并联系相对紧密的企业，但是与前者不同的是，它们会较为集中于其中的一项或多项业务领域。一般来说，这类企业是互联网的直接利益相关者，或是业务上的直接上游、下游企业，如物流、电信、数据服务类企业。第三类，外围型企业，也就是传统行业企业，其业态未必与互联网直接相关，但是可以有潜在的合作机会，也就是需要进

图 1-8　一则新闻：战略联盟的诞生

资料来源：易车网 http://corp.bitauto.com/news/info_6130395.html。

行"互联网化"的主体。这种分类方法是本书进行进一步分析的理论基础。下文将就这三类企业所面临的挑战进行详细的阐述。

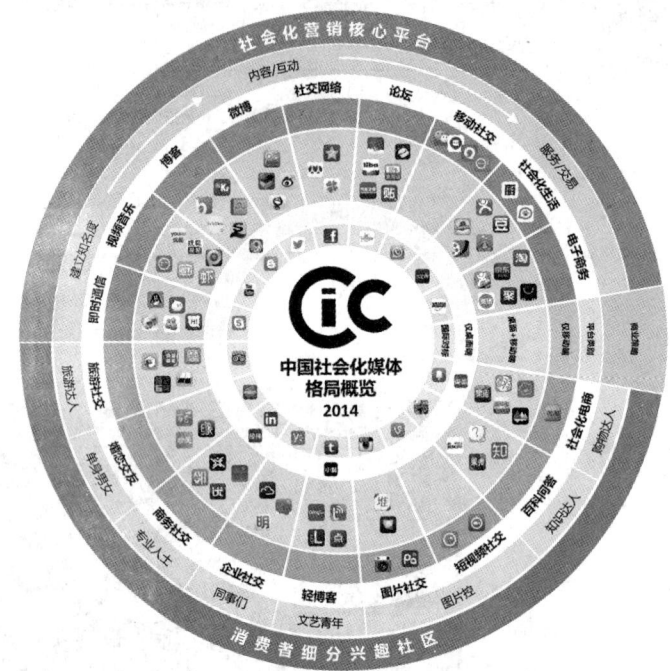

图 1-9　2014 年中国社会化媒体格局概览

资料来源：http://www.ciccorporate.com/。

二、互联网企业的生态圈：三类企业

（一）核心企业面临的挑战

第一类，也是互联网的核心类型企业——互联网企业，或者可以称为核心企业，它们是以互联网为主营业务的企业，拥有互联网的核心技术、人才，肩负着互联网的建设与创新，创造了众多基于互联网的新模式，引领行业发展。在这类企业中，"BAT"是公认的第一梯队：B 代表百度（Baidu.com），其以搜索引擎技术起家，并以其为中心发展了庞大的核心技术群；A 代表阿里巴巴（Alibaba.com），其以庞大的电商平台和领先第三方支付技术建立了一个结构复杂的交易生态圈；T 代表腾讯（Tencent.com），抓住了用于沟通的需求，积累了规模巨大的用户基础，并以此为核心发展成了一个集通信、游戏、电商、支付、门户等为一体庞大帝国。除此之外，老牌互联网企业新浪、搜狐、网易等也属于这一类型。图 1-10 是中国主要的互联网公司截至 2014 年 6 月的市值大小。

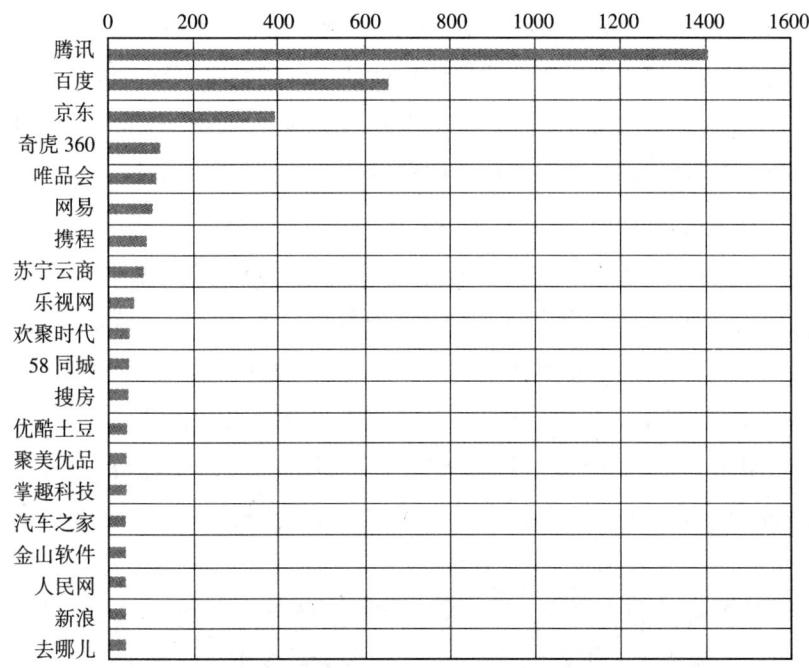

图 1–10　截至 2014 年 6 月中国上市互联网公司市值 TOP 20（市值：亿美元）
资料来源：艾瑞网（www.iresearch.com.cn）。

　　核心企业所面临的最大问题就是，难以创造百年老店。尽管互联网行业和传统行业相比还处于"少年"时期，除了亚马逊有着 19 岁的"高龄"之外，其他的互联网公司总是让用户、媒体觉得起起伏伏，转瞬即逝。一个显而易见的例子是，可口可乐刚刚过了 128 岁的"高寿"，可雅虎、MySpace、开心网呢？2012 年，《福布斯》有一篇引起轰动的文章，"猜 Google 和 Facebook 可能活不过 5 年"。虽然一半时间过去了，现在这两个公司貌似运转正常，但是这篇文章的作者分析所给出的原因并不新鲜：新的社交产品形式起来了，Facebook 跟被它淘汰的 MySpace 一样，难以适应，必须有所转型才能继续生存。这恐怕也是 Whatsapp 这个 50 人的小企业能够卖出天价的原因。这个话题貌似残酷：互联网企业可能天生就没法"基业长青"。每一次创业、每一种模式引领风潮三五年。做"百年老店"一直是传统行业企业家们孜孜以求的，但在互联网里可能就是个笑话。关键问题是，如果互联网 CEO 们都以基业长青为目的，都向那些曾经基业长青的传统公司学习管理，这会不会反而有损其竞争力？

　　我们已经对互联网的突变习以为常。网景、MySpace、51 和开心网说倒就倒下了。互联网的特性甚至已经深入并且改造了传统行业。摩托罗拉、诺基亚说倒就倒下了，而且苹果也有可能会。因为造就苹果的"突变"理论也会反过来埋葬苹果，跟乔布斯是否去世无关，不断的出现断点是这个行业的本质。信息社会从软件到互联网再到移动，这个本质会体现得越发明显。

（二）天生互联网化企业面临的挑战

第二类，被称为天生互联网化企业（Born-Internet），这类企业虽然不是将互联网的设计、建设作为主营业务，却是在互联网这片肥沃的土壤中扎根生长的，企业天生依托于互联网进行业务发展，如果离开互联网，企业将无法进行正常运营，甚至于不复存在。例如，专门发展互联网金融业务的小微互联网金融企业，数量庞大的网游、页游公司，各类互联网营销代理机构，kickstarter.com 这样的众筹网站，以及对互联网大数据进行云处理、数据挖掘、数据分析和咨询的技术与咨询公司。

天生互联网化的企业所面临的最大挑战就是如何保持自己的反脆弱性（Antifragile）。畅销书《黑天鹅》的作者在他的重磅新书《Antifragile》中提出这样的概念：在面对不确定性时，仅仅保持坚韧不变是不够的，还需要能在逆境中受益。在传统的金融领域，传统的网上银行的更新周期差不多是一个季度，但是支付宝一周升级两次，这是因为它是一家天生互联网化企业，所有的产品都是基于互联网基本理念——或者是不得不这样做——基于用户为中心的快速纽带。互联网可以帮助所在的企业将周期缩短，而对于天生互联网化企业来说，这是关键的核心能力。所有天生互联网化企业的产品或服务，由于其"互联网化"的本质，天生必须是开放的，没有独特和独一无二的资源，产品和服务趋于同质性，竞争门槛其实是最低的，所以只能靠速度和反脆弱性取胜，在不断的自我完善中求生存。

举例来说，互联网所有的产品对用户有极丰富和准确的洞察。所有的互联网产品都可以洞察消费者，因为知道消费者的所有行为习惯，不是通过传统的方式，即不通过调研公司，而是通过网络调研。因而互联网对消费者的洞察能力，或者把控消费者的能力非常强，而且，这些数据都是实时的，比调研得到的、过时的数据更准确。互联网可以准确地知道，一个消费者在产品页面上停留的时间是多长，是否购买，是否购买竞争对手的产品，有没有再回过头来买相关产品，这些只有互联网可以做得到。对于天生互联网化企业而言，真正要思考的问题，是利用互联网去促进全面、全流程的改变，或者是加强价值流动链条，从前瞻的用户洞察到产品的设计，到新品的发布，到整个网络的销售，售后全流程的抓取，都运用互联网的能力，必须将互联网打通吃透。

（三）传统企业面临的挑战

第三类，也就是传统企业，这类企业离互联网较"远"，它们原本将自己的产品或服务在传统平台上进行发展和创新、在传统渠道中进行销售。然而当互联网大潮全方位冲击着传统行业的经营模式时，传统企业不得不利用互联网进行用户需求挖掘、研发技术更新、销售模式创新等全面转型。

随着互联网快速的发展和普及，传统企业做互联网或者通过互联网来传输业务，不再是我们所理解的狭义的概念，而是所有企业的所有方面、层面都要互联网化。例如，阳光保险以"我要上春晚"主打形成金融业"黑马"。中国家电品牌教父的张瑞敏，也开始在海尔集团做互联网思维的转型，"从此不做硬广"成为让传统广告界很揪心的一个传说。海尔高管对海尔公司互联网化进行了宏大的描述："传统制造企业以生产能力为中心的体系正在消解，海尔不再只是一个制造工厂，而是在构建一个生态系统。从研发到生产，从营销到售后，从电商到物流，海尔已进入一场全员性质的互联网模式革命中，它席卷了全海尔8万名员工，没有人可以置身其外。"商业领先者苏宁公司也处于全面向互联网转型的关键时期，公司将要彻底转型互联网服务商。苏宁将加速互联网化的连锁店的定位与功能变革，过去单一销售功能的实体店，全面升级为集销售、展示、推广、体验、服务等功能为一体的综合性经营平台。孙为民表示，苏宁将全面转型互联网零售，不仅仅是实体店和虚拟店的融合，而且要从企业的底层结构和经营模式上实现向互联网公司转型。"经过3年的发展，我们日益感受到线上线下两大渠道必须融合。"这些例子只不过是浩瀚的"互联网化"大军中的冰山一角。

由此可见，"互联网化"将是未来传统企业的发展趋势。随着互联网快速的发展和普及，传统企业做互联网或者通过互联网来传输业务，不再是我们所理解的狭义的概念，而是所有的企业都要互联网化。互联网已经成为我们的生活必备品。在商业层面，互联网改变各行各业的生产力水平，互联网背后隐藏着诸多和不同传统行业结合的连接点。

互联网发展至今，对传统企业的促进作用可以分三个阶段来看，首先是信息化，其次是营销的互联网化，最终是企业的全面互联网化。企业互联网化是企业

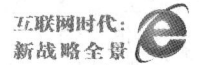

通过种种手段使得企业的生产关系、管理模式能够基于互联网先进技术进行充分的变革，企业互联网化应该包含更深刻、更广泛的内容，涉及企业的营销、采购、管理、用户模式等多种方式的转变。

传统企业互联网化，一方面是企业内容的互联网化，包括建立网站、尝试电子商务等；另一方面则是网络营销的广泛应用，借力互联网实现企业再造的新目标。互联网核心企业和天生互联网化企业在营销和渠道方面已经积累了大量经验和资源。业内人士表示，当今的互联网发展水平，已完全有能力替代传统经济活动中的某些环节，并随着科技不断进步而发挥更大的作用。互联网核心企业，对于传统企业互联网化来说必然起到重要作用。互联网企业是否应主导传统企业的互联网化？对于完全竞争市场，中小企业众多、行业集中度低的行业，就需要第三方企业来主导，这时候互联网企业有明显的优势。而对于寡头垄断市场，这些行业的"龙头"企业有绝对的掌控能力，肯定由它们来主导，外部的互联网企业更多的是在它们的主导下提供技术支撑。

相比之下，传统企业的局限性比天生互联网化企业更加明显，所以目前更多的是只针对自身行业做"拘束的"互联网化；而天生互联网化企业则没有明显的约束，重要的是选择合适的行业。三类企业从发展过程的微观上来看，不存在谁主导谁的问题，而是协同（Synergy）状态，在传统企业互联网化进程中，双方相互借力，跨越传统樊篱。

互联网加速信息传播，信息日益走向透明化。而今后是移动互联网的时代，任何企业都会通过终端连接到互联网，将出现更为开放的平台，为所有企业提供一个接口。移动互联网发展迅速，交易平台将更加完善，基础数据将更加丰富，数据挖掘程度也将不断深化，信息从企业个体信息走向平台共享信息。移动互联网已跨越了产业之间、产业链上下游之间的壁垒，使企业与企业、产业与产业之间相互融合。

|第二章|
新理论：互联网对传统理论的冲击

20世纪90年代以来，在发达国家兴起了管理变革的浪潮，席卷了一个新的产业革命时期。这是一场以经济全球化和信息网络化为标志的产业革命，它曾大幅冲击了原有的生产方式，改变着原来的企业经营模式。随着互联网Web3.0/4.0时代的到来，以及移动互联网的迅速崛起，中国的商界正在经历一场前所未有的"互联网革命"。企业为适应这种网络化环境的变化，改革已成为势不可当的潮流，传统企业在迎接这场深刻的网络化管理的同时，又将面临一个新的机遇和挑战。

同样地，被改变的不仅仅是现实中的企业，这场革命撼动了更深层次的闻名——管理理论。研究传统社会科学理论的学者们都不约而同地将目光集中到了这个话题上。互联网的出现，改变了所有理论适用的全景（Landscape），对现存所有理论的普适性和可持续性提出了严苛的挑战。

互联网作为最尖端的信息科学，首先改变的是信息技术学科以及其他工具类学科（如统计学）的理论。互联网的出现突破传统以自然哲学为基础的思维定式。新技术，如大数据、云计算等扩大了科学的调查广度，让研究结论更准确、更具有普适性。

从经济学方面来说，传统经济学的理论失效。因为经济学的一系列严格的前提假设已经无法满足，而最基本的理性前提也在互联网的作用下受到强烈冲击，并且经济周期越来越短，迭代效应越来越强。"一大堆"新的经济学应运而生：如比特经济学、行为经济学、维基经济学等。虽然这些经济学说并不是传统意义上

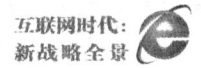

的经济学理论,但是它们提到的一些观点确实值得理论经济学家深思。

从社会学和心理学来说,互联网的崛起是20世纪一个重要的社会与文化事件。在人类历史上,每一次关键技术的突破与普及都会导致社会结构的转型与重构,而互联网正是这种具有突破性意义的新技术。从某种意义上甚至可以说,互联网对社会结构的革命性影响,将比历史上任何一次技术革命都更加深刻。互联网在社会层面所具有的革命性意义与其独特的技术特性密切相关。面对因互联网崛起而形成的新社会经验,调整和改变社会学的理论视野与问题意识已是当务之急。网络社会学不仅仅是社会学的一个分支学科,作为一种知识形态,它极有可能将社会学的研究带入一个全新的领域,从而构成社会学的一个崭新的理论范式。互联网的兴起,还重塑了个人与组织之间的关系模式。由于互联网是以一种去中心化的方式组织起来的,在这种没有中心的信息传播与人际互动模式中,信息传播与人际互动完全是开放和发散式的,任何人都可以超越现实生活中的等级差别而平等地获得信息,可以超越现实生活中的身份、地位、收入、职业等的差别而平等地交往。因此,这种模式超越了传统的权力压制,超越了因权力分配而导致的信息、地位差距,从而有可能使人们在平等交往的基础上重塑个人与组织之间的关系,使个人能够完全平等地享有信息与权利,并由此导致一种新型、高效和有高应变能力的组织产生。

在以上各个学科的交叉作用下建立起来的管理学,更是受到了不可逆转的影响。企业从原来较为集中地解决一个目标最优(绩效最优)的问题变成解决多目标最优问题。此外,新的跨行业、跨专业、跨地区的多种分工形式带来组织形态的改变;新的交易成本改变带来行业结构改变等。在战略管理过程中,产业组织理论、资源基础观、交易成本理论等被广泛用于解析企业外部环境和内部环境。下文将从这几个理论方面来阐述战略管理理论的应用以及互联网对于战略管理理论的冲击。

第二章　新理论：互联网对传统理论的冲击

第一节　互联网时代下的战略管理理论

一、产业组织模型的改变

从 20 世纪 60~80 年代，人们始终认为外部环境是公司选取成功战略的主要决定因素。时至今日，行业组织模型（Industrial Organization）仍然是分析外部环境对公司战略影响的分析模型之一。I/O 模型的核心思想是，公司的业绩主要取决于所在行业的特性，包括规模经济、市场进入壁垒、多元化、产品差异化以及行业中的公司集中度。

行业组织模型是迈克尔·波特（Michael Porter）在接受 SCP 模型（也就是 Bain 于 1956 年提出"结构—行为—绩效"（Structure-Conduct-Performance）模型的观点基础上建立的。他认为，寻求长期绩效优势的企业应该选择进入不完全竞争行业，行业的选择是一个企业需要做出的最重要的战略选择。其有四个基本假设：首先，外部环境特别是行业与竞争环境施加的压力与约束决定了企业能否赢得超额利润。其次，同行业的大多数企业拥有相似的战略相关资源，并根据这些资源实施类似的战略。再次，实施战略所需要的资源在企业间可以自由流动，资源差异只能暂时存在。最后，组织决策者都是理性的，并致力于为公司谋取最大的利益，正如他们追求利润最大化的行为。因此，行业组织模型要求公司必须选择进入最具吸引力的行业来竞争。因为大多数公司拥有类似的战略资源，而且这些资源流动性又极强，所以只有当公司在潜在利润最高的行业中运营，并学会如何根据行业的结构特点来利用这些资源实施其战略时，公司业绩才会得到提高。

互联网，它的本质是解决信息不对称。随着移动互联网时代的到来，它正摧枯拉朽般地在人类世界建立高效的资源流动效率，包括信息、人才和资本，这极大地弱化了在不公平的信息、资源面前人的主动协调作用。管理的本质就是资源的调度能力。在互联网面前，世界越来越平，人选择用功还是懒惰、周全还是随性，在占有信息、人际关系等方面越来越难垒筑人的竞争力优势（虽然技术上有差别和分化），这意味着通过博闻强识、人情练达——所谓管理能创造的边际价值在下降。制度套利的企业领袖群体之所以在过去的很长一段历史时期内具有竞争力，是因为其生存在一个缺乏应用革命性的技术条件去解决信息不对称、商业结构相对稳定的时代。所以他们有机会运用出色的管理能力，把一切规则化、标准化：把金融服务标准化成为银行业，把住宿服务标准化成酒店业，把代工制造标准化成 OEM 业……在过去足够长的某个历史周期内，制度创造的效率拥有充分的价值空间。但如今，我们迎来了移动互联网的时代，摩尔定律已经外溢到互联网之外的各个传统行业，信息跨行业加速流动，来自产品更迭的竞争压力指数级扩散。在制度套利者还没想明白如何应对突然开始消融的管理竞争力，就一头雾水地被推向领导产品的最前线时，情商套利者领导的团队正借风起势，他们根本不管站在什么行业，逮着机会就发起边缘创新和跨界竞争——因为无论商业世界千变万化，唯有人性是足够稳定、人的体验是足够稳定的，所以依赖对人性的通透理解，他们拥有对跨界产品快速切入的能力和自信，也为自己赢得了更为坚实的生存周期。

波特的五力物理模型仍然可以帮助互联网时代下的公司分析如何选择最具吸引力的行业这一问题。五力模型指出，一个行业的收益性（如投资资本收益与资本成本之比）是五种力量（供应商、顾客、行业内现有竞争者、替代产品和潜在进入者）相互作用的结果。

企业能够应用五力模型在给定行业结构特征的条件下，确定一个行业的吸引力（通过利润潜力来度量），以及进入该行业能获得的最佳优势地位。这一模型认为，一般而言，公司可以通过以低于竞争者的成本制造标准化的产品和服务来获取超额利润（成本领先战略），公司也可生产顾客愿意支付高价的差异化产品（差异化战略）。

如图 2-1 所示，行业模型指出，公司只有在实施了适用于整体环境、行业环境和竞争环境特征的战略后才能获得超额利润。那些为实施战略而发展或购买内部能力的企业，更有可能适应外部环境而获得成功。反之，则可能招致失败。因此，模型认为，外部环境特征而非企业独特的内部资源或能力，决定了企业利润的大小。

实证说明，行业组织模型是有效的。约 20% 的企业利润可以从企业竞争的行业中得到解释。然而，研究还表明，36% 的利润变化可以归功于企业本身的特点以及采取的行动。这些研究表明，环境因素和公司资源、能力、核心竞争力及竞争优势共同决定了公司获取战略竞争力和超额利润的能力。行业组织模型把企业

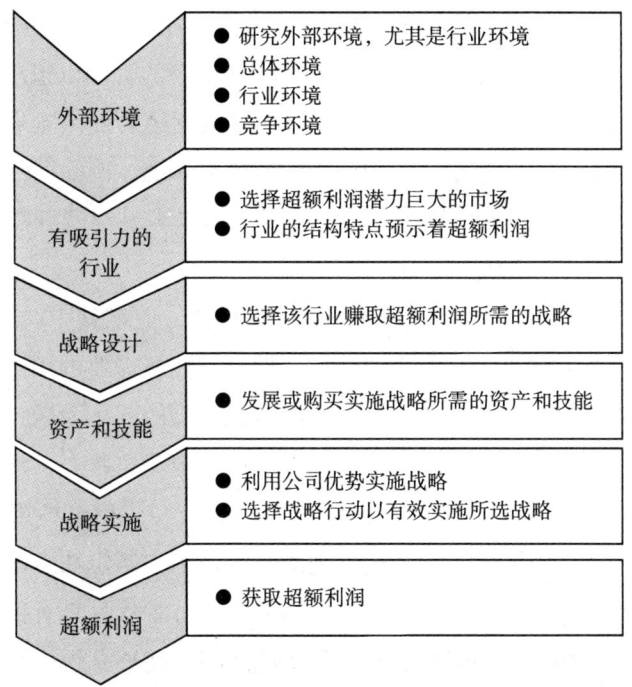

图 2-1 超额利润的行业组织模型

资料来源：作者根据第九版《战略管理：竞争与全球化（概念）》第 13 页进行整理。Ireland, R. D., Hoskisson, R. E., & Hitt, M. A. The management of strategy [M]. Mason, OH: South-Western Cengage Learning, 2009.

战略看做是为响应其竞争的行业特征而形成的一套承诺、行动和决定。而随后讨论的资源基础模型，在企业战略制定和实施的主要影响因素这个问题上有着不一样的观点。

二、资源基础模型的改变

资源基础模型的基本思想是把企业看成资源的集合体，将目标集中在资源的特性和战略要素市场上，并以此来解释企业的可持续的优势和相互间的差异。资源基础模型认为，任何一个组织都是独特的资源和能力的组合。这些资源和能力的独特性是企业战略和超额利润的基础。

资源（Resources）是指企业生产过程的投入部分，如资本设备、员工技能、专利技术、融资以及有才能的管理人员。总的来说，公司的资源可分为三类：实物资源、人力资源和组织资本。从本质上来看，资源分有形和无形。单个资源可能无法创造竞争优势。一般来说，只有资源的相互配合形成能力才会产生竞争优势。能力（Capability）是指将众多资源结合运用以完成一项任务或活动的才能。随着时间的推移，公司的能力得到发展，并得到动态的管理以追求超额利润。核心竞争力（Core Competencies）是指企业为战胜其竞争者提供竞争优势来源的资源或能力。核心竞争力通常通过组织职能的形式来体现。例如，百思买（Bestbuy Co.）通过对大数据分析来设计自由品牌电子产品以满足消费者需求，而这些是依靠强大的客户服务和信息技术能力来实现的。

J. 巴尼（J. Barney）是资源基础模型的奠基者，他在其1986年的著作中提出了战略要素市场的概念，是指企业获取或发展它们所需要的用于执行其产品市场战略的资源的市场。他进一步提出了资源基础模型的四个命题：第一，如果企业获取或培养其重要资源的战略要素市场处于不完全竞争状态，那么企业至少能利用这些资源在制定和实施战略过程中获取临时的经济租金；第二，控制着稀缺、不可替代的重要资源的企业，通过利用这些资源去制定和实施战略，至少可以获得临时性的竞争优势；第三，控制着稀缺、不可替代且具有供给刚性的重要资源的企业，通过利用这些资源去制定和实施战略，能够获得持续竞争优势；第四，如果企业能够不断利用重要资源发展和实施其他企业不能预见到的战略，那么它就可以获得持续的经济租金。资源基础理论认为企业在资源方面的差异是企业获利能力不同的重要原因，资源基础理论的主要思想就是从企业的"异质性"去观察企业内部的资源及能力，其重点在于识别、澄清、配置、发展企业独特的资源与能力。巴尼认为，资源和能力是呈异质性分布的；且这些异质性的资源不具备完全的流动性。这两个假设承认了企业资源禀赋存在差异。他认为，战略要素市场在这些条件下可能处于不完全竞争状态：未来用于制定和实施企业战略的资源的预期价值普遍低于这些资源在实际制定和实施产品市场战略时的价值（市场中必须存在影响该资源未来实际价值的重大不确定因素）；某些企业对这些资源未来价值的预期比其他企业更加准确（不同企业对于某种资源的未来价值必须抱有不同的预期）。

根据资源基础模型，随着时间的推移，企业间经营业绩的差异主要来源于资源和能力，而不是行业结构特征。这个模型有如下三个假设：企业获取各种资源、发展独特能力的过程是基于其如何整合和使用这些资源的；资源和能力在企业之间没有高度的流动性；资源和能力的差异是竞争优势的基础。前两个假设与很多解释企业长期绩效优势的理论是一致的。异质性的概念涵盖了企业资源的两个特征,稀缺性和不可替代性。Dierickx 和 Cool 在 1989 年对于巴尼的理论进行了拓展,认为时间压缩的非经济性、因果关系模糊性、资产的互相关联性或规模效应,使得企业所控制的资源产生经济租。通过持续不断的运用,企业的能力会变得越来越强,同时竞争者也更加难以掌握和复制这种竞争优势。作为竞争优势的来源之一,能力"既不能简单得易于被人模仿,也不能复杂得在企业内部难以把握和控制"。

如图 2-2 所示,资源基础模型认为企业选择的战略必须能够使其在一个有吸引力的行业中充分发挥自身的竞争优势,这里,行业组织模型并没有被完全抛弃,而是用于鉴别有吸引力的行业。

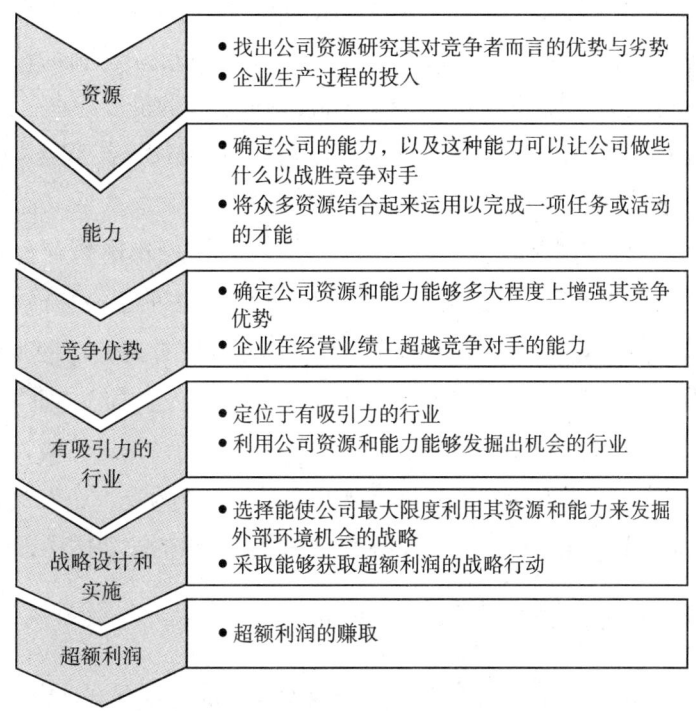

图 2-2 超额利润的资源基础模型

资料来源:作者根据第九版《战略管理:竞争与全球化(概念)》第 15 页进行整理。Ireland, R. D., Hoskisson, R. E., & Hitt, M. A. The management of strategy [M]. Mason, OH: South-Western Cengage Learning, 2009.

并非一个公司所有的资源和能力都能成为竞争优势的基础。只有当这种资源和能力是有价值的(Value)、稀缺的(Rareness)、难以模仿的(Imitability)的,并无法替代的(Organization)时候,这种资源和能力才是有价值的,即资源应该满足 VRIO 框架。当公司可以借助某种资源或能力，利用外部机会或化解危机的时候，这种资源或能力便是有价值的；当资源和能力只有被少数现有或潜在的竞争者拥有时，它才是稀缺的；当其他公司无法获取这种资源或能力，或是需要付出很高的成本才能得到时，它就是难以模仿的；而当没有与其相类似的资源或能力时，它便是无法替代的。随着时间的推移，很多资源在一段时期后可能被模仿或替代。因此，竞争优势如果仅仅建立在资源的基础上就很难长久维持。当资源和能力达到上述资格标准时，它们便成为企业的核心竞争力。

在互联网时代，竞争优势来源——资源和能力发生了巨大的改变。异质性的来源，如时间压缩不经济等前提条件也发生了改变。资源的流动性太强，导致如何将关键资源留在组织之中并基于其开发出最大价值，是每一个企业需要花费重大精力思考的问题。举例来说，人才作为互联网的重要资源，流动性也更强。互联网时代人的流动频率加快、人对组织的黏度降低、人的价值创造能力能够放大，小人物能够创造大价值。一个产品经理、市场总监的跳槽，甚至可以引起整个行业的竞争排名的改变。这些变化要求组织重新审视人这个最重要、最核心的资源。

研究表明，从长期来看，行业环境和企业内部资产都影响着企业的经营业绩。因此，为了习惯企业的愿景和使命，明确随之而来的战略选择和执行过程，企业必须同时运用上述两个模型。事实上，两者是相互补充的，行业组织模型关注企业外部环境，而资源基础模型聚焦于企业内部。在本书第二篇和第三篇中，将分别就外部环境和内部环境的实际情况进行进一步的讨论。然而，决定企业究竟采取什么行为、不采取什么行为，企业的边界到何处为止，还需要另外一个理论模型的支持：交易成本理论。下面将就交易成本理论的改变做详细的阐述。

三、交易成本的改变

除了前文所说的价值，互联网还通过改变交易成本而改变商业环境的地貌。交易成本与行业组织、价值一起影响着互联网下的企业战略行为。交易成本（Transaction Costs）又称交易费用，是由诺贝尔经济学奖得主科斯（Coase, R. H., 1937）提出，交易成本理论的根本论点在于对企业的本质加以解释。科斯认为，企业存在的主要目的是降低交易成本；采用市场的价格机制会产生协调成本、监督成本和控制成本；市场中的交易成本可以通过组织的方式加以规避；他利用帕累托最优理论解释了管理者如何在企业内部的管理成本和市场交易成本之间进行权衡和取舍。鲁梅尔特（Rumelt）曾在1984年的著作中试图用经济租金的创造能力揭示企业存在的原因，这种思想结合了租金创造、交易成本和智力结构，为将来资源基础模型与企业治理的交易成本理论之间提供了桥梁。

新制度经济学家威廉姆森（Williamson，1985）细化了交易成本的概念，并用这个概念解释企业的性质和规模的问题，由于经济体系中企业的专业分工与市场价格机能的运作，产生了专业分工的现象；但是使用市场的价格机能的成本相对偏高而形成企业机制，它是人类追求经济效率所形成的组织体。由于交易成本泛指所有为促成交易发生而形成的成本，因此很难进行明确的界定与列举，不同的交易往往就涉及不同种类的交易成本。总的来说，他认为企业利用市场手段和层级结构进行交易所产生的成本的比较是企业选择企业边界的主要原则。

在互联网时代，交易成本改变主要是因为信息不对称造成的专业性环节被互联网压缩，产品和服务的质量被无限次地对比，并且对比成本下降，试错成本下降等。传统理论上，交易成本有六个来源：有限理性、投机主义、不确定性与复杂性、少数交易、信息不对称以及气氛。互联网通过同时对六个方面进行改变而对交易成本进行改变。下文将对这六个因素分别进行分析：

有限理性（Bounded Rationality）：指交易进行参与的人，因为身心、智能、情绪等限制，在追求效益极大化时所产生的限制约束。互联网通过社交的形式构成一种易于情绪化消费的情境，且这种交流的频度越来越高：通过朋友圈晒物品的共鸣，可能会激发你去购买某种东西的欲望；甚至原生态广告在不知不觉之中就激发了你的某种消费意识。当你购买了一个微博里大家都在晒的东西并扬扬得意时，你可能恰好忘记了你自己究竟是否需要这件东西。

投机主义（Opportunism）：指参与交易进行的各方，为寻求自我利益而采取的欺诈手法，同时增加彼此的不信任与怀疑，因而导致交易过程监督成本的增加而降低经济效率。拿电商平台来说，虚假广告和钓鱼网站频繁出现，货品的质量也是让网购者头疼的一大事情，所以电商平台不得不投入大量的资源对交易过程进行监督。这就是为什么天猫的商品一直比淘宝平台中的同样商品价格要贵的原因，因为投入了大量的资源用于对商家可靠性进行认证。机会主义行为就是一种损人利己的行为。威廉姆森认为，人们在经济活动中总是尽最大能力保护和增加自己的利益。自私且不惜损人，只要有机会，就会损人利己。损人利己的行为可分为两类：一类是在追求私利的时候，"附带地"损害了他人的利益，如化工厂排出的废水污染了河流；另一类则纯粹是以损人利己为手段为自己谋利，如坑蒙拐骗、偷窃。机会主义行为使各种社会经济活动处于混乱无序状态，造成资源的极大浪费，给社会带来难以估计的损失，阻碍了社会的发展。具体到管理活动中，机会主义行为会降低管理绩效，使管理目标难以达成。在互联网时代存在以下四种可能性的机会主义：基于信息不对称的"道德风险"和"逆向选择"行为；基于集体行动的"搭便车"行为；基于资产专用性投资的"敲竹杠"行为；基于博弈次数（交易频率）的短期化行为。

不确定性与复杂性（Uncertainty and Complexity）：由于环境因素中充满不可预期性和各种变化，交易双方均将未来的不确定性及复杂性纳入契约中，使得交易过程增加不少签订契约时的议价成本，并使交易困难度上升。互联网加速了不确定性的发生，多方交易的特点也增加交易过程的复杂性。今天可能是盛极一时的产品，明天可能就会被新产品所取代；或者是某一次特别的公共负面事件，没有及时做好危机公关就可能很快葬送了一个品牌的前景。

少数交易（Small Numbers）：某些交易过程过于专属性（Proprietary），或因为异质性（Idiosyncratic）信息与资源无法流通，使得交易对象减少及造成市场被少数人把持，使得市场运作失灵。在互联网时代，很难再建立起垄断性市场，由于学习能力和吸收能力的加快，企业同质化竞争越来越严重。就算是互联网巨头，他们在各自的市场上也有着为数众多的竞争者，根据用户的类型进行各自利基市场的分割：大公司面对大众用户而小企业可能会独占某一个垂直市场。如在用户 Cookies 保护方面，Duckduckgo.com 主张维护使用者的隐私权，并承诺不监控、不记录使用者的搜寻内容，因此创立初期吸引了一部分小众的追随者；然而这也是以牺牲便利性为代价，所以绝大多数人还是会继续选择 Google.com 或者 Baidu.com 进行搜索。但是"棱镜门"事件之后，公众对于个人信息的保护意识增强，越来越多的人选择了该搜索引擎。

信息不对称（Information Asymmetric）：因为环境的不确定性和自利行为产生的机会主义，交易双方往往握有不同程度的信息，使得市场的先占者（First Mover）拥有较多的有利信息而获益，并形成少数交易。在互联网时代，信息不对称带来的交易成本实际上是在不断下降的。购买任何产品都可以在开放的网络环境下进行查找和论证。甚至不是货比三家而是货比几百家，更有"惠惠购物助手"这样的插件帮助用户轻松地比较各个电商的相同产品价格以及产品近期的价格走势。如果对产品的使用特性不了解，网上都可以查到，甚至在街上遇到心仪的产品，也能通过扫码等方式立刻获取这个产品在网络上的价值，然后对比价格进行购买决策。

气氛（Atmosphere）：指交易双方若互不信任，且又处于对立立场，无法营造一个令人满意的交易关系，将使得交易过程过于重视形式，徒增不必要的交易困难及成本。互联网在拉近彼此距离时也拉远了彼此的距离：交易的双方可能都不知道彼此的真实身份。曾有学者通过实证研究得出，在虚拟的游戏世界中，信任很容易建立，也更容易瓦解。因为不信任而需要付出的成本较低——只要花点时间去寻找同质商品就可以了。

交易成本决定了组织的边界、形态和结构；任何企业的组织架构，都是在特定的环境中逐步建立起来的。那么当外在环境发生变化后，就需要及时调整组织架构，以适应这种变化。在互联网时代，企业需要重新审视自我，整合资源，调整结构，提升核心竞争力，即所谓的穷则变，变则通，通则久。基于互联网业务模式的特性，企业在组织架构上需要一定的突破：资源集中化、层级扁平化、管理灵活化。传统模式下，企业通过自上而下的层级设置，实现层层指挥领导。这样虽然职责明确、步调一致，但是由于层级过多，信息传递的速度变慢，反应迟缓。而互联网市场要求最高的决策层尽量与市场端贴近，准确把握市场动向和信息变化。因此，企业的组织架构就需要朝着资源集中化、层级扁平化的方向改进。一方面，加强对技术资源、用户资源的集中管理，通过网络资源的管理权逐步上移，可以让更多的一线公司轻装上阵，集中力量做好业务工作。通过对用户资源的管理，能够加大用户信息的挖掘力度，强化用户需求的捕捉能力；同时可以在一定区域内实现用户服务的集中化，降低成本，实现高效管理。另一方面，企业内部的组织层级必须减少，实现扁平化。与此同时，在纵向层级减少之际，横向部门的沟通协调就显得尤为重要。为了让这种横向的信息传递和彼此协作更加顺畅，业务流程的重塑和优化工作不可避免。通过流程穿越工作，让前后台、部门之间的流程衔接更加紧密，在扁平化组织的过程中，推动信息的快速传递，实现对市场的及时反应。

总之，互联网对企业的冲击是全方位的，在这种冲击下，组织架构作为企业的核心骨架，调整改变是必然的，只有在前期未雨绸缪，才能避免败北后的壮士断腕。

战略聚焦：

组织结构的设计与交易成本的关系

联系前文所说互联网时代下的交易成本的变化，对比历史上出现的治理制度，组织结构及其交易费用的构成，试一试解释交易成本如何通过不同组织结构进行规避？

（一）古典组织结构

1. 治理制度

19世纪40年代以前，大多数美国企业都是家族企业，主要经营手工业和农业，这些家族企业规模小、技术简单、业务单一。由于当时的运输设施比较落后，企业主对扩张没有多大兴趣，当时专用的机器设备非常少，即资产专用性不高，交易要么非常偶然，要么交易的对象比较固定，不确定性程度不高。按照交易费用经济学的观点，资产专用性低的交易都可以通过市场来进行。所以，当时的企业倾向于从市场上采购要素或商品，市场承担的功能较多。

2. 组织结构及其交易费用构成

与市场相比，企业的发展比较缓慢，还不是现代意义上的企业：企业没有中层经理和高层经理，企业主雇用部分员工帮助他完成一些事务性工作，企业主对一切问题负责，员工没有任何决策权力，我们把这种组织结构称为古典型组织结构。交易费用由信息成本、决策成本和监督成本构成。①信息成本：外部市场稳定，搜寻外界信息的成本不高；在企业内部，员工直接向老板汇报工作，而老板根据所有员工的汇报制定决策，直接指挥员工，信息传递路线短。②决策成本：企业规模小，环境比较稳定，决策还在企业主的个人能力之内，同时，信息通畅、决策及时、决策成本不高。③监督成本：主要是指监督员工的偷懒行为，由于员工主要从事的是体力劳动，易于观察，且企业规模小、信息传递及时，员工几乎没有偷懒的机会，因此，监督成本不高。总之，企业规模小，市场稳定，老板的有限理性问题还不明显，交易费用相对较低。

(二) U 型结构

1. 治理制度

19 世纪 50 年代以后，随着经济、技术的发展，企业的员工人数增多，信息交流渠道呈指数上升，企业主信息大量超载，有限理性问题凸显，不能对企业进行有效控制，员工偷懒行为增多，古典组织结构的交易费用大大增加。为节约有限理性，企业开始增加管理层级，现代化的生产企业出现。随着美国铁路运输能力的提高，电报、电话等通信技术的广泛运用，企业的生产技术迅速发展，企业的环境发生了重大的变化，用交易成本的术语来表示，就是企业的资产专用性提高，而经济活动的不确定性程度大大提高（市场不断扩大，原材料来源得不到控制，产品的售后服务得不到保证或者产品的价格、产量不稳定），制造商和销售商及采购商之间的交易频率大大增加，交易费用急剧增长，这些企业内部化动机强烈。19 世纪 80 年代到 20 世纪初，很多美国企业通过纵向一体化变得规模更大，复杂性增加，企业内部分工越来越细，专业化程度提高。

2. 组织结构及其交易费用构成

这些大型的纵向一体化企业都采用按职能划分部门的职能结构（钱德勒称之为中央集权的职能部门化的组织结构），其特点是，企业内部按职能（生产、销售、开发等）划分成一系列的部门，各部门独立性弱，企业实行集中控制和统一指挥。U 型结构的交易费用也是由信息成本、决策成本和监督成本构成。①信息成本，即管理层级和职能部门的开始设立使信息超载的问题得到解决，大大减轻了企业主的有限压力，信息成本下降。然而，任何两个职能部门只能由高层协调，信息必须自下而上、自上而下传递。当管理层次增多时，信息传递的时间变长、效果变弱、成本增加。②决策成本，即企业主的有限理性问题得到解决后，企业的集中控制能力很强，企业可以及时获得信息，决策成本不高。但如果规模扩大，信息不能及时传递，高层会日益深陷日常决策，忽视了对企业的长期战略计划，决策失误增多，成本提高。③监督成本，即在 U 型企业中，各个职能部门的局部目标与公司的整体目标总是存在一定的差异。当企业规模小、职能部门不多、管理层次少时，问题不是很明显，监督成本不是很高。但随着规模的扩张，高层信息负担日益加重，没有过多的精力协调下属部门的利益，各职能部门投机的动机强烈，防范机会主义的成本就提高了。总之，在实行U型结构的初期，由于企业的规模小，企业处理的信息量不是很大，企业高层的有限理性表现不明显，可以有效监督和决策。但随着市场的扩大，企业进一步发展，规模很快扩张，U型结构固有的缺陷导致了交易费用的上升。

（三）M型结构

1. 治理制度

20世纪初期的美国，新技术发明继续不断产生，人口向新地区迁移。企业在经历了早期的合理化发展后，很快向新的产品和地区市场扩张，企业的规模继续扩大，一体化程度继续增强。

2. 组织结构及其交易费用构成

一体化导致企业交易费用上升，市场突然变得萧条，企业内部的各种问题都暴露出来，组织结构创新势在必行。针对这一问题，杜邦等公司探索出了一条新型的组织结构——M型结构。M型结构是根据产品、服务、客户类型或地区的不同，划分为相对独立的部门，公司总部授予事业部经营自主权，各部门下设自己的职能部门，集中决策，分散经营。M型组织结构中各个业务分部不是独立的法人实体，而是企业内部的经营机构。与U型组织相比，M型组织增加了新的内容：①总办事处制定战略规划和分配资源；②总办事处负责监督和控制各个职能部门。M型组织结构的交易费用同样由信息成本、决策成本和监督成本构成。信息成本：在M型结构中，各个业务分部有权进行相关决策，大量的日常经营信息不必通过高层，信息转移次数减少，高层经理信息沟通的重负大大减轻。决策成本：由于总部摆脱了日常经营决策的拖累，可专注地关注企业的长期发展，制定出及时、正确的决策，决策失误引起的损失减少，决策成本下降。监督成本：在M型结构下，由于总部容易把公司总目标分解为各个业务分部的局部目标，使业务分部的局部目标与总部目标一致，可以弱化各个业务分部的投机倾向，当总部掌握了考核业务分部的必要信息及分配资源的一定权力时，可有效地控制业务分部。

（四）网络组织结构

20世纪80年代以后，企业的外部环境又发生了新的变化：信息革命发生，通信、交通迅猛发展，网络技术不仅使时空距离骤然缩短，而且改变了人们的行为方式和思维方式；知识经济兴起，知识成为主导型生产要素，成为竞争优势的主要来源，知识型企业与知识型员工的比例大幅上升；全球化时代到来，专业化分工程度更高；消费者更加成熟，需求多样化、个性化特征非常明显。企业所处的经济环境更加复杂，不确定性增加。由于交易成本发生了改变，组织治理结构也应当相应进行改变。在企业内外，伴随着市场交易的复杂结构被企业家如互联网所替代，随之而来的是对信息范围需求和快速反应。因此，一部分的复杂市场结构和治理结构都被替代，企业结构向着越来越扁平化、简单化的趋势发展。

资料来源：作者整理而成。

第二节 打破传统战略管理过程和企业边界

一、互联网合作促使传统管理手段和管理过程更新

互联网使企业经营管理的手段得以创新，如领导方式的变革（时空没有限制的网上审批技术），或者管理层次和幅度变化，从而使管理具有更高的效率。事实上，在信息化、网络化的背景下，企业运行的环境呈现复杂多变、无法预测的趋势，而快速发展的信息、网络技术又为应对这种趋势提供了多种多样的手段，推动着管理方式和组织结构的创新和发展。随着企业的发展和市场规模的扩大，一方面企业内部管理日益复杂化，另一方面市场需求的快速变化和竞争形式的变化又要求管理者提高反应速度。要解决这两者间的冲突和矛盾，只有积极引进先进的管理技术，运用信息化、网络化手段提高企业的组织管理效率。管理信息是管理中的基本要素和中介，管理过程实际上也是对管理信息的处理过程。运用现代的信息处理技术，对于提高管理效率和水平具有重要的促进作用。在传统的管理中，企业领导人通常只注意到局部的业务，而对流程的整体视而不见。企业的管理活动受亚当·斯密分工思想的影响太久，人们过多地关注分工后的工作，对流程的忽视实际上也是对分工本身及分工后的协调的忽视。专业分工、经济规模

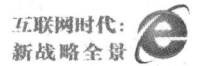

和以机械的因果关系为基础的顺序性程序不能适应以具有顾客导向、竞争激烈、变化迅速为特征的现代企业经营环境。流程再造理论就是要打破传统劳动分工的理论框架，将既有的业务以零基预算重新组合，更换企业活动的工作程序，根据环境的变化，从根本上重新思考和设计企业的活动、活动间的逻辑关系、活动的实现方式及活动承担者四个要素的组合。

进一步地，经济全球化步伐的加快及技术的日新月异进一步加剧了企业环境的不确定性和复杂性。面对动态、混沌和复杂的企业环境，要求管理者必须在企业的战略思想、战略目标、战略重点、战略阶段和战略对策等要素上进行重新整合，对关系企业的重大发展问题进行系统研究和分析比较，对已有的决策及决策实施过程进行全面整合和流程再造，更好地执行旨在规避风险、增强企业发展能力的企业环境分析、战略规划、战略决策、系统控制，使之更加符合千变万化的市场环境。企业必须变过去刚性战略为柔性战略，以提高企业系统的柔性、敏捷性及自适性。柔性战略旨在增强企业系统的柔性，即企业系统所具有的迅速调动和集成企业内部各种资源，转变或重构自身的结构和功能，快速敏捷地适应外部环境的变化来谋求企业生存和发展的能力。

二、互联网合作正推翻传统组织边界和"有限绩效"的界限

互联网时代的来临，那些刻板、僵化的、传统的组织模式将被淘汰，取而代之的将是灵活敏捷、极具弹性的学习型组织模式。学习型组织正是人们实现共同愿望和获取竞争优势的组织蓝图，是未来理想的企业组织形式。由于知识发展迅速，知识数量急剧扩大，知识快速更新，企业只有通过不断的学习、探索、更新，才能长盛不衰。在学习型组织中，全体员工应全身心地终身学习，只有通过不断的知识更新，员工才能不断地超越自我，给企业带来新的活力。与此同时，在之前的部门"边界"下的合作跨越了这些边界，甚至跨越了组织本身的边界。如今，公司必须激发和投资于组织外部人员的创意。一个公司怎么可能穷尽它的咨询服务、广告代理商和供应商的能力？Telsa 公开部分专利技术以获取更大的市场接口难道不就是最好的实例？为了获得支持制造和设计之间合作的产品开发软件，丰田公司与一家软件开发商——美国参数技术公司（Parametric Technology Corporation，PTC）进行了合作。丰田公司和 PTC 一起决定了这个软件可以如何支持公司"依靠产品开发"的战略，并且，这段管理一直以例会的形式保持着，

用以改进软件系统。此合作不仅仅帮助丰田公司得到了更高的软件，同时也帮助PTC改进了它提供给客户的产品。

与投资者的合作使得一部分创业者能在如今风险巨大的游戏市场中设立他们的新公司。顾客同样也能成为合作者。虽然公司仍旧需要关注产品配送和产销平衡，但首要的，他们需要认识到，服务顾客才是决定一切的。最好的客户服务可以开始于让顾客参与公司的决策。百事可乐的在线定制可乐瓶罐包装只是这种参与互动的冰山一角。宝洁公司（Procter & Gamble，P&G）已经着手让它的顾客天马行空地想象并将想法在网上表达出来，以此来碰撞出新的产品和服务的创意。宝洁不仅打入当今最受欢迎的社交网络——Facebook 和 MySpace，还在上面设立了两个网站，将它的顾客聚到一起。其中的一个网站叫做"大众之选社区"（People's Choice Community），它刊登了每年"大众之选"奖项的获奖信息，并为参与这些评选的人提供了一个参与"社区"和交流信息的平台。

全球化、技术变革、新创意的纪念意义以及跨越了逐渐消失的边界的合作——这些有如潮涌的新事物，对于我们的影响是什么？本书将在第二篇重点介绍这个问题。

本篇知识点小结

● 企业通过应用战略管理过程获得战略竞争力和超额利润。当企业学会制定并实施一项价值增值的战略时，它便会获得战略竞争力。超额利润（投资者期望获得的超出从其他具有同样风险的投资项目中可获取的利润部分）使企业具备同时满足所有利益相关者需求的基础。

● 新的竞争格局已经产生，它使竞争的本质发生了根本的变化。这一格局要求战略决策者转变思维模式，树立全球竞争、互联网竞争的观念。唯有如此，公司才能学会如何在动荡和混乱的环境中竞争。产业和市场的全球化、互联网化以及迅速而彻底的技术发展，是产生现在迅速变化的竞争环境的两大主要原因。

● 有两个主要模型可以用来帮助企业形成愿景和使命，并帮助企业选择一个或者多个追逐竞争力和超额利润的战略。行业组织模型的核心假设是，与企业内部的资源、能力和核心竞争力对比，企业外部环境对企业的战略选择影响更大。因此，行业组织模型可以用于理解外部环境特征对企业战略的影响。行业组织模型的逻辑认为，如果企业处于一个有吸引力的行业，而且成功地执行了与行

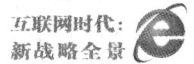

业特征匹配的战略，那么它就可以获得超额利润。资源基础模型的核心假设是，相对于企业的外部环境，企业独有的资源、能力和核心竞争力对企业战略的选择和应用有更大的影响。当企业利用其有价值的、独有的、难以模仿和不可替代的资源及能力与竞争对手在一个或者多个行业内竞争时，它即可获得超额利润。证据显示，两个模型提出的观点都与成功地选择和执行战略有关系。因此，企业希望利用其独有的资源、能力和核心竞争力作为战略选择的基础，以便这个战略能够使企业在一个充分了解的行业内竞争。

● 利益相关者是指那些能够影响企业战略产出，并受其影响的个人或群体。由于企业依赖于利益相关者（股东、顾客、用户、供应商、员工、所在社区等）的不断支持，因此，利益相关者有权对企业的表现施加影响。当企业获取超额利润时，它就获得了至少能够满足所有利益相关者最低利益需求的资源。然而，当只获取了平均利润时，企业的战略决策者就必须小心管理所有的利益相关者，以获得他们的继续支持。那些连平均利润都无法赚取的企业，决策者必须尽量将从不满意的利益相关者那里失去的支持减小到最少。

● 管理者必须对其战略决策可能的结果进行预测。为此，他们应该首先计算与价值链活动相关的、其所在行业的利润池。这样，他们就可以降低无效战略制定和实施的可能性。

本篇复习题

1. 互联网的本质有哪些，对企业的竞争格局的影响有哪些？
2. 什么是战略竞争力、战略、竞争优势、超额利润，以及战略管理过程？这些概念在互联网时代下的含义分别是什么？
3. 当前竞争格局的特点是什么？导致这种竞争格局最重要的因素有哪些？
4. 根据互联网时代下的行业组织模型，各种类型的公司分别要怎样做才能获得超额利润？
5. 根据互联网时代下的资源基础模型，各种类型的公司分别要怎样做才能获得超额利润？
6. 根据互联网时代下的交易成本理论，各种类型的公司分别要怎样做才能获得超额利润？
7. 利益相关者是指哪些人？三种类型的利益相关者如何对组织产生影响？

8. 你如何描述组织战略决策者的工作？
9. 战略管理过程的要素有哪些？它们之间的关系如何？
10. 互联网时代的三类企业有哪些，你能分别举出例子吗？

篇末案例和练习

海尔的"三化"转型

"互联网时代商业模式的创新"到底应该是什么样子？这个问题正困扰着千千万万个正在互联网时代着力转型的企业。

6月14日，沃顿商学院全球论坛上，作为中国改革派企业家的代表，海尔集团首席执行官张瑞敏出现在演讲台上。

自2013年，海尔启动了"企业平台化、员工创客化、用户个性化"的"三化"改革以来，在近一年的时间里，张瑞敏遍请了凯文·凯利（《失控》作者）、舍恩伯格（《大数据时代》作者）等全球互联网思维代表人物，走进海尔交流学习，并发动企业300多名管理骨干进行深度互动。

没有成功的企业，只有时代的企业。张瑞敏认为，发展30年来，海尔如今依然"如履薄冰"。

"所有企业都要跟上时代的步伐才能生存，但是时代变迁太快了。我们可以自我颠覆，但颠覆不好就可能是颠倒。有些问题直到今天我们也没有很好地解决，虽然我非常有信心，但这个时代的确是非常难以让人把握的时代。"

而由此，作为传统家电企业的代表，海尔改革的"破立实验"也在不断扛住内外部压力，坚决推进。

外去中间商，内去隔热层

"去年初海尔员工数量是8.6万人，年底减少至7万人，减员比例为18%，预计今年再减掉1万人。"一个在张瑞敏看来，是海尔组织变革中必不可少的一步，也是必然一步的举动，在其对外公布3天后，就在业界引发了轩然大波。

"海尔要变天？"、"海尔被瘦身"、"改革负面清单显现"，一时间外界争议声四起。记者根据对海尔的长期跟踪了解到："这并非外界理解的'裁员'。公司正把每个员工转变成创业者，它期望鼓励更多在册员工跳出传统的企业组织，转为创业者。今后,在册的员工会越来越少,而在线的资源会越来越多。"在张瑞敏看来,这项始于一年前的改革有着几方面的初衷。

他认为,在互联网时代,用户与企业的关系正在发生改变:第一个改变就是企业和用户之间是零距离,从原来企业大规模制造变成大规模定制,所以生产线要改变。第二个改变是去中心化。互联网时代每个人都是中心,没有中心,没有领导,因此科层制也需要被改变。第三个改变是分布式管理,全球的资源都可以被加以利用,全球就是企业的人力资源部。

正因如此,张瑞敏在海尔内部提出了"外去中间商,内去隔热层"的设计,说白了,就是把架设在企业和用户之间的引发效率迟延和信息失真的传动轮彻底去除,让企业可以直面客户的需求。

"企业组织原来是串联式的,从企划到设计、营销,一直到最后是用户,企划与用户之间有很多传动轮,但这些传动轮并不知道用户在哪里,这也是企业里的中间层。还有一些社会上的中间层,如供应商、销售商,企业也要和他们去打交道。总而言之,他们使企业和用户之间距离很远。"

现在海尔要做的就是要把中层管理者的"隔热墙"去掉,让企业和用户连在一块,资源利用的目的是为用户创造最佳需求,而企业内部进而也形成一个利益共同体。

事实上,这也是海尔组织转型的关键,即企业组织由原来的串联式改为并联式,最终让海尔转型为可实现各方利益最大化的利益共同体。在这个利益共同体里面,各种资源可以无障碍进入,同时能够实现各方的利益最大化。

举例来说,过去企业和供应方之间是博弈关系。以原材料采购为例,谁的材料便宜企业就用谁的,但现在是谁能够参与企业的前端设计,就用谁的。再比如,上游的钢铁厂,他比企业更了解用什么样的钢材适合什么样的设计,如果他在前端设计阶段就介入,提出更好的方案,就可以在产品端实现各方利益的最大化。

"企业里面的中间层就是一群烤熟的鹅,他们没有什么神经,不会把市场的情况反映进来。"张瑞敏对查尔斯·汉迪的这句名言深度认同,除了不能反映市场情况,在串联模式之下,中间层的存在,一旦出现短路,那么整个系统都将停电。

在互联网时代瞬息万变的市场需求之下,中间层的绝缘或短路,很容易毁掉一个企业。由此,去掉中间层,改串联为并联,是企业在不断创新试错过程中实施自我保护的一个重要方式。

值得注意的是,张瑞敏把企业在商业模式上的探索称作"试错",他明白任何一个人无法完全准确把握这个时代的脉搏,企业要进行颠覆式创新,脉搏一旦把握不准,可能就会面临惨痛的失败。所以,组织由串联改成并联,每一个小组织的试错,即使出现问题,也不至于对整个大的体系造成致命伤害。

由此,企业在被分拆成一个个面向市场的小组织或小单元之后,难以传递市场信号的中间层自然成为冗员,企业去除冗员以提升效率就成为必然,"裁员"也就成为海尔战略导向下输出的必然结果。

张瑞敏说:"在这个时代,中间商没用了,作为隔热层的中间层也要去掉,还有一些业务变成智能化之后,就不需要这么多人了。"

一、组织内部,创客实验进行时

其实,所谓"裁员",仅仅是海尔"三化"改革的一个外向表现而已,真正剧烈的变化实际发生在组织内部,即"三化"改革中的第二化——"员工创客化",这才是企业真正的基因改造工程之一。

在演讲中,张瑞敏特别提到了一个海尔新创客项目——"雷神项目"。

这个由三位"85后"男生——李宁、李艳兵和李欣发起的海尔内部创业组织,主攻产品是游戏笔记本电脑。目前,仅仅诞生10个月的雷神,其月均销售成绩已经达到3000台左右(每台售价为5999~7999元),2014年其销售目标为4亿元人民币(相关报道见《中国经营报》《海尔"转基因"、"雷神"引发新创客运动》)。而它也是海尔内部组织变革的上千个实验品中的一个。

所谓"员工创客化",用海尔的语言来阐释,就是"我的用户我创造,我的超值我分享"。正是在这一理念的驱动之下,3个20多岁的年轻人,发现了笔记本中的游戏本的市场机遇。

玩游戏本的很多是发烧友,他们对游戏本有很多专业的要求,这3个年轻人在网上找到了与游戏本有关的3万多条差评,然后把这3万多条差评归纳成13类问题,由此创造了一个新的游戏本。

"我们希望打造一款明星级产品,目标就是能够解决这13类问题。"雷神项目产品经理李宁说。

在掌握了用户需求之后,李宁等人再次利用社会化的方法整合资源,包括设计资源、研发资源、制造资源,甚至连其品牌名"雷神"都是通过与用户交互得

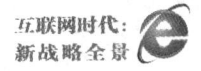

来的。

据李宁介绍，他们把曾经与海尔有过合作的腾讯、盛大等游戏公司资源找出来，让他们推荐一些游戏工会、游戏战队，然后"潜入"这些群里。经过一个月的探讨，以"85后"为主的玩家，公认当年的《雷神之锤》是鼻祖游戏，加上当时在热映电影《雷神》，雷神代表着欧洲的一种文化，而网络游戏也正始于那儿。因而，李宁顺势选择了"雷神"作为项目名称。

雷神的成功，让张瑞敏看到，在海尔这片传统制造型企业的"土壤"中，有机会长出"新生植物"，"我需要给这三个年轻人三项权力：第一是决策权，第二是用人权，第三是分配权，也就是薪酬权。他们有了这三个权力，项目就做起来了。"张瑞敏说。

而海尔当下所努力实现的，就是要打造越来越多的"雷神项目"，最终让海尔成长为一个有着众多成功项目的"新生态王国"。张瑞敏说："我们希望变成一个生态系统，每个创业的员工就好像是一棵树，很多很多树就变成了森林。这个森林里头，可能今天有生的，明天有死的，但总体上来看，这个森林永远是生生不息的。"

当然，对于这个拥有7万多名员工的重型企业而言，这样的改革必将面临严峻的挑战。

市场上对海尔转型模式持不同意见者认为："企业的创新首先是整体上的资源配置，是系统性的激活，而不是仅仅依靠个体的活力，各自为政。"

当海尔把企业的资源分散到不同的"雷神项目"上的时候，如何实现企业的整体价值就成为一个需要思考的命题。而战略性投资明显不足则成为外界质疑海尔成长乏力的直接原因。

有意思的是，这是一个跨时代的命题，当200多年来发展的管理思想遭遇互联网的激变之时，企业转型的逻辑能否再用传统的管理思想考量就成为一个重要问题。

一般管理理论说白了就是企业内部各种职能的应用以适应外部的市场，但是用这样的传统管理理论来挑战新时代的管理方式就存在问题。举例来说，在这样一个新的时代，人力资源是否还有必要由一个企业内部的HR部门来进行调配，当整个项目运作都可以采用开放式的社会融资的时候，财务资源是否还需要局限在公司内部的合理分配？

企业进行整体资源配置的前提在于企业内部资源的有限性，但是在海尔的转型模式之下，员工个体的创新可以借助更多的社会资源介入发展，这是一个新时代的命题，即现代企业资源配置的方式，在整体上把资源配置到决定成败的关键环节上，还是引入更多的社会资源投入到每一个有创新的机会点上。

按照海尔模式的逻辑，一棵大树与一个"森林王国"的差异在于，一棵大树需要对有限的资源进行配置，有时不得不舍弃"顶端优势"（生物学概念，即不让一棵大树长得太高）而让这棵大树结出更多的果实；但在森林王国里，每一棵大树都有自己可以调用的阳光、空气和土壤。

当然，除了资源分配和使用方式之外，"员工创客化"引发的另一个争议则在于风险的管控。"假若人力、品牌、财务等资源被分解到几千个自主经营体，海尔的经营风险如何控制？一旦经营风险失控，尤其是财务失控，海尔的生存会立即面临风险。"

的确，这是海尔转型过程必须直面的一个问题，人们希望弄明白，海尔基于联网用户及网络价值的"横纵轴评价体系"以及其"人单合一双赢理论"的战略能否真正破解由此可能带来的品牌风险，并保障其长期战略的可持续性。

熟悉海尔的人会知道，海尔转型后的评价体系是一个两维点阵：一个横轴，一个纵轴。横轴是企业价值，所谓"企业价值"就是比较传统的，如销售收入、利润、市场份额等。但更重要的是纵轴，这是张瑞敏依据梅特卡夫定律提出的"网络价值"概念进行进一步的发挥，即网络价值的定义是网络价值与网络规模的平方成正比。

"网络规模的内容主要是两个变量，第一个是网络的节点，第二个是联网的用户。我们把企业所有员工都变成网络的一个节点，你这个节点要接到市场用户，谁连接的用户最多，谁就可以获得更大的成就。在某种意义上，市场上的销售收入、利润虽然很重要，但是没有联网的用户，这个销售收入和利润都不能实现。"

二、管理进化，从且破且立到破旧立新

在沃顿商学院全球论坛的演讲中，张瑞敏从战略、组织、薪酬三个方面介绍了海尔在商业模式创新方面的探索试错，进而提出了企业在探索创新过程中需要直面悖论的勇气和做法。

而直面悖论则恰恰是海尔在互联网时代商业模式变革和管理进化方面的重要实践。面对全球的管理思想，海尔不但要有挑战的勇气，还要找到适合中国式企

业发展的方法。

所谓"倾否，先否后喜"，在海尔看来，这是一个且破且立的过程，在这个过程中，有企业生就会有企业死。事实上，海尔这种"且破且立"的进化思想并不仅仅体现在这一个方面，从"去中心化"到"群龙无首"到"企业即人，人即企业"，海尔在公司战略上也在不断实践着从"且破且立"到"破旧立新"的思考。

凯文·凯利在《失控》一书中曾形象描绘了互联网时代"去中心化"的图景，即在这个时代的企业里，没有一个"中心的我"，即没有一个上级可以去听你（底层员工）的诉求，因为这个上级（或者中心）根本没法给你下达一个正确的指令，所以没有中心了。这直接导致了企业组织战略的变化，即没有中心就变成分布式的，就要变得扁平化、网络化。若干个单元分布式存在，每个人都可以面对市场，每个人都可以发挥自己的价值，每个人都可以拥有自主权。

另一个跳舞的大象？

互联网等新技术迅猛发展带来的巨大社会变迁，让任何一家企业都无法淡定。诺基亚的衰落让我们醒悟：这个时代，大企业的死亡概率和速度，与小企业几乎没有差别。

张瑞敏讲"没有成功的企业，只有时代的企业"，就是告诫企业要"以用户为是，以自己为非"；在更早的20年前，李健熙以更大的行动力推动三星变革，提出"除了老婆孩子一切都要变"。两者的理念认知是相同的：企业必须不断变革，才能跟随时代的步伐。

从海尔近来的动向看，我们欣喜地看到这个传统巨擘在改变。无论成功与失败，这种自我革命的态度都是值得赞扬和学习的。一个曾经如此辉煌的企业能够如此自我否定，谁又能说海尔不会像当年IBM转型一样，成为另一个跳舞的大象？

海尔在战略上是有失误的。不是一定要以成败论英雄，但业绩的对比更能让我们直面问题：海尔在白电市场份额全球第一，但即便从国内市场的品牌影响力上看，空调让位给格力、冰箱逊于西门子，遑论国外；从净利润和市值上看，海尔A股、H股两家上市公司合在一起也不如格力。

如果与三星、华为这样的顶级企业对比，海尔在过去8年（2005~2012年）的成长速度更显缓慢。在此前的历史中，海尔先后完成了品牌化（1984~1991

年)、有限多元化（1991~1998年)、国际化（1998~2005年），而在2005年之后，就有些看不清海尔的前进方向了。除非勉强把"成为全球白电市场份额第一"作为海尔的战略，但如此说显然是低估了张首席的睿智。

而这8年又恰恰是海尔管理理念频出的时期：人单合一、自主经营体、倒三角组织、节点闭环的网状结构、纵轴生态圈……但是，海尔的战略是什么？海尔在未来想成为什么样的企业？尽管，我们现在能深刻地感受到海尔在进行变革，要拥抱互联网时代。但海尔确实需要更加重视战略的思考。

战略永远是企业的优先命题，创新、转型、变革、再造等都是从属命题，是第二位的。企业要不断改变，但必须清晰地指向战略方向。变革不过是顺应战略变化而改变组织结构与团队结构，解决的仍然是战略的实施与实现的问题。

张首席强调"战略是以用户为中心，而与用户接触最紧密的是企业底端的人，所以要让他们成为创新的主体"，因此他努力把海尔的组织变成"倒三角"结构，在底端形成SBU的节点，让他们拥有"现场决策权，分配权和用人权"以响应用户需求，并按照人单合一的市场化机制决定自身的价值。

这个逻辑看似非常缜密而强大，但根本的问题在于：人单合一是在企业内部导入了市场法则。但企业内部是没有价格信号的，就需要由管理者来扮演定价系统的角色，借助市场价格体系的传递把每一个人的价值转化为财务指标。

如此一来，企业把创新责任及内部资源都分散到个体。这就产生了两个问题：首先，"倒三角"组织内的底端个体成为决策主体，意味着让他们同时承担企业现实生存压力与未来发展机会的双重责任，又要在内部市场化机制的考核要求内，那只会导致员工先要现实而放弃未来，最终连现实也一起放弃。

更为严重的是，海尔的这种方式削弱了企业本身的意义。企业的整体价值是任正非先生所讲的能够采用压强原则，迅速集聚资源配置到产业机会上，在针尖大小的地方形成创新，率先突破。企业的创新首先是整体上的资源配置，是系统性的激活，而不是仅仅依靠个体的活力，各自为政。

而且这种配置资源的方式，完全是企业家精神主导的，不按常理出牌，不受预算限制，也超越所有人。

所以我们看到，三星能够集中全部资源，甚至不惜忍受400%的资产负债率，坚决投入半导体，从"长大重厚"转向"短小轻薄"，目前正在向"美好初创"努力；华为不惜做高利贷，也要从模拟通信设备转向数字设备、再从有线部件到

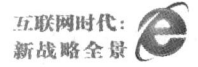

无线全网、从2G到3G再到4G,现在是向"云—管—端"转变。

美国的企业更是如此,IBM、苹果、GE等都是如此。很多人对GE是误读的,以为GE是以SBU为主导的"大的小企业",依靠四个轮子(全球化、信息化、六西格玛、增值服务)推动起来的。其实,在这前面,GE是以企业整体的方式做产业选择,决定应该进入或退出哪些领域,以及以何种方式进入或退出。

这是企业的整体价值所在。它能超越个体,在整体上把资源配置到决定成败的关键环节上,形成新的价值创造能力,使企业突围而出,进而奠定企业的持续发展基础。从这个意义上讲,企业家都是有"赌性"的,企业家精神就体现在这个地方。也许在这个过程中企业会倒闭,因为资源配置上去之后并不能保证一定成功。但只要企业是围绕这个方向去做的,总有接过接力棒的人。

GE和三星是更好地解决了这个问题的企业,它们能够在整体的战略投入与局部的创新意愿上完成协调。作者认为,海尔应该向它们学习。

在作者看来,战略性投资明显不足是海尔成长乏力的直接原因。这些年,海尔不仅没有发展出新产业,即便在原有产业上的研发与品牌投入也欠缺很多。这是海尔与华为、三星这些一流企业的差距所在,也是在空调方面被格力超越的主要原因。

张首席的管理思想是理想化的,有内在矛盾。

第一,如果以自主经营体为主体,则企业的资源必然被分割,不可能在整体上进行足够的战略性资源配置;在这种情况下,个体能动性对组织的整体发展基本不可能产生大的帮助,海尔的平台模式也就失败了。

而且,这种方式的短期风险也很大。假若人力、品牌、财务等资源被分解到2000个自主经营体,海尔的经营风险如何控制?一旦经营风险失控,尤其是财务失控,海尔的生存会立即面临风险。而如果资源不分解下去,则自主经营体的活力就无法体现,那么"自主"就会变成"自谋生路",海尔也就变成了"个体户的集中营"。这就像一麻袋土豆,永远是土豆,不可能因为量的简单叠加而改变其属性。

更麻烦的是,可计价资源容易采用整体控制,如财务和人力;而不可计价资源则很难控制,如品质和品牌。如果海尔为避免资源分散的经营风险,还要采用财务上的整体控制,那么海尔会面临大麻烦:自主经营体空有业绩压力,而缺少资源配置,还要完成现实业绩,就只能消耗无法计价的资源,如品牌,就必然在现实中采用降低采购成本、配件质量、服务质量等有损于未来的方式，长此以往，海尔将无可挽救。

第二，如果以外部市场价格导入到对自主经营体的考核，必然导致企业的短期导向，而忽视未来投入；如果不考核，就需要在价值观上去影响员工。

海尔的自主经营体与稻盛和夫先生的阿米巴是非常类似的，海尔的管理方法也来源于日本企业，但张首席似乎是反对稻盛先生的。

稻盛先生在推行阿米巴的时候，花费很大的努力去避免短期导向，如采用平均分配方式、在统一内部价值观上不遗余力等。这些恰恰都是张首席反对的，海尔的管理举措更像是索尼的绩效主义，那么自主经营体的创新动机必然会被遏制。海尔过往的管理思想或者是极端化，或者是太超前而不适应企业现实。这恰恰是海尔转型时期要深刻反思的，甚至要有勇气从灵魂深处做自我检视，否则海尔的转型会遇到组织难题。作者要提醒其他企业，要学习张首席的变革与创新的理念，但不可轻学海尔的"倒三角"组织模式。或者至少，我们要先对海尔的新模式做观望状，榜样若成，学也不迟。

资料来源：白刚. 海尔管理模式的缺陷，2014-01-23，http：//baigang.baijia.baidu.com/article/3177.
屈丽丽. 海尔转型真相张瑞敏"砸碎"旧组织［N］. 中国经营报（[IT]版），2014-06-23. http：//news.cb.com.cn/html/company_11_18617_1.html.
丁军杰. 海尔推进"三化"加速网络化转型［N］. 工人日报（06版），2014-03-19. http：//media.workercn.cn/grrb/2014_03/19/GR0606.htm.

练 习

阅读海尔转型的案例，组成3~5人的小组进行讨论，参考案例中给出的资料和网络、书籍上查找的内容，回答以下问题，并形成小组汇报在课堂上进行分享和讨论：

1. 你认为是什么原因促成了海尔一定要实施此次转型？
2. 海尔转型的主要方面是哪些，需要注意哪些问题？
3. 海尔的这些转型举措分别是针对哪些压力或者自身的劣势所进行的？
4. 如果你是海尔的高层管理者，你会如何指导海尔的转型？

Part Two | 第二篇

外部环境的变化

第三章　外部环境的变化
第四章　互联网时代的消费者行为分析

| 第三章 |
外部环境的变化

章首案例：

中国的数字化转型

2014年7月，麦肯锡全球研究院发布了一篇名为《中国的数字化转型：互联网对生产力与增长的影响》的报告。在报告中，麦肯锡对比了中国互联网经济和其他国家互联网经济的特点。报告指出，2013年，中国的网民规模持续增长，互联网正在从根本上重构中国人的生活方式。以下为报告内容摘要：

一场数字革命正在中国风起云涌。2013年，中国的活跃智能设备总量从3.8亿台增至7亿台。同年11月11日"光棍节"当天，线上购物平台淘宝和天猫的销售额就超过了362亿元人民币（约合60亿美元）。此外，百度的网络搜索量每天高达50亿次，上亿的中国人使用腾讯的社交应用软件"微信"。目前，中国的网民规模达到6.32亿人，且持续增长。这意味着，互联网正在从根本上重构中国人的生活方式。

到目前为止，中国的互联网更多地反映了消费者驱动的形态。但是，随着互联网更深入地渗透各个行业，这一现象将发生改变。企业拥抱互联网技术的程度越高，它们的运营将会越高效，并最终转化为生产效率的提升。尽

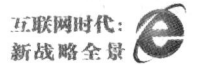

管在这一过程中,某些从业者的现有岗位可能将被取代,但随着互联网为创新的产品和服务创造新的市场,中国经济对数字时代新技能劳动力的需求将不断增加。

考虑到互联网的发展速度和各行业的运用程度,预计2013年至2025年,互联网将帮助中国提升GDP增长率0.3~1.0个百分点。这就意味着,在这十几年中,互联网将有可能在中国GDP增长总量中贡献7%~22%。到2025年,这相当于每年4万亿元到14万亿元人民币的年GDP总量。表3-1为2014年7月中美两国互联网相关信息比对。图3-1为到2025年互联网对GDP增量的潜在影响。

表3-1 2014年7月中美两国互联网相关信息比对

		中国	美国
消费者	互联网使用		
	● 用户(百万人)	632	277
	● 普及率(%)	46	87
	网络零售		
	● 规模(10亿美元)	295	270
	● 占零售业百分比(%)	7~8	6
	电商平台	淘宝/天猫	eBay
	● 商品数量(百万)	800	550
	● 活跃买家(百万)	231	128
	智能手机普及率(占收集总装机量的比例,%)	54	69
	互联网用户中社交网站普及率(%)	60	73
企业方	云服务渗透率(%)	21	55~63
	中小企业运营中互联网使用率(%)	20~25	72~85

资料来源:2013年Kable信息通讯与技术领域(ICT)客户洞见调查;2013年中国小企业协会调查;iResearch;中国互联网信息中心;国际数据公司;Strategy Analytics;美国人口普查局;中国小企业协会;麦肯锡全球研究院分析。

互联网不仅可以成为未来几年中国经济的新引擎之一,更加重要的是,它还将改变经济增长的模式。过去20年来,中国依靠巨额资本投资和劳动力扩张的增长方式在长期来看是不可持续的。而互联网能够在生产力、创新和消费等各方面为GDP增长提供新的动力。由于互联网加快了有效市场机制的形成,加强了竞争,最具效率的企业得以更快地胜出。同时,互联网让

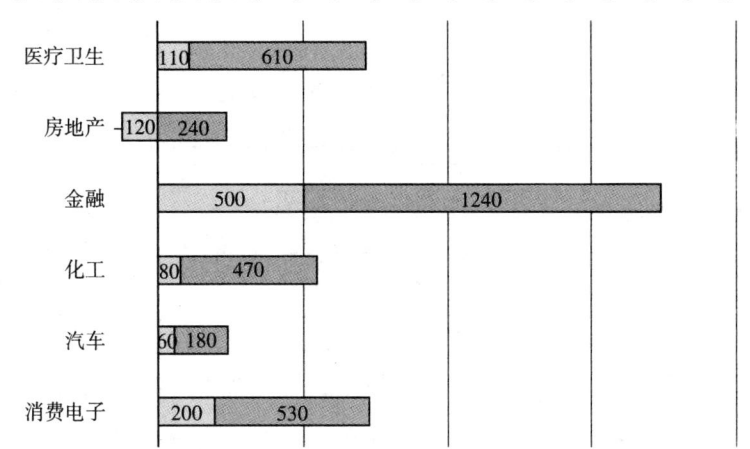

图 3-1 到 2025 年互联网对 GDP 增量的潜在影响（浅：较低情形；深：较高情形）
资料来源：麦肯锡全球研究院。

信息更为透明，有助于优化投资决策，让资本配置更为有效。它还可以推动劳动力技能提升、提高劳动生产率；通过降低价格让人们获取信息更为便捷，以及带来各种各样的便利创造消费者剩余。上述转变会带来某些风险和冲击，但最终将有助于中国实现更为可持续的经济增长模式。

互联网的存在，为每天数百万次的在线交易和沟通提供了有效的平台，因此也对各经济体的发展起到了重要的推动作用。为了衡量各个国家互联网经济的规模，麦肯锡全球研究院推出了 iGDP 指标。2010 年，中国的互联网经济只占 GDP 的 3.3%，落后于大多数发达国家。而到了 2013 年，中国的 iGDP 指数升至 4.4%，已经达到全球领先国家的水平，见图 3-2。

中国的互联网催生了活跃的信息、通信和技术产业、繁荣的社交网络以及全球最大的网络零售市场。网络越来越多地融入商业生态系统，但是未来可预见更加深远的变化。麦肯锡近期对中国首席信息官的调研显示，中国企业的 IT 投资仅占其营业收入的 2%，显著低于国际平均的 4%；但是受访者预测到 2015 年这一比例将大幅提高，预示着互联网增长势头十分迅猛。

预计 2013 年到 2025 年，互联网在中国 GDP 增长中的贡献可望达到 7%~22%。7% 是基于互联网应用的保守预计，即假设目前的趋势继续保持，且制约因素不变。22% 的乐观估计来自以下假设：相应的扶持性政策框架将很快到位，各行业积极引入新的互联网应用，并打造数字产品和服务的新市场。

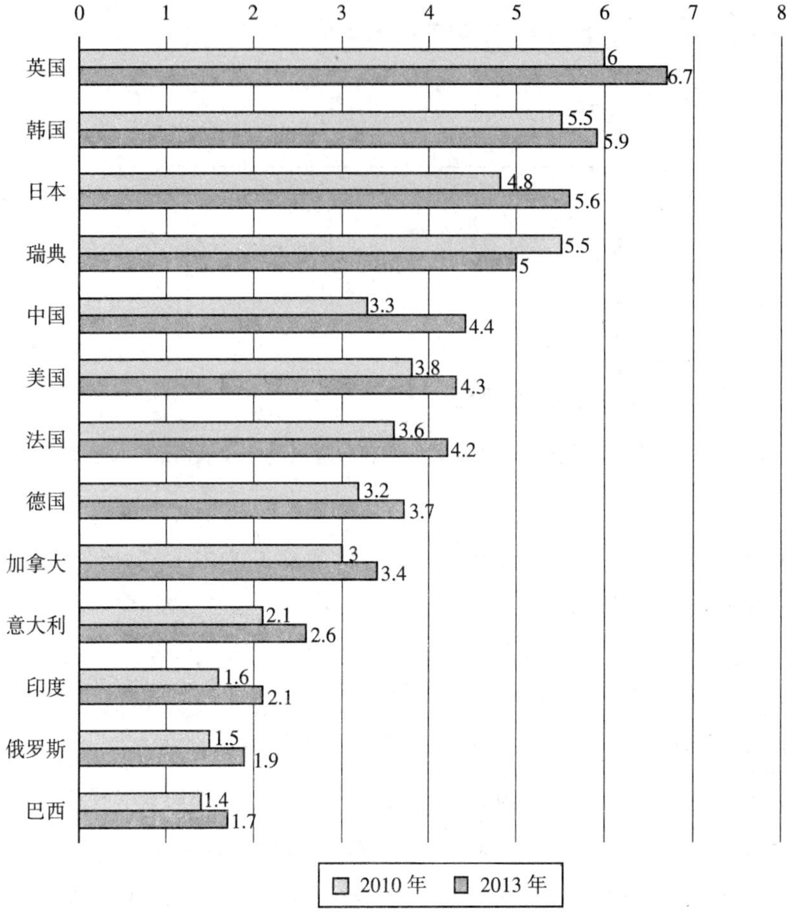

图 3–2　各个国家互联网相关支出占 GDP 比重

资料来源：麦肯锡全球研究院。

两个数字之差距说明，如果政策制定者和商界领袖把握住互联网发展的历史机遇，能够带来对于经济发展的推动潜力。到 2025 年，GDP 总量增长潜力的幅度之差可达 10 万亿元人民币，见图 3–3。

也许更重要的是，新一波互联网浪潮将助推中国向基于生产力、创新和消费拉动型经济增长转型。随着互联网推动中国产业从低效率向创新和科技主导型商业模式的演进，互联网的主要作用将体现在提高生产力上。随着企业加速引入新兴技术，包括产品开发、供应链管理、市场营销和客户互动的各个运营环节势必会更为顺畅。互联网的运用会在 2013~2025 年带动中国劳

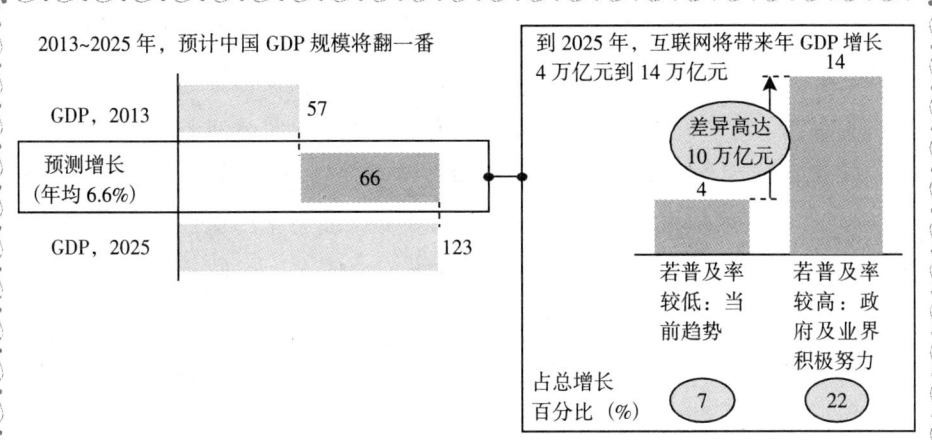

图3-3 预计至2025年中国GDP规模及互联网对GDP的贡献
资料来源：麦肯锡全球研究院。

动生产率提高7%~22%。

我们的预测同时考虑到有效市场竞争下的金融业为整个经济带来的溢出效应。大数据（管理信贷风险）和网络渠道（减少交易成本）增强了金融机构向中小企业提供信贷的能力和诱因。在2025年，在互联网促进中国的GDP增长中，更有效率的资本分配将有望贡献4500亿元人民币到1.5万亿元人民币。

除了对GDP和生产力的影响，互联网让人们的工作和生活更为便利，创造出巨大的消费者剩余。透明度的提高和竞争性的加剧在拉低商品价格的同时，提高了商品质量，由此节约的成本甚至可以带来其他消费。互联网还为社会创造了更广泛的价值，如帮助个人获取海量信息与学习工具，帮助政府部门提供更有效率的公共服务。

互联网正在重塑中国的劳动力市场，其影响将随着时间的推移而更显深远。尽管就业状况将发生种种变化，该报告中论及的互联网应用对就业需求的净影响是中性到略积极的。同时这些变化将发生在宏观经济增速放缓、社会劳动人口数量开始下降的背景下。最显著的影响可能是针对工作机会的结构。由于一些常规性工作转移到网上，企业在某些方面用人需求就会减少。有些职业会悄然消失，有些职责会逐渐改变。与此同时，企业对掌握信息技术能力的员工需求则越来越大。政策制定者和商界领袖需要思考以下两个关

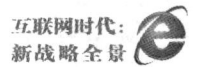

键性问题：暂时失业者是否有再培训的渠道？教育体系能否培养足够的高科技和专业人才，以满足新经济的需求？新的互联网技术会将现有商业活动的自动化提升，从而导致一些职业面临消失的困境，但损失同时会被互联网催生的新财富和消费增长所弥补。麦肯锡全球研究院曾对4800家中小企业的调研显示，随着中小企业互联网技术的普及，每失去1个岗位，就会创造出2.6个新的工作机会。随着竞争加剧，网上价格透明化压缩了产品的毛利空间，企业利用互联网技术理顺运营，尽最大努力提高效率的动力更为明确。在我们所研究的行业中，到2025年，互联网新应用带来的生产力提升可减少1.3%~4.0%的用人需求，相当于1000万到3100万个岗位。但是互联网并不只是自动化的工具，它更是快速拓展市场的力量。如果政府和行业采取恰当的措施支持其发展，互联网将可以带来全新的产品和服务，同时能更有效地分配资源，甚至提升整个国民经济的总需求。所有这些因素最多可以创造4600万个新的工作机会，包括很多高技能职位。

资料来源：转载自阿里研究院、新浪科技；麦肯锡全球研究院《中国的数字化转型：互联网对生产力与增长的影响》（2014年7月发布）。

第一节　互联网行业的发展对于外部环境的影响

从第一章以及本章章首案例我们可以看到，互联网对于企业战略行动的环境影响非凡。技术进步和信息收集与处理能力的持续提高，要求企业的竞争行动和反应更加及时有效（换言之，企业实施战略行动时几乎没有时间来纠正错误）。正如本章即将介绍的那样，公司的外部环境会创造机遇与威胁，机遇与威胁会影响公司的战略行动。正如组织理论学者斯科特（Scott）所说的，组织是开放的系统——它们受环境影响并反过来影响它们外部的环境。它们从环境中获取像产品和服务一类的输入物，用它们去创造产品和服务并把这些作为对于环境的排出物。但我们这里使用的概念——外部环境，不仅仅指组织的客户或顾客：外部环境包括组织界限外的所有相关力量。

从总体上看，现在影响企业的条件表明大多数组织的外部环境具有不确定性。为了成功地处理不确定因素，获取战略竞争力并保持持续增长，企业必须意识到并充分理解外部环境中的各种因素。

企业通常会通过搜寻竞争对手、客户以及其他利益相关者的信息来了解外部环境，建立起自身知识和能力的基础。基于这些新信息，企业可以采取行动，形成新的能力和核心竞争力以缓冲负面环境影响，寻求机遇以更好地为利益相关者服务。企业的战略行动所受到的外部环境影响可分为如图 3-4 所示的三个部分：总体环境、行业环境和竞争环境。组织存在于它的竞争环境和行业环境中，这种环境是由本公司和它的竞争对手、供应商、顾客（购买者）、新的进入者和替代品或补充产品组成的。更广泛的层次是总体环境，包括普遍影响所有组织的法律的、政治的、经济的、技术的、人口的，以及社会的和自然的因素。这些因素很多都是不可控的。公司或多或少地会受到不景气、政府干涉和竞争者活动的冲击或打击。但它们的不可控不代表经理们可以忽视这些力量，将它们作为不良业绩的借口，或试图绕过它们。管理者们必须与外部的发展同在，并有效地做出反应。

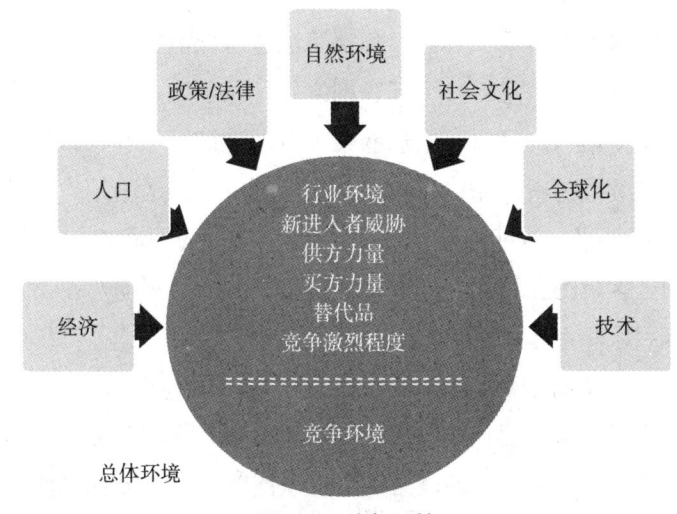

图 3-4 外部环境

资料来源：作者根据第九版《战略管理：竞争与全球化（概念）》第 29 页进行整理。Ireland, R. D., Hoskisson, R. E., & Hitt, M. A. The management of strategy [M]. Mason, OH: South-Western Cengage Learning, 2009.

企业如果想要成功就应当尽可能全面地分析外部的总体环境以及行业和竞争环境，因为这些都会显著地影响企业可能制定的战略。尽管一般环境对企业的作用往往并不直接，但是会对企业制定有效战略至关重要。当然，行业中以及与竞争者相关的各种力量对于制定企业战略尤为重要。

一、外部环境分析的过程

大部分企业正面临着一个高度动荡、复杂、全球化的外部环境，这使得要将这些环境表述清楚越发困难。为了处理那些模糊且不完全的环境信息以增进对总体环境的了解，企业需要进行外部环境分析。这种分析是连续的过程，包括四个主要活动：扫描、监测、预测和评估。虽然外部环境分析很困难，但意义重大。

第一，扫描（Scanning）包括了对外部环境各方面的调查，通过扫描企业能够辨别出总体环境中潜在变化趋势的早期信号，探测到正在发生的变化。扫描通常只能揭示模糊的、不完整的数据和信息。因此，环境扫描对于企业在高度不稳定的环境中的竞争极具挑战性，同时也至关重要。此外，扫描活动应当和组织的情况相协调，为处在动荡环境中的企业设计的扫描机制并不适用于相对稳定环境中的企业。在互联网时代，信息大爆炸，许多公司会利用专门设计的软件来帮助其在有限的时间内识别环境中对其最有帮助的、正在发生的，以及公开宣布的事件。通过设定适当的关键字（Tag），爬虫算法能够探测互联网乃至世界的各个角度基于文本分类系统的信息；各个互联网终端记录了大量访问者的个人信息，尤其是当此人购买了某些产品后，当这些顾客在此造访网站时，该网站会把与顾客以前购买的产品类似的新产品以"猜你喜欢"的方式推送给用户。其他公司，如网飞（Netflix）、天猫（tmall.com）、滴滴打车，会通过收集客户数据进行大数据分析，试图确定客户的独特偏好——将客户的消费行为习惯与年龄、收入、地理分布、教育等因素联系起来。

第二，企业在进行监测（Monitoring）时，分析师通过观察环境变化，看是否有某种重要的趋势从环境扫描的成果中浮现出来。成功监测的关键在于企业探查不同环境时间和趋势的含义的能力。在互联网时代，数据挖掘能力直接影响到企业的监测效果：人口的增长是不是会增加面向细分消费需求的产品的购买？品牌忠诚度降低是因为人口分化加强吗？对于处在高科技的、不稳定的竞争环境中的公司而言，扫描和监测尤为重要，因为它们不仅为公司提供信息，也能够作为引进信息的手段之一，这些信息能够帮助公司了解市场，开发新技术，发展新的商业模式，产生巨大的价值。

第三，所谓预测（Forecasting）是指分析者通过扫描和监测探知变化和趋势，对将来可能发生的事情及其形成的速度进行可行性推断。准确预测时间和结果是第四，评估（Assessing）的目的是要判断环境变化和趋势对企业战略管理影响的时间点和显著程度。通过前面的步骤，分析者能够理解总体环境，评估的目的是要明确指出这些理解对企业的意义。没有评估，企业得到的只不过是一些数据，或许有趣，但对竞争有什么直接的帮助呢？机制正式的评估不够充分，对信息进行适当的解读仍然显得非常重要。因而，尽管手机和组织信息很重要，但投入资源对这些情报进行正确的解读也是同等重要的，评估环境中的某种趋势是代表一个机会还是威胁就显得尤为重要。

研究外部环境的一个重要目的就在于确认企业的机会和威胁。机会（Opotunity）是指那些存在于总体环境中的情形和条件；如果能够将它们开发出来，便能帮助企业获得竞争优势。威胁（Threat）是那些存在于总体环境中，可能妨碍企业获得竞争优势的情形和条件。如果不对外部环境中的威胁做出快速及时的反应，公司会从成功走向失败。

外部环境分析所需的资料有几个来源，包括各式的案头资料（书籍、报纸、商业期刊、网络、学术研究成果和公众调查结果等）、展会、供应商、客户、各类 NPO 组织。那些处于跨界、交叉平台上的人能够获得更多的信息，如销售人员、采购经理、PR 主管和客户代表都会积极地与外部环境进行互动。

二、互联网时代的总体环境

总体环境（General Environment）包括了可以影响组织战略有效性的所有因素。可以把这些因素细分为七个方面：人口、经济、政策/法律、社会文化、技术、全球化和自然环境。因为企业不可能直接控制外部环境因素，成功的企业会搜集相应种类和一定数量的信息，了解总体环境的各方面因素及其应用，以便执行适当的战略。虽然影响的程度不同，但是每一个行业及行业中的企业都受到总体环境各个方面因素的影响。

（一）人口统计因素

人口统计因素（Demographic Segment）与人口数量、年龄结构、地理分布、民族构成以及收入分布有关，能够显著地影响组织投入和产出。组织、国家、市场和社会可以通过人口统计测量而被统计性地描述，如他们成员的年龄、性别、家庭规模、收入、教育、工作等。

管理者们在制定人力资源战略时必须考虑人口因素。人口的增长影响劳动力的规模和组成，在2004~2014年这10年中，美国国内的劳动力以10%的速度增长，达到16210000人。这个增长比之前的10年缓慢，部分的原因是因为年轻的工人（年龄在16~24岁）在递减。最快速增长的年龄组是55岁以上的工人，这部分劳动力在2014年所占比例将高于1/5。这对于雇主来说意味着什么？在竞争相对稀缺学徒期工人的同时，他们需要寻找雇用和充分使用有经验的工人的方法。也许他们的老员工愿意在超过了传统的退休年龄65岁后继续工作；研究表明缺乏养老金和适当的储蓄将使其在退休后难以供养现如今的婴儿潮。最终，老工人的退休将迫使经理们寻找替代这些有经验老员工的人员。例如，美国的平均教育水平和出生率联合在一起，会对特定教育水平和培训水平的员工的供给有显著影响。举例来说，在美国20世纪90年代以及21世纪的头10年中，对于有高技术能力的工人的需求，如软件程序员，就远远超出了供给水平。2005年，日本人口数经历了第一次数量下降。到2007年为止，在不到一代人的时间内，日本超过65周岁的人数增加了一倍多，从原有人口数的10%增加到了人口数的21%。日本是世界上平均期望寿命最长的国家（2009年统计为82.1年），面临着有史以来最严重的情形，更少的工作者要支持更多的退休人员，因为这些人在65岁之后还能够活很长时间，所以肯定会将退休金花完。这意味着年轻的工作者面临着更高昂的政府税收来支持老年公民的社会保障系统。

工作中的教育和技能水平是管理者必须考虑的另一个人口因素。在过去几十年中，中国劳动力中至少拥有大学教育水平的比例正在显著地增长。即便如此，许多公司还在员工的培训上大量投资，以使这些员工可以应对现代工作需要的复杂任务。同样，随着大学成为普遍的选择，雇主很难招聘到具有技术贸易知识的员工，如技术工人和工具制作者，特别是生活支出很高、所有人都很专业的领域。然而，随着教育水平在全世界的改进，更多的组织将把更多的技术工作派向高度培训化的海外员工。

在互联网时代，除了现实生活中的人口因素，"用户"的人口统计学属性也是要考虑的关键要素之一。因为在互联网时代，"用户"代替了传统意义上的消费者，在互联网和与互联网同时存在的现实经济体中参与商业行为。由于互联网跨国界、跨行业，甚至每个"用户"的身份都可以编造，因此，用户可以作为与实体经济的消费者既有相交也有不同的另一个独立的群体，为互联网行为创造价值。2014年7月，中国互联网信息中心（CNNIC）在北京发布了《第34次中国互联网络发展状况统计报告》（以下简称《报告》）。《报告》显示，截至2014年6月底，中国网民规模达到6.32亿人，较2013年底增加1442万人；互联网普及率为46.9%，较2013年底提升了1.1个百分点；我国手机网民规模达5.27亿人，较2013年底增加2699万人；我国网民中农村人口占比为28.2%，规模达1.78亿人；整体网民中小学及以下学历人群的占比为12.1%，相比2013年底上升0.2个百分点，而大专及以上人群占比下降0.3个百分点；手机上网的网民比例为83.4%，相比2013年底上升了2.4个百分点。台式电脑和笔记本电脑上网网民比例略有下降，分别为69.6%和43.7%。在互联网时代，对于参与竞争的企业以及企业的监管部门等其他利益相关者而言，这次《报告》的数据结果的人口统计意义是：

（1）手机上网比例首超传统PC上网比例，移动互联网带动整体互联网发展——说明手机使用者可能会越来越多，互联网经济会从PC端向移动端（如手机、IPAD等便携设备）倾斜，最终达到一个平衡。

（2）互联网发展从"广"到"深"，网民生活全面"网络化"——说明随着"用户"和"互联网"接口的形式越来越多、规模越来越大，互联网对传统企业的产品和服务的形态、销售渠道、宣传渠道、购买行为等的影响将逐步加深，甚至全面颠覆。

（3）支付类应用领涨，推动电商基因渗透更多线下消费场景——说明接下来有一轮新的电商大战，甚至原来做"纯线下"的传统企业也会利用积累的资源加入电商的竞争之中（万达就是一个典型的例子）。

（4）手机游戏异军突起，带动整体网络游戏使用率逆转增长——说明手机娱乐与中国用户碎片化日益严重的休闲时间非常契合，在"打发时间"的这个需求方面，如果不是很在意游戏的视觉、听觉和操作的感受，手机娱乐将成为端游（包括了PC端和专用游戏端口，如playsation）的最大替代性竞争者，并且这也催生了一大批提高手机游戏用户感受、发掘手机性能的创新型中小企业。

（5）互联网理财用户初具规模，网络金融服务创新潮涌——说明传统金融行业将经历一次互联网的推动浪潮，促使行业整合和改善。

尽管是人口统计因素提供了有关人口的重要属性，社会价值观才是将这些数据转化为对企业影响的因素。社会价值观指的是共享的需求"终止状态"。从实

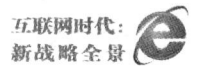

践角度来说，社会价值观决定了一个组织的产品或服务在多大程度上拥有市场。早些年围绕北美的运动型多用途车（SUV）的争议就是一个例子。整个20世纪90年代，SUV车，如福特的探索者、道奇的杜兰戈以及雪佛兰的萨博班都是卖得最快的车型。然而，随着对污染和全球变暖的关注上升以及汽油价格的上升，有些消费者开始对SUV车有抵触情绪，迫使汽车企业生产"混合型"汽车。相比于SUV汽车一加仑汽油只能行驶12英里的耗油量，混合型汽车能够行驶50或60公里。同样地，从最开始对于网络购物的抵制，到现在事事离不开网络，互联网只用了十年时间，让网络用户成几何级数爆炸式增长，所以在互联网时代中，精明的管理者需要同时结合人口统计因素和社会价值观来确定这些因素对于企业的最终影响。我们将在本章的第三节重点介绍消费者的价值观变化和行为变化对于市场和企业战略的影响。

（二）经济环境因素

外部环境中的多种经济因素（Economic Environment）也同样能够显著地影响组织。然而，不同的经济因素对组织的作用是并不相同的。企业性质和行业决定了哪些特定的因素对组织的影响最大。例如，通货膨胀水平会直接影响成本上升的速度，进而减少利润。当前的失业率会直接影响找到合适的所需雇员的难易程度。当前的利率会决定贷款的成本甚至企业能够借多少钱进行财务活动和扩张行为。当利率很低的时候，对房屋建筑商和抵押贷款提供商的服务的需求量更大。

但是经济活动不是静态的。经济活动往往呈周期性趋势。尽管很难预测经济环境具体会何时好转或是在何时低迷，管理活动（如计划）需要理解经济活动存在周期性，并了解影响它们的关键因素。了解特定的行业周期也是很重要的，行业周期可能比国家的一般经济周期要或多或少地更明显一些。例如，建筑行业的顶峰和低谷就比国民经济来得更加剧烈。这种动态趋势在互联网时代尤为明显，借用当下流行的说法——迭代规律。

互联网把整个经济的所有产业都拖入快速发展通道，产业迭代周期由摩尔定律时代的18个月缩短到6个月甚至更短。比如，手机的软件平台尤其是操作系统近乎与硬件的更新速度同步，iOS和Android两大系统平台的版本升级也提速至每年一个大版本、数月一个小版本；同时，应用生态的跟进也在加快，不管是应用种类、数量、下载量、使用量等各个方面均加倍递增，而网络整体流量也在以每年100%~200%的增速增长。

除了迭代带来的复杂性之外，确认经济状况中更难的一点是要确定经济变革究竟是暂时的变革，还是长期的、结构性变革。结构性变革会显著影响目前和将来的经济活动动态。举个例子，美国发生过的两次结构型经济变革分别是从农业型经济转变为工业型经济，以及从工业型经济转变为服务型经济。这两次变革影响了人们在哪工作、做什么工作以及为了工作需要达到何种教育水平。在许多服务类企业中，如设计、咨询和法律企业，公司最主要的资产是人。这些人所拥有的知识代表无形资产。这与工业类企业，如汽车制造商截然相反，后者往往拥有数百万美元的有形资产，如车间、机械等。因此，汽车制造商能够轻易替代流水线上的某个员工，并且其员工流动率没有受到多大影响；而对于服务类企业来说，情况就不同了。举例来说，如果一位明星咨询师离职，她将她大多数的价值都带走了。她对于顾客问题和解决方案的理解也随之被带走了。在某些情况下，价值与个人绑定得非常紧密，以至于当某个明星员工离职去了其他公司，顾客也会随之而去。

那么在中国的互联网时代下呢？中国本身就面临着转型经济这一命题，加上网络的发展加速了转型过程中的颠簸：网络使得市场更趋向自由化；市场不确定性大大减小，中间商的作用和形式发生变化；许多新型中间商与信息服务平台纷纷出现，调整信息处理与传输将彻底实现企业营销全球化；市场交易手段趋向无纸化，从纸面单证为主转向传递电子数据；以消费者为主的市场买方市场。这些都将使目前的企业经济活动有所改变，使整个市场形式多样。

总结来说，在互联网时代，资源、信息流动速度上升，企业面临的迭代效应越来越严苛：对人才和资产的控制能力要求更高，因为知识、信息是独特资源的核心；速度的重要性越来越凸显，"一步慢，步步慢"再也不仅仅是一句耸人听闻的告诫，而是发生在身边的血淋淋的现实。试错成本可能会变低，因为出路可能变多了，但是试错行为的频度却大大上升：大企业可以通过强大的资本、现金流能力不断地论证新产品、新服务；小企业呈现出一股前仆后继、争先恐后的"无脑冲锋陷阵"景象——因为留给他们缜密思考的时间越来越少，经常是"一边干，一边想"，等不了充分思考的结果出来，别的企业就已经先干出来并占领大部分的市场了。因此，我们可以看到，互联网的发展呈典型的周期性趋势，且每一个周期围绕着不同的核心问题，每一个周期的时长都在缩短——前几年曾经有"网游潮"、"电商潮"、"团购潮"、"页游潮"、"视频潮",现在有"移动应用潮"、"手游潮"。大企业挥动着冲锋的旗号,而无数的小微公司在一波又一波的热潮中崛起又消失。

战略聚焦:

疯狂瑞波币

2014年3月,在哈佛大学举办的PYMNTS创新大赛上进行了一场互联网金融领域的企业评选,已经连续举办三届,在业内具有较高影响力,今年参赛的企业包括Loop、LendingClub、Bitcoin等广为人知的互联网金融巨头。一家小型创业公司RippleLabs却拔得头筹,同时赢得"最具颠覆性公司"和"最佳新科技"两个奖项。不久前,在MITTechnologyReview评选的2014年全球50大最智慧的公司中,RippleLabs公司也和特斯拉、谷歌、三星等大公司一同榜上有名。

目前RippleLabs公司团队成员一共只有40多人,其两位创始人均为互联网金融的鼻祖级人物。克里斯·拉森(ChrisLarsen)是全球第一家P2P信贷公司Prosper和互联网银行E-Loan的创始人,杰德·迈克卡勒伯(JedMcCaleb)则是全球最大的比特币交易平台Mt.Gox以及电驴的创始人。他们在位于旧金山市区的四层小楼内,试图用一个叫Ripple的底层协议,让不同货币自由、免费、零延时进行汇兑,进行一场"价值网络革命"。拉森表示,"我一直希望开发全新的货币系统,从而让金融真正步入数字时代"。

Ripple的自我定义为:"Ripple支付网络允许任何货币在任何人之间流通,它的建立基于互联网的基本理念:人人免费,人人可触及,不属于任何人,将整个世界链接在同一个网络内。"Ripple不仅是一个协议系统,同时拥有自己的基础货币,即XRP(瑞波币)。

比如,我们要给在美国的朋友汇款。过去要先把人民币兑换成美元,支付一定的电汇费用,两天后到账。通过Ripple,我们直接存入人民币,几秒钟之后,美国的朋友就能收到相应的美元。而这一切完全是免费的。美国的朋友即刻收到的这笔美元,并不是我们发出的那笔人民币,而是和股票市场类似,在我们放入人民币的同时,在世界的某个角落有人放入了一笔美元,双方在 Ripple 系统中自动握手，完成兑换。

Ripple 崭新的理念也吸引了无数风投的青睐，目前已经获得谷歌风险投资公司、安德森霍洛维茨公司、IDG 资本、FF 天使、光速创投、Bitcoin 机会基金及 VastVentures 公司的投资。

Ripple 协议跨入了 SWIFT2.0 时代。SWIFT 是指环球同业银行金融电信协会，加入 SWIFT 的银行可以标准、快捷、可靠地进行不同货币之间的清算。目前，全世界已有超过 200 个国家的 7000 多家银行在使用 SWIFT 协议。

Ripple 协议的面向范围则更大，它不仅可以处理现有的各国法定货币，同时可以处理包括比特币在内的虚拟货币，甚至可以处理商户积分、电话分钟数等有价物，搭建一个完全自由流通转换的"价值网络"。所以，拉森将 Ripple 协议称作"SWIFT2.0"。

拉森说："最初，不同系统 E-mail 之间是不通的，只能在自己的系统内互发。而 SMTP（简单邮件传输协议）则让所有 E-mail 连通，Http（超文本协议）让所有的网站信息互通。Ripple 协议是在价值网络内做类似的事情，让金钱在不同系统之间快速和免费运转。这让转钱和汇兑就像发送 E-mail 一样便捷。事实上，人们现在已经在通过 Ripple 进行外汇交易、跨境划拨款项、转账支付。"

Ripple 网络是一个共享的公开数据库。数据库中有记录着账号和结余的总账。任何人都可阅读这些总账，也可读取 Ripple 网络中的所有交易活动记录。

在 Ripple 协议中，有两个核心概念，一是扮演终端的"网关"，二是扮演媒介货币的"XRP"。

网关是 Ripple 网络中资金进出的大门。Ripple 网络中的货币余额只能通过特定的网关来提取，相当于 SWIFT 协议中的银行。和传统的银行相似，但又有所不同，任何访问 Ripple 网络的商家都可以成为网关。网关可以是银行、货币兑换商乃至任何金融机构。在 Ripple 人眼中，未来的世界将由成千上万的网关构成。网关之间都是自动握手的，网关越多，参与的人越多，流转的货币越多，这套协议才能更繁荣。

目前，全世界仅有 15 家 Ripple 网关，现在的 15 家网关并没有明确的分类，但今后网关将更趋向于按照地区货币种类分类，如在A国的网关主要把A国货币端口做好。其中，中国占了3家，分别是瑞博汇通（RippleCN）、XRPChina和RippleChina。目前，这些网关都处于起步测试阶段，从2013年底的峰值数据来看，中国网关的资金流量大约为每月6000万元人民币。

目前，网关的质量把控还是个问题。Ripple本身是一个底层协议，RippleLabs会给有兴趣的网关提供技术支持，保证他们所需的源代码。但RippleLabs对这些网关并没有中央管理的职能，对他们的行为也不负责。未来将随着协议的成熟，由市场对网关进行优胜劣汰。

我国的XRPChina成立于2013年5月，创始人张银海希望借助Ripple成为中国乃至世界第一家非中心化的交易所，现在网关拥有5800多个注册用户。计划在三个领域拓展网关业务。首先是做通道业务，就像交易所一样，买卖各种货币和有价物；其次是利用Ripple免费快捷的平台做汇兑业务；最后是做资产管理，设计一些理财和证券产品，因为Ripple的账本是透明公开的，每笔账目都能找到作者，因此，做资金管理更加具有安全性。目前汇兑业务和资管业务还在试验阶段，包括XRPChina在内的中国的网关更多是用于虚拟货币交易平台。

疯狂瑞波币的设计并不具备货币的储藏价值，它存在的目的只有两个：安全和货币媒介。

在安全方面，和其他电子系统类似，在Ripple系统中恶意攻击者可以制造大量的"垃圾账目"试图造成网络瘫痪。为了保护网络不受滥用的巨量账目条目攻击，每个Ripple账户都需要持有少量的XRP储备才能制造新的总账条目。目前这一储备的要求是25XRP（当前价值约0.5美元），同时，每进行一次交易，就会减少0.00001XRP（大约等于十万分之一美分）。这一要求对普通用户忽略不计，但可以防止攻击者制造海量的虚假账户在网络中制造垃圾。因此，销毁XRP制度可以让攻击者迅速"破产"，从而保护网络的正常运作。

在媒介货币方面，XRP将全世界的货币和等价物串在一起。尽管XRP设计的初衷并不具备储藏价值，但随着发烧友对虚拟货币的追捧，XRP的价格也在被炒高。去年从1厘2涨到5毛多人民币，相当于上涨了300多倍，相比比特币的 89 倍还要惊人。也有很多人在网关平台上买卖 XRP。

拉森说，他最初是受比特币启发了灵感，认为可以做一些超越比特币本身的事。因此，他和迈克卡勒伯合作创立了 RippleLabs，并且开发出 Ripple 协议。但 XRP 是 Ripple 服务系统的基础货币，是虚拟币的补充，而非竞争对手。

瑞波币与比特币的差异（可以画一张表更清晰）：和曾经高达 8000 美元的比特币相比，目前一个 XRP 仅仅价值 0.015 美元。比特币本身储藏价值，而 XRP 只是媒介货币，理论上人们持有 XRP 只是在两种货币兑换中的一瞬间。从算法和发行方式来说，比特币属于完全分布式，每个人都可以成为"矿工"挖掘比特币，而"挖矿"属于完全无意义的计算机运算；而 XRP 的算法和发行完全掌握在 Ripple 公司手中，任何人无法创造、篡改和复制。"由于 Ripple 不使用挖矿机制，因此 Ripple 并不需要大量的计算机算力工作来确认交易，从而省下了大量的资源与能量"。

从数量来说，比特币的总量在增加，而 XRP 的数量则基本固定。Ripple 公司创造出 1000 亿个 XRP，计划最终对外发行其中的 55%，并承诺永不增发。如前文所述，用户在每次交易时需花费 0.00001 个 XRP，这些 XRP 随着交易的进行自动销毁，因此，从长期来说，XRP 总量在以非常缓慢的速度递减。"总量不增意味着无通胀，一个数量有限的货币比数量不断变化的货币更加容易估值。"Ripple 公司网页上如此解释。

从货币的意义来说，比特币的野心在于取代被国家控制的法定货币体系，达到货币去中心化的目的；而 XRP 作为 Ripple 公司的基础货币，意在降低不同货币的结算费用，降低跨国交易成本。"在 Ripple 系统下，任何货币的交易都很便捷，但 XRP 是最便捷的一个，XRP 支付和现金支付一样便捷。"孙宇晨表示。

作为交易平台，Ripple 的涵盖范围也远广于比特币平台。"Ripple 协议支持任何货币和有价物，从各国法定货币到各种虚拟货币，甚至包括手机通话时长、商户积分等。相比之下，比特币平台只能允许比特币流通。"拉森表示。

道格拉斯·亚当斯的小说《银河系漫游指南》中写到了一种巴别鱼。如果

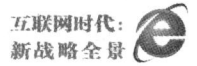

你把一条巴别鱼塞进耳朵,你就能立刻理解以任何形式的语言对你说的任何事情,就像同声传译机一样。

瑞波币成为"货币巴别鱼"的理想和现实之间还有未扫清的障碍。但从技术层面来讲,Ripple是比SWIFT更先进的底层协议。不考虑监管因素,Ripple至少从技术上能够让跨国跨货币汇款变得更加快捷、低廉。

假如Ripple人的梦想成真,对于各国而言相当于实现了货币可自由兑换。任何人想要兑换外汇,不再需要通过银行和外管局,只要随便登入一家Ripple网关即可自行操作完成。拉森表示Ripple协议在设计时考虑到了监管因素,目前正在和全球监管机构积极沟通,从而使Ripple符合各国监管门槛。

"Ripple将主要成为金钱流通管道上的基础设施。我们不认为普通大众需要懂Ripple。"拉森说,银行和金融机构将在Ripple上充当网关角色,就像现在他们在ACH和SEPA系统中作为网关一样。消费者可通过和现有的金融机构,以及未来的第三方应用来体验Ripple。

"如果一定说Ripple将淘汰什么,那我想将是SWIFT、ACH、SEPA等类似的银行间转账协议。"拉森说。不久的将来会有这样一场革命。也许是Ripple,也许是另一家类似的公司,但总会有人打破现在的货币流通方式。

案例来源:李小晓. Ripple要做货币巴别鱼. 财新《新世纪》,2014-03-21,http://m.magazine.caixin.com/m/2014-03-21/100654496_2.html.

李小晓. Ripple的"高大上"之路. 财新网,2014-07-21,http://www.btc38.com/altcoin/xrp/2754.html.

但斌. Ripple能走多远. http://blog.sina.cn/dpool/blog/ArtRead.php?nid=4a78b4ee0102uxmx&pos=6&vt=3&mtch=tech,2014-07-14.

Ripple. 比特币中文维基. http://wiki.8btc.com/doc-innerlink-Ripple.htm.

钱小敏. 价值网络布道者孙宇晨:推广网络金融协议,获千万风投.南方日报,第HC04版:惠州观察·人物,2014-07-7.

(三)政治/法律因素

政治/法律因素(Political/legal Segment)会对组织有重要的影响。规定企业能做什么和不能做什么的法律框架,会为企业同时带来挑战和机遇。它是这样一个舞台:其中的各种组织和利益团体项目竞争,吸引法律和国际规则制定机构的注意力,寻求发言权甚至控制某些资源。举例来说,新的污染法显著增加了燃煤电厂的运营成本。与此同时,这些法律也为类似于康宁公司(Corning)这样为燃煤电厂开发和销售过滤系统的企业带来了机会。此外，基于法律或者政府政策而制定的法规也会对业务战略带来重大影响。法规的不确定性可能影响重大，因为它会导致企业为了应对可能出现的新法规而保留投资。

战略聚焦：

政府介入影响"打车大战"

2014年春节前后，在众多一线、二线城市生活的人们，开始习惯用两个打车应用："快的打车"和"滴滴打车"。有段时间，网上广为流传的有一个"段子"："如今打车分六党，滴滴党、快的党、滴滴快的党、电招党、路边招手党、迟迟打不着车转乘公交地铁党"，生动形象地反映了出租车行业的现状。"滴滴党"是使用滴滴打车软件的消费者，"快的党"是使用快的打车软件的消费者，"电招党"是通过电话预定出租车的消费者，这三者分别代表着腾讯、阿里巴巴和出租车公司的利益。

"滴滴打车"软件背后团队是北京小桔科技有限公司。从北京发迹，包括昆明、南宁等城市在内，覆盖城市有23个，全国乘客端下载量达740万，注册司机13万人。根据艾瑞咨询统计，在全国范围内，"滴滴"的实际覆盖人数和软件使用次数都处于打车软件市场的领先地位，市场份额已经超过60%。2014年1月6日下午，"滴滴打车"宣布独家接入微信，支持通过微信实现叫车和支付。

"快的打车"由杭州快智科技有限公司研发，在杭州，"快的"仍然是市场份额最大的打车软件。从全国来看，市场份额已超过40%，覆盖城市达30个，是市场上覆盖面最广的打车软件。2013年8月，"快的打车"接入支付宝，成为全国唯一一家可以通过支付宝在线支付全部打车费用的打车APP，当月"快的打车"用户下载量超过一千万，司机数量超过20万。图3-5为两大打车软件的打车大战进程。

打车大战开始，出租车行业出现了很大的变化——凡是用"快的"和"滴滴打车"的用户和司机每单都会获得10元到20元不等的补贴，"快的"更是一度保证，永远比同行"多补贴一块钱"，自此两方拉开了"请全国人民打车"的"烧钱"大战。

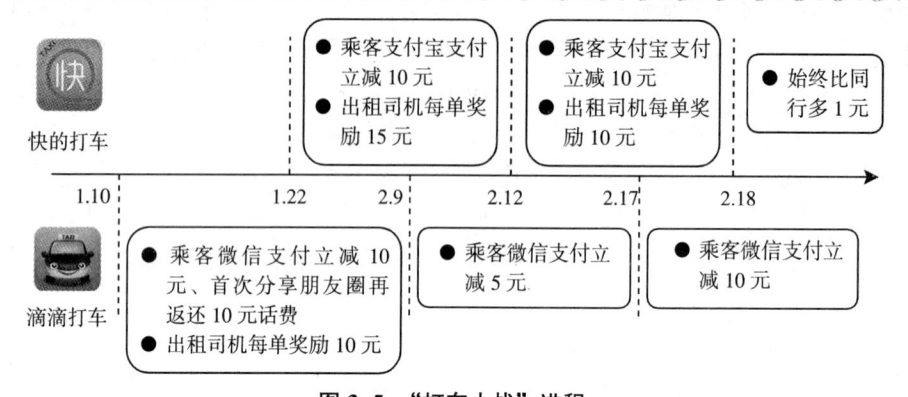

图 3-5 "打车大战"进程

在"滴滴"和"快的"的"烧钱"大战开始后不久,各地政府也着手规范打车软件使用情况及乘客加价行为。

近期政府已经有了介入打车软件行业的意向,"快的打车"COO 赵冬说:"各地政府都认为打车软件确实可以解决一部分打车难的问题,他们也想把这项便民服务做好,我们也在积极配合,接下来会做技术对接。政府建立一个统一的叫车平台规则,在这个规则下,各个软件再发展各自的用户。""滴滴打车"的陈志伟说:"更希望政府针对目前的恶性竞争起到监管和规范的作用。"

2013 年 5 月,深圳市交委甚至紧急叫停打车软件,称打车软件还不成熟,影响监管,但打车软件仍在深圳低调运行。部分城市确实已经不允许加价,加价的订单一般不超过 10%。

北京交通委运输局表示,为保证出租车运营安全,每辆出租车只允许安装一个手机叫车终端。2013 年 7 月,北京市出台了《出租汽车手机电召服务管理实施细则》,广告和此前的加价模式均被否定。此外,自由选择的小费改为统一的 5 元电调费,4 小时以上的预约打车则为 6 元,而软件运营商仍旧得不到分成,最终受益者是出租公司和司机。新规出台已经一周多,但正式纳入政府统一管理的手机打车软件还未正式上线。目前,大多数使用打车软件的司机和乘客还可以自由选择"加价"。

2014 年 2 月,南宁市道路运输管理处也召开新闻通气会,明确表态不支持出租车司机使用"滴滴打车"等打车软件,称司机边开车边用手机抢单,安全隐患极大,而乘客为打车加价,司机收钱也属违规,涉嫌扰乱出租车行业市场。

2014年2月,上海市运管处和交通执法总队联合下发通知宣布,从3月1日起,暂行禁止本市出租车在早晚高峰时段使用打车软件,直至高峰时段新增运力配置方案出台。同时,禁止"的哥"在载客途中使用手机等终端设备,并规定租赁车辆禁止安装、使用打车软件。边开车边抢单、打车"加价"等行为都是违反相关条例的。上海将致力于促进电调平台和打车软件的合作,如通过技术手段,使接单的车辆必须显示待运状态,司机无法在行驶过程中运用软件再次接单等来保证出租车行业的健康发展。

资料来源:作者整理。

或许,在外部一般环境中的政治因素中,最重要的是政府财政开支。政府开支的改变对整体经济的影响巨大。地方及国家层面的政府开支总额占了GDP的20%左右。更复杂且更重要的是,政府支出是否能减少赤字。当政府支出增加了财政赤字,利率有时是上升的。随着利率的上升,企业贷款成本更高,因此,他们会借得更少。若是企业借得更少,它们的业务扩张甚至所有的行为都会放缓。这些行为提高了失业率,进而会减少消费支出。综合来说,这些状况会导致经济衰退。

21世纪是个网络的时代。网络技术在提供给人类前所未有的高效、自由地享受信息的同时,也给人类套上了"枷锁"。网络安全、网络欺诈、域名争端、侵犯隐私、知识产权保护、网络纠纷的处理让人们不能再无视法律的力量。我国在互联网行业就有着如下的法律法规:中国互联网络域名管理办法;互联网电子邮件服务管理办法;互联网IP地址备案管理办法;互联网电子公告服务管理规定;非经营性互联网信息服务备案管理办法;互联网站从事登载新闻业务管理暂行规定;全国人大常委会关于维护互联网安全的决定等。例如,在2007年,《电子商务发展"十一五"规划》、《国务院办公厅关于加快电子商务发展的若干意见》相继出台。根据两个纲要,"十一五"期间中国将普及深化电子商务应用,大力发展电子商务服务业,着力完善支撑环境,鼓励电子商务技术创新,进一步完善自主发展能力;同时加强市场监管,规范电子商务秩序,加大宣传教育力

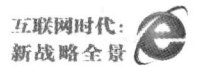

度，促进电子商务普及应用。趁着这股东风，电子商务发展环境、支撑体系、技术服务和推广应用协调发展的格式基本形成，电子商务服务业成为重要的新兴产业，在国民经济和社会发展，各领域的电子商务应用水平大幅进步并取得明显成效。

网络同样是社会的一部分，因此也需要政策和法规的约束。但是由于政策法律的出台，有时也会影响到互联网公司的战略性行为，如下列案例所述。

战略聚焦：

Google 在中国的战略撤退

Google 发表了强烈关注，因为它受到了网络攻击，黑客盗取了它的知识产权和人权活动人士的账户。直到此时，Google 似乎还能接受中国政府对于国家不认可的网站禁止访问的政策。许多人认为，为了获得中国的主要市场，Google 牺牲了价值。大概是，Google 有着中国搜索市场 35.6% 的份额，在市场上具有相当领先的位置，其主要的竞争对手是百度。尽管这一数字很可观，但相比于 Google 在许多其他国家的份额要较少。

尽管 Google 试图通过审查，但它无法满足中国政府的要求。Google 宣布将其在中国的搜索业务移至中国香港，并宣布关闭在中国内地地区的搜索业务。分析人士认为这对 Google 整体来说是很好的一步，因为这是基于企业核心价值观的战略行为。哈佛大学的教授约翰·科特（John Kotter）和约翰·赫斯克特（John Heskett）研究发现，强核心价值观的公司倾向于大幅超越其他没有以这个方式运营的公司。并且，当 Google 退出中国业务的时候，只有 2.5% 的销售额来自于中国市场。

Google 的例子凸显了外国企业在中国市场投资和运营的风险。例如，中国一直致力于强调自主科技行业和企业。一些其他行业中的高科技企业也已表示担忧。他们注意到中国通过提供金融资本、减免税收来支持本土企业。因而，一些外国企业一直在寻求他们觉得更受欢迎的其他亚洲市场。

资料来源：S. Sundeep, Risks of investing in China exposed, financial times, May 13, 2010, http://www.ft.com.

L. Nirel. The impact of Google's "China syndrome" on your business strategy, fast company, March 28, 2010, http://www.fastcompany.com.

> J. Boudreau, Doing business in China getting tougher for U.S. companies, the mercury news, march 27, 2010, http: //www.mercurynews.com.
> F. Balfour. Google exit reminds companies asia strategy is not Just china, business week, March 23, 2010, ttp: //www.businessweek.com.
> B. Einhorn. In China, Google declares war on censorship, business week, January 13, 2010, http: //www.businessweek.com.

（四）社会文化因素

社会文化（Sociocultural Segment）因素主要包含组织所在社会的人口统计因素和文化特征的力量。人口统计学因素主要指的是社会中的人口特征，如平均年龄、出生率、教育水平、识字率等。关于人们如何思考与行动的社会趋势对于管理劳动力、公司的社会行为和关于产品和市场的战略决策具有重大的影响。例如，在20世纪80年代和90年代，劳动力中的妇女通常会选择较晚生育，以便发展自己的事业，但现如今，更多的妇女生下孩子后会回去工作。结果，公司需要采用更多的支持政策，包括关于家庭的事假、灵活的工作时间、孩子抚养协助。公司提供这些福利是一种增加竞争优势来源的方式，这种竞争优势是有经验的劳动力。

公司如何回应社会焦点问题会影响他们在市场上的声誉，反过来将帮助或阻碍自身的竞争。

战略聚焦：

用视频游戏来减肥

前几年肥胖成为美国的大新闻。充满脂肪和糖分的大餐，伴随着久坐不动的生活习惯，使美国人在一定程度上成为世界上最胖的——最不健康的。但已经生产出广受欢迎的产品的一家公司的领导者在与肥胖的斗争中持有个人的观点。

任天堂（Nintendo）的Wii游戏刚一上架的时候，引起了一阵争论。现在，公司游戏的设计者，宫本茂（ShigeruMiyamoto）和总裁雷吉·菲尔艾梅（ReggidFils-Aime）宣布了WiiSports的一个新的转折，已经使椅子上的运动员离开了沙发去玩他们最喜欢的游戏，被称为WiiFit，这个新的版本包括一个平衡板、用来计算游戏者的身体重量指数和测量游戏者的活动水平。游戏者获得了一个像瑜伽、有氧运动和舞蹈的活动机会——或者他们能够通过一个现实中的滑板提高游戏指数。目标是让孩子和大人都运动起来。

作为设计团队的经理，宫本非常相信任天堂游戏的质量，包括新的WiiFit。他强调："我的同事和我不是被畅销所激励"，他解释道："而是要发明出一些完全独特的东西。我认为享受这个过程才是重要的。为了创造一个新标准，你必须准备好去迎接那个挑战并且享受它。这就是我们工作的方式，而且我们已经做过很多次了。"宫本承认视频游戏的竞争是很激烈的，但任天堂有一个诀窍，可以创造出被不同年龄和兴趣的人们喜欢的游戏。因此，WiiFit能够在普通人的生活中站住脚——无论这个人是一个干劲十足的运动员或是一个电视迷。事实上，整个观点就是想让顾客运动起来——或者是通过平衡板运动起来。"我相信通过我们的员工，我们能够使游戏持续地被公众接受。"宫本预测到："只要我们保持那个边缘，我们就会永远比其他公司有优势。"

资料来源：巴哈姆特.任天堂与 Wii 的成功论，2007-06-16，http: //www.pcgames.com.cn/tvgames/zt/game/0706/903872.html. tuny520. 任天堂的神话.

暨阳社区，http: //bbs.jysq.net/thread-1178396-1-1.html.

威锋网. 任天堂今日迎来 120 岁生日见证游戏发展史，2009-09-25，http: //tech.feng.com/2009-09-25/Nintendo-ushered-in-120-year-olds-birthday-today,-to-witness-the-history-of-the-game_206278.shtml.

（五）技术因素

技术因素（Technological Segment）是另一种会对企业有重大影响的外部环境因素，当然也是互联网时代的最重要的推动因素。一个特定的技术的创新意味着一个企业的诞生和成长，或是另一个企业的衰退和消亡。尽管技术环境非常复杂，管理者需要重点关注两个基本维度——产品和过程变革。

产品技术变革指的是那些将现有产品增加新特性或新功能乃至生产全新产品的改变。管理者需要知道，在他们的行业中，产品技术变革会一直存在。这是因为企业会因其技术优势或劣势赢得或者失去市场，了解国内外技术的进步是至关重要的。

过程技术变革通常与如何生产产品或如何管理企业的改变有关。举例来说，管理信息系统（Management Information System，MIS）技术能够使管理者以天为单位甚至以小时为单位追溯产品，让他们知道哪些产品已在销售、哪些还没有，就如沃尔玛（年销售额达到 4000 亿美元的全球最大的零售商）使用的系统那样。追溯信息反过来使管理者能够效率更高地订购产品，所以能够避免热销产品脱销（错过销售收入）或是过度囤积冷销产品（使库存占用宝贵资金）。新的技术提供管理和交流的新方式。MIS 使需要的信息具有可获得性，通过互联网也能获得所需要的信息。计算机能监控生产率和绩效的无效性。电信允许召开会议而不要求所有的人都到达同一个地方。随着无边界的技术发展战略的发展，将会创造一种竞争优势；忽视竞争对手技术的战略将会导致退化和毁灭。

现如今，如果不将战略与已存在而且正在飞速发展的技术相结合，没有一个企业能够成功。随着技术的演变，新的产业、市场和竞争的利基市场也在发展。技术的进步同样允许了公司进入那些原本不可能进入的市场，如当电缆电视公司改进其技术而进入互联网服务市场。

在互联网时代，信息技术使企业发生变化：企业内部协调转向外部社会化；改变了企业组织流程，形成了并行的营销思路，企业的所有职能部门都可以通过电子商务网站与客户直接接触；企业把速度放在竞争首位；信息技术使企业有条件充分利用外部资源，低成本、快节奏地开发利用市场机会；企业营销结构趋于更直接和高效率。信息技术的应用大大降低了整个销售过程中所消耗的资源和时间，数据库营销使得企业可以随时掌握商品和消费者的情况；电子数据交换系统则可把制造商、营销商、储运机构和银行等连在一起。信息的适时传递缩短了商品流转时间，减少了存货，不仅及时满足了消费者的需求，还大大提高了企业效率。

战略聚焦：

第四块屏幕——Carplay

2007 年，乔布斯发布第一代 iPhone，当时就有人预言，这是跨时代的产品，果不其然，仅仅用了 7 年时间，这款产品对移动通信业起着至关重要的作用，结束了功能机统治的时代。手机和当下生活密不可分，渐成人体延伸器官。而汽车就像人类双腿，带人类去更遥远的地方，而 2015 年这双腿将变得更加智能！

手机、平板、电视这三块屏幕占据了现代人生活几乎所有的时间。而汽

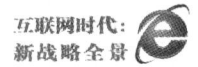

车这个影响人类进程的伙伴，也加入移动互联网这场华丽的"选秀"。汽车屏将成为影响人类的第四块大屏，而且它天生在移动，并且移动得更快。

如果说手机、平板是人类赋予了它移动能力，那么汽车是更方便人类移动的发明。这个发明将不会从这个时代中褪去光环，而是搭载人类更好地前行！

这将是个更加不可思议的时代，我们称它为车联网时代，先进的厂商将加快这种进程。

日内瓦的火爆，并非关注汽车的人多了，而是苹果的 Carplay 横空出世，一出手就联合了包括法拉利、梅赛德斯—奔驰、沃尔沃在内的豪华品牌，后续还有宝马、福特、通用、本田等十几个品牌跟进。一时间，IT 圈被 Carplay 刷了屏。不过相反，汽车圈介绍这个产品，更像是介绍某种新配置。2014 年 6 月 28 日，据国外科技媒体报道，奥迪宣布已经与苹果进行了深入的沟通，将把苹果 CarPlay 车载系统整合到 2015 年推出的新车型中。奥迪称，公司已经着手将车载系统的娱乐功能与汽车分离，并将在未来发布的新车型中整合苹果 CarPlay 和谷歌 AndroidAuto 车载系统，车主可以二选一。

"永远在线"将贯穿移动互联网整个生命周期。在这一点上，先进的厂商已经和谷歌、苹果等密切合作。未来，车主同样可以借助车载系统使用智能机的功能。随着手机、平板、电视等智能硬件市场饱和，汽车正逐渐成为科技巨头寻求实现生态系统差异化的重要领域。而这个空白领域，汽车、软件公司是主流参与者，却不是唯一。

纯正智能汽车硬件制造商将作为全新的玩家参与其中，特斯拉就是一个特别的例子。软件厂商将有机会参与其中，并且制定标准。当然苹果、谷歌这类公司有先发优势。

谷歌在 2014 年初与奥迪、通用汽车、现代建立了开放汽车联盟，并在本周举行的开发者大会 GoogleI/O 上展示了首版 AndroidAuto 系统。

中国行业研究网汽车研究报告显示：目前中国豪车数量仅次于美国，位居世界第二，有数据显示，截至 2012 年，售价超过 20 万元的豪华汽车在中国销售量已经达到 125 万辆，仅次于美国，位居世界第二。而最快在 2016

年,中国即可超过美国,跃居世界最大高档汽车市场。

豪车市场将是智能化汽车的首批进入者,而这个市场即将切入智能汽车轨道。在软件、硬件、系统等生态链上,供应商都将面对巨大的机遇与挑战。汽车公司、科技公司、软件公司或是纯智能汽车的新生公司都有可能实现横向扩张,抢占先机!

剩下的只有一个问题:谁将主宰下一个车联网时代?

CarPlay 可以让司机在驾车的时候安全使用 iPhone。第一批合作车厂有法拉利、梅赛德斯奔驰、沃尔沃,后续还有宝马、福特、通用、本田、现代、捷豹、起亚、三菱、尼桑、标致、雪铁龙、斯巴鲁、铃木和丰田。CarPlay 仅支持 Lightning 接口的设备。CarPlay 的定位完美地诠释了 Apple 这家公司毒辣的市场眼光。回想一下,当你在路上驾车的时候,除了必要的驾驶操作,你最多的其他操作是什么?反正我就是娱乐、电话和空调。CarPlay 是一个非常轻度整合的车载娱乐/通讯系统,它所要替代的,是传统汽车上的 CD 机、硬盘、导航仪和车载电话,Apple 并不想要控制一辆汽车的全部,针对不同厂商和车型的适配会产生非常高的成本。这些东西对于 Apple 来说意义不大,不值得如此投入,而且还会影响汽车厂商对 CarPlay 的支持(汽车行业还没有那么开放)。所以,做好一些用户最关心、最常使用的部分,增加用户对 iOS 系统的黏性,这才是 Apple 最大的目的。

苹果进军汽车的传闻一直不绝于耳,甚至 iCar 也被临摹数次。去年,苹果出人意料地宣布 iOSinthecar 计划,并发布了几张概念图。半年过去,iOSintheCar 变成了 Carplay,苹果的确是真刀真枪地进入了车载互联领域。但是,Carplay 真的那么神乎其神吗?实际上,这并不是苹果的一大步,更不可能颠覆车载系统市场,这更像是一次玩票,值得肯定的是,目前一潭死水的车载市场的确需要这种冲击。

第一,苹果并非进入任何市场都无敌,而是同样有着诸多失败的经历。比如,当初想依靠 iTunes 建立的音乐用户群去挑战 Facebook 和 MySpace 的 SNS 地位,结果推出的 Ping 人气寥寥,最后直接关闭。还有 icloud、AppleTV 这样的项目也基本上半死不活。

第二,Carplay 并非苹果的一大步,而更像是一个轻量级的 APP,作用是把iPhone映射到车载中控屏幕上，而非真正的车载系统，所以Carplay只是一种辅助方式。

此外，从Carplay的发布节奏来看，苹果试水的成分很大。作为全球最具影响力的IT公司，Carplay的发布几乎是用新闻通稿的形式传播，而且所有的展现形式都是通过合作伙伴来展示，这显得过于平常了。

可以说，对于Carplay，我们无须给予太高的期望，它就像是苹果给出的一个期待已久的答案，并不让人觉得意外。在这么一个大前提下，让我们再来看看Carplay到底好不好，也会更加客观一些。

作为老对手，谷歌早前便联合多家车企成立OAA开放汽车联盟，主要负责定制适合联盟各家的安卓车载系统。

由此推想，OAA开放汽车联盟出现的车载系统很可能是软硬件结合的产品，而各家产品之间也一定有差异，很可能不能相互通用。但苹果却非常出乎意料，Carplay改用的是映射方式，把iPhone的主要功能投射在中控屏幕上，实现人机互动。

可能很多人会奇怪，为什么苹果不再坚持自己的软硬件一体化的设计思路，而改用软件接入的形式？其实理由很简单，苹果显然考虑到了车载系统的复杂性以及各个车企对车载系统的高控制度，只通过QNX作为底层协议进行数据交换，车载原有系统也得以保留。这样的思路，对苹果而言实现起来更加简单，同时从车企的角度来看，苹果Carplay功能并没有颠覆该由自己把控的车载系统，而更像是一个新增的配置，并能提升消费者关注度。

采用映射方式的另一个原因，在我看来应该是基于成本的考虑。首先我们需要认识到，Carplay作为一个试水项目，其出发点是苹果为了完善iPhone的使用链。目前，智能手机最大的遗憾是车内空间——在那片安静、高需求的空间中缺乏有力的产品形态来满足驾驶者的碎片化需求。因此，Carplay的出现就是为了让iPhone用户能够实现车内继续使用，以避免出现使用"真空"而导致被颠覆的情况。所以说，Carplay也可以看作是"防患于未然"的举措，既然只是预防，那么投入成本自然不可能太高，同时需要能够得到合作方认可。因而，最后Carplay选择利用Lightning闪电接口接入车企自身的车载主机是很合理的，毕竟车企成本只有Lightning接口的授权费而已，而苹果的成本更是只有开发成本。

此外，对消费者而言，智能设备数量的增加会降低使用频率，而苹果也一直认为资料跟着人走是大趋势，这才有了icloud、APP跨平台自动下载和诸多的同步推送功能等。因此，在资料跟人走的大前提下，利用iPhone这个日常最高频率的使用设备接入车载系统，在很大程度上可以帮助驾驶者实现使用一致性，也将使用者圈定在了iOS生态圈。

从整体来看，采用映射的方式，不能单纯地看作是苹果在车载系统的妥协，更应该看作是为了达到快速进入车载系统而采取的一种取巧、具有高可行度的方式，但是随之而来的影响是可能降低了苹果引以为傲的使用体验。

Carplay实际体验受制于车企。

如果单从映射这点看，苹果似乎并无创新，因为很早就有MirrorLink技术，但苹果也有自己的思路——做减法：一般的车载映射是把整个屏幕都隐射到中控屏幕上，而Carplay只是映射了几个主要功能——电话、短信、导航、音乐和Nowplaying功能，以保证使用效率和用户体验。无论是奔驰、沃尔沃还是法拉利，Carplay体验展示出人性化设计、良好的交互和堪比iPhone的高效体验。

实际上，Carplay这套解决方案的思路很像纳智捷和HTC联合开发的"PadinCar智慧系统"。纳智捷5Sedan的车载系统除了本身的系统外，还可以连接到HTC手机上，将手机上的屏幕完全映射到车载屏幕中，然后进行操控。不过，纳智捷5Sedan的这套使用体验却并不好，主要问题在于车载系统的多媒体功能和手机功能太过接近，两套系统之间很容易发生操作混淆，如不知道放的是哪个系统里面的音乐，甚至手机横屏、竖屏也会影响到车载系统的界面，从而导致易用性变差。更重要的是，纳智捷的这套系统只能适配HTCButterfly这一款手机。

反过来看Carplay，聪明之处就在于并非全屏映射，而是只把主要功能集成到一个APP上，然后将这个APP映射到车载屏幕中，通过车内触摸屏和多功能方向盘进行交互。从用户体验来看，这种方式很单纯地满足了驾驶者在开车时的需求，而不会因为其他无用功能的加入而增加操作复杂度，强化了用户体验。

Carplay 在设计上的人性化细节非常合理。比如，和早期单线条模拟 iPhone 上 Home 键在最底部的界面相比，正式版的 Carplay 已经把 Home 键那一栏放在了靠近驾驶员的位置以便于操作，并且把时间显示、信号显示放在了黑色竖条中间，具有更好的辨识度。

还有一个细节是，Carplay 加入了 Nowplaying 功能。这个功能看上去很简单，点击一下就可以进入正在播放的界面，但是效率却高很多，降低了开车时由于切换过多的切换界面而造成注意力不集中。

同时，苹果允许了部分第三方播放 APP 进入 Carplay，如 Podcast、Spotify、Beatsmusic 这类播放类 APP。在海外市场，流媒体音乐播放 APP 已经成为一股新的潮流，甚至在某种程度上有取代 iTunes 的趋势，而苹果做出了一些适应。

Carplay 另一个体验重点是利用 Siri 提升使用效率。虽然苹果在 iPhone4s 时代导入了 Siri，希望促进人机对话，但是效果寥寥，除了安排闹钟、日程之外，使用频率极低。其实，Siri 被利用的频率低并非其体验不好，而是使用环境有限，很少会有人在大庭广众之下用语音控制的方式拨电话或者听短信。而将使用环境放在车内，Siri 的前景似乎变得更明朗一些，车内的私人空间足以让人敞开使用。不足之处是，在利用 Siri 开启"信息"功能时，过程会变得相当繁琐，如一个完整的发短信流程："Siri 通知收到短信——询问是否读出——确认读出——询问是否回复——确认回复——念出回复——询问是否发送——确认发送——Siri 确认"，这 9 个步骤里面有 3 个确认环节，对行车安全并非是好事。可是，如果 Siri 可以支持类似于微信的语音短信，不用转换成文字信息发送，那这个体验就会更加完美了。

当然，由于苹果没有实现车载主机软硬件控制，Carplay 在不同车型上的体验效果也是不一样的。目前，奔驰、法拉利和沃尔沃都发布了相关视频展示实际使用，其中奔驰 CClass 上的展示全部使用中控旋钮来实现操作，并非触摸控制，几乎没有任何的效率。沃尔沃是一段模拟的视频，实现了全触摸操作，而且超出 Carplay 界面的部分，沃尔沃还整合自己的车内控制系统，如空调温度控制。

相比之下，法拉利对 Carplay 的整合更加深度，除了实现触摸控制外，可以通过中控"AppleCarplay"实体按键，直接点击实体按钮进入界面，同时 Navi 导航实体按钮也可以直接启动 Carplay 中导航功能。可是法拉利的展示视频显示出一个颇为严重的问题，那就是触摸屏上只有点击功能，没有实现 iOS 上习以为常的手势功能，甚至连滑动手势也没有，现在不清楚是 Carplay 不支持还是法拉利的车载系统不支持。

毫无疑问，如果苹果发布的 Carplay 和 Tesla 的车载系统相比，Carplay 的使用便利性、操控性都远远落后于实现了整车软硬件整合的 Tesla，两者也完全不在一个级别上。

其实，我们或许更应该把苹果看作是一个汽车后装市场的竞争者。苹果显然并不在意深度整合车载主机的功能，而只是希望满足驾驶者在驾驶过程中与外界的沟通、交互体验，这些功能都不需要接入汽车本身。事实上，苹果现在只是给出了一个软件级的解决方案，但并不意味着苹果没有系统级的解决方案——如果把 iPad 嵌入汽车不就是一个系统级的解决方式吗？

苹果的竞争对手并非那些车企自己的车载系统，因为那些系统难以和 iOS 的体验相比，苹果需要的是驾驶者的使用意识，教会消费者如何在车内更好地使用iOS。只要这个意识播种成功，苹果完全有可能单独设计一种外接设备外挂在车内，让驾驶者在车内的沟通交互全部转换到新设备上，而汽车本身的车载主机只用于显示汽车的信息。

目前，市场上有很多车型的中控屏幕上有双屏设计，一个显示行车信息，另一个作为车载娱乐系统。这就给苹果提供了机会，行车电脑那个屏幕可以满足驾驶者对车辆信息的关注，而另一个屏幕为什么不能由苹果自己的设备取代呢？对比成本，消费者买一套带导航的原厂车载主机可能要多花近万元，而一个功能更加强大的 iPad 只要 4000 元，一旦苹果专属定制车载系统，价格可能还会更低，这无疑是对车企的沉重打击。

此外，苹果利用 Carplay 切入车内，对整个车载后装市场也会有不小的影响，但同样也是一个启发。后装市场的开发者们如果能够更好地匹配苹果的 Carplay 功能，再加上对行驶信息本身的支持，相当于结合了各方的优点，

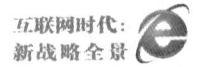

将更利于赢得消费者认可。

资料来源：深度剖析 Carplay：苹果如何冲击后市场？，车云网，Jackielxx，http://www.cheyun.com/content/news/2054.

近未来：奥迪将携苹果 CarPlay 开创智能汽车时代，巴士在线，http://iphone.tgbus.com/news/class/201406/20140630140301.shtml.

如何评价苹果公司和汽车厂商联合发布的 CarPlay？，知乎，http://www.zhihu.com/question/22916844.

（六）全球化因素

互联网对全球化的影响仅仅从一个方面体现了技术对当今商业世界发挥的重要作用。技术既使得事情更为复杂，但同时又创造了更多新的机会。通讯、交通、信息及其他技术的快速变化带来了挑战。例如，台式计算机作为一个可靠的收入来源，不仅仅是对那些计算机制造企业而言，而且同样也是对那些制造键盘的公司和许多配件生产企业，如那些"放松手腕"类配件和那些伸手可得的、用于放置笔和 DVD 的小架子等的配件企业。但是，仅仅二十年左右的个人电脑的普及应用，顾客正在转向笔记本电脑模式，这需要不同的配件和不同的使用方式。任何一家服务于台式电脑用户的公司，现在不得不重新考虑其顾客的需求，更不必说，这些顾客不仅在办公室工作，而且现在有可能正在机场或当地星巴克咖啡店里完成他们的工作。为什么因特网对商业来说如此重要呢？

（1）它实现了许多商业功能：它是一个市场，一种制造商品或提供服务的方式、一个分销渠道、一个信息服务中心等。

（2）它降低了成本。

（3）它加速了全球化。管理者可以关注和了解地球另一边的竞争者、供应商和顾客在做什么。

（4）它提供了一个信息渠道，使得用于做决策的信息更加充足，并提高了做决策的效率。

（5）它使新产品设计更加便利，如新药品、新的金融服务等。

这些优势不仅仅创造了生意机会，同时也形成了威胁，如竞争对手向最新研制的成果进行投资。起初，互联网技术使大批人为之倾倒，因为似乎它能提供无限的经济回报。而如今，投资者和创业者都清楚地明白并不是每一个生意点子都会大赚，但是许多营利性的线上生意已经成为我们日常生活的一部分。仅仅在几年前，上网订购飞机票、分享照片都是不常见的。一些成功的网络神话，如亚马逊公司（Amazon）、巨兽公司（Monster）和谷歌公司（Google）都是纯粹靠互联网崛起的事业。还有其他的公司，包括邦诺公司（Barnes&Noble）和欧迪办公公司（OfficeDepot）已经在现有的经营战略中打算并入网络渠道。

虽然所有的管理者都需要关注全球环境，但全球化因素（Global Segment）的重要性也取决于组织大小和业务范畴。当总销售额中的国际销售份额在增加，全球环境就变得很重要了。举例来说，可口可乐公司70%的销售收入来自200多个国家的国际销售；因此，全球环境对公司的绩效来说至关重要。在多个国家运营的跨国公司的管理者，需要将公司的运作放到一个几乎无边界的企业中去。当沃尔玛成为国际化公司之后，它对于一般环境中的全球化因素变得很敏感。

互联网带来的影响已经不仅仅限于整个商业的层次，每一个雇员和他们的管理者都能深刻地感受到。例如，全球化延长了一些人的工作时间，精密的高科技小器件使得工作可以在任何时间、任何地点进行。这些事情在带来便捷的同时也成为一种潜在的压力来源。现在人们可以用移动电话、个人数字助理（PDA）、智能手机（前述两者的结合体）和笔记本电脑的无线网来接入互联网。无线保真技术（Wi-Fi）使得在商店、饭店、宾馆、机场和图书馆都可以进行联网。而各种软件使用户可以下载和浏览文件，并在各种手机和PDA之间进行传输。

但是互联网也不是绝对地缩短物理距离，用户也发现，有的时候它替代了原来与家人面对面的交流。许多在北京金融街或者香港IFC工作的金融精英将他们的手机看作一个"移动办公室"，认为它是用来获取和分享信息的非常有用的工具。虽然用户可以决定何时关掉这台设备，但短信、微信、邮件等APP已经严重地扰乱了私人时间。手机已经从助手转变成了干扰源。因此，有效地使用新技术比学习新技能更加重要，而决定什么时候、哪些方面应用这些技术以获得效益最大化是需要我们深思熟虑的。

战略聚焦：

知识密集流动加速推进经济全球化

从重商主义和殖民主义时代，到古代著名的丝绸之路，到18世纪和19世纪席卷欧美的工业革命，再到近来新兴经济体的崛起，全球化流动是贯穿

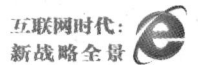

其中的一条主线。但是，今天的跨境流动之网在范围和复杂性上呈爆炸性增长，并由全球日益繁荣、互联网和数字技术日益普及这两支重要力量所推动。例如，到2025年，全球消费阶层新增的18亿人几乎全部来自新兴经济体，新兴市场的消费者支出将由当前每年12万亿美元增至30万亿美元。

（一）全球化流动有力促进经济增长

许多人对与全球化流动相伴随的风险和成本心存疑虑。易波动的资金流会严重破坏经济增长，一些本地就业会在全球供应链重组中消失。但是，麦肯锡的分析证实，货物、服务、金融、人员、数据和通信的全球化流动与经济增长呈正相关关系。

麦肯锡分析，到2025年，如果数字技术普及和新兴经济体日渐繁荣的趋势延续下去，货物、服务和金融的全球流动额将从2012年的26万亿美元增至54万亿~85万亿美元，占全球GDP比重将由36%升至38%~49%。全球化流动每年可为全球GDP增长贡献2500亿~4500亿美元，将占全球增长的15%~25%。全球互联互通水平最高国家的受益水平将比最低国家高出40%。

知识密集型货物和服务流动包括研发含量高或使用高技能劳动力的商品及活动，它有助于交易方之间传输信息、思想或专业知识。过去，全球化流动主要是来自低成本制造业国家的劳动密集型流动和来自资源型国家的商品密集型流动。现在，知识密集型流动占据了半壁江山，且比例不断上升。

2012年，知识密集型货物和服务流动额达到12.6万亿美元，相当于中国和德国GDP的总和。知识密集型全球化流动的增长快于资本、劳动和资源密集型全球化流动的增长。数据显示，知识密集型货物贸易（如医药和半导体）的增速是劳动密集型货物贸易（如纺织品和玩具）增速的1.3倍。

目前，发达经济体约占全球知识密集型流动额的2/3。过去10年来，其知识密集型流动占GDP比例的增长快于新兴经济体，这反映出发达经济体拥有更多的高技能劳动力、更发达的创新平台、更深入的技术联系。尽管发达经济体在全球知识密集型流动中占优，但中国已居全球第二位。新兴经济体要想在知识密集型流动中占领更多份额，还需要更大的努力，培养熟练劳动力，建立鼓励私营部门创新的体制，改善互联网基础设施。

（二）数字化改变各类流动，并扩大小业者的参与机遇

数字技术的兴起推动了数据和通信流动，也促进并改变了货物、服务、金融和人员的流动。2005~2012 年，跨境互联网通信增长 18 倍；2012 年，全球互联网用户达到 27 亿人。

数字化从三个方面改变全球化流动格局。一是将实体流变为数字流，使获取、交通运输和边际生产成本降低。电子书和数字新闻娱乐方面的跨境贸易不断上升就是突出的例子。在某些制造业行业，3D 打印能把实体产品交付方式转变为在线传输，能在消费端生产产品的数字文件。数字技术还把某些实体的人流变为虚拟流，电子邮件、虚拟合作和文件共享工具增加了这样的可能性。二是通过"电子包装"提高实体流的管理效能和价值。比如，实体运输的电子追踪技术可以减少运输过程中的货物损失，提高货物贸易效率，促进跨境电子贸易。三是为生产和跨境交易便利化创建网络平台。例如，eBay 商家 90% 以上出口其他国家，而传统小企业的出口比例平均不到 25%。网络平台能够使中小企业，甚至个人也能成为微型跨国公司。Kickstarter 等众筹平台能够使个人跨境筹集资金。

（三）政府和企业要巧妙把握全球化流动的新机遇

上一轮全球化的特征是寻找低成本劳动力和原材料，而新一轮全球化的特征是知识密集型流动在跨境活动中日益充满活力、日益重要。同时，数字化正在深刻改变全球化流动的内容和方式，为中小企业和个人开启新机遇。随着供应链更加全球化，新兴经济体迈向世界经济的中心，全球化流动之网正在重绘。

为把握经济发展机遇，地区、国家、城市、企业和个人要积极参与全球化流动。发达和新兴经济体的政府领导者都面临一些迫切问题，要确定本国经济发展阶段和比较优势，思索本国如何参与全球化流动，如何培育适宜的商业环境、基础设施和人才，应制定哪些贸易、投资和移民政策，以适应并利用国际化流动所呈现的知识密集化和数字化的发展趋势。

在新的全球化流动格局下，企业家应充分重视新兴市场，必须早做海外扩张计划，对不同市场采用不同商业模式，了解并关注新竞争者，培养全球化企业的管理人才，应对日益互联互通的全球经济所可能面临的冲击和多

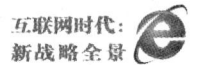

变。要充分挖掘数字技术带来的新机遇,如大数据和分析方法等,创建支持新型商业模式的数字平台等。那些关注全球供应链的企业家现在更要重视价值,关注全球化流动使价值链发生的变化。

总之,全球化流动日益扩大深化,为政府和企业推动发展和创新创造了许多新机遇,也为创业者和个人更多地参与全球化流动开启了大门。各行各业的企业将面临来自国内外新型竞争者的新一轮竞争。政府和企业领导者必须挖掘全球化流动的正能量,以提高生活水平,共享繁荣,并降低风险。在新一轮全球化浪潮中,不管是国家、企业还是个人,落伍的代价正在上升。

资料来源:http://www.studytimes.cn/shtml/xxsb/20140818/6073.shtml.

(七)自然因素

自然因素(Physical Environmental Segment)是指自然环境的潜在变化和实际变化,以及应对这些变化的积极商业实践。为了维护世界环境可持续发展的趋势,企业认识到生态系统、社会和经济体系之间的相互影响。

企业确定自然因素的趋势时应该考虑到自然环境具有多重属性。有人主张,为了预测自然因素对整个社会以及企业运营的可能影响,各个国家和各企业应仔细研究全球变暖的趋势。能源消耗是国家与企业所关心的另一个环境问题。例如,国家政策对于混合动力、新能源汽车的研发设计、市场推广的支持。

由于人们更加关注环境的可持续发展,许多企业正在制定环境友好政策。

"可持续发展"这个概念,虽然提出的时间尚不到30年,但是一直以来都引发着人类对于全球环境、社会与经济发展问题的激烈争论。中国的可持续发展现状,相对于世界范围内的复杂状况来说,则更为严峻。中国花了30年的时间,在经济发展过程中快速爆发,完成了发达国家长达百年完成的任务。虽然中国的GDP以世界瞩目的高速度在增长,但是粗放型的开发和疏于管理,使得中国付出了惨痛的代价:在近两年来的新闻中,关于水土污染、食品安全、员工健康等方面的丑闻接连曝光,这反映了目前隐藏在世界第二大经济体繁荣背后的环境问题。与此同时,中国仍旧没有步出漫长的经济转型时期,以牺牲了环境为代价而进行的发展,得到的教训可能比经济增长带来的好处还要多。

在企业层面,一直以来都秉承着"企业存在的逻辑就是要追逐利润最大化"

这样的逻辑，如何能够引导企业把"利润"变成"利益"，并把传统的经济利益划分到一个更大的利益范畴之内，这需要充分的理论支持和广泛的实践经验。要想实现"可持续"发展，既不能以牺牲日常生产的资源为代价，又要为环境亲和、人文关怀等行为付出更多的资源。

分析总体环境的关键目的就是识别外部因素中的预期变化和趋势。关注未来，总体环境的分析能够让企业识别机会和威胁。这样看来，拥有一支具备有效分析环境因素所需的经验、知识和敏感度的高层管理团队是非常必要的。同样，对行业环境和竞争对手的理解，对于企业的未来经营也是非常关键的。下面将对此进行详细的阐述。

第二节 互联网时代的行业环境和竞争环境

行业（Industry）是由一系列生产几乎可以相互替代的产品的企业组成。在竞争过程中，这些企业相互影响。一般来说，每个行业内都会有很多种竞争战略组合，企业运用这些战略以获得竞争优势和超额利润。这些政策之所以被采纳，很大程度上是由行业的特征所决定的。

"五力模型"（Five Forces Mode）是由迈克尔·波特（Michael Porter）于20世纪80年代初提出，对公司战略制定产生过深远的影响，很多公司至今还在沿用"五力模型"制定战略规划。"五力模型"也许是用于分析一个公司的行业和竞争环境最著名的模型——用来解释为什么同一行业中的有些企业比其他企业利润更高。总体来说，该模型的有效性在研究中得以验证。五力中的其中三个（竞争者、新进入者和替代品的本质）指的是竞争者，另外两个分别是顾客和供应商。

然而，"五力模型"的理论是建立在以下三个假定基础之上的：

（1）制定战略者可以了解整个行业的信息，显然现实中是难以做到的。

（2）同行业之间只有竞争关系，没有合作关系。但现实中企业之间存在多种合作关系，不一定是你死我活的竞争关系。

（3）行业的规模是固定的，因此，只有通过夺取对手的份额来占有更多的资源和市场。但现实中企业之间往往不是通过吃掉对手，而是与对手共同做大行业

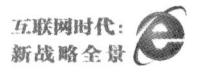

的"蛋糕"来获取更大的资源和市场。同时，市场可以通过不断的开发和创新来增大容量。

从本质上说，"五力模型"的出发点是基于竞争对手制定的分析策略，是在封闭系统思考战略。而互联网下的企业基于客户体验，是一个开放的生态系统。最典型的生态系统就是马云的阿里巴巴集团。阿里巴巴现在有三大集团：一是阿里巴巴电子商务集团，二是阿里巴巴小微金融服务集团，三是菜鸟网络。马云的想法就是信息流、资金流和物流，铁三角的布局，形成一套生态链。不是去建立一个又大又强的企业，而是建立一个平台——一个快速配置资源的框架，这个平台上可能会有很多"小企业"，也就是自主经营体，每个自主经营体和其他组织联合，变成一个利益共同体。五种力量再也不是相互独立指向目标企业，而是与目标企业一起，形成平台，驱动发展。

关于行业因素的介绍如图 3-6 所示。

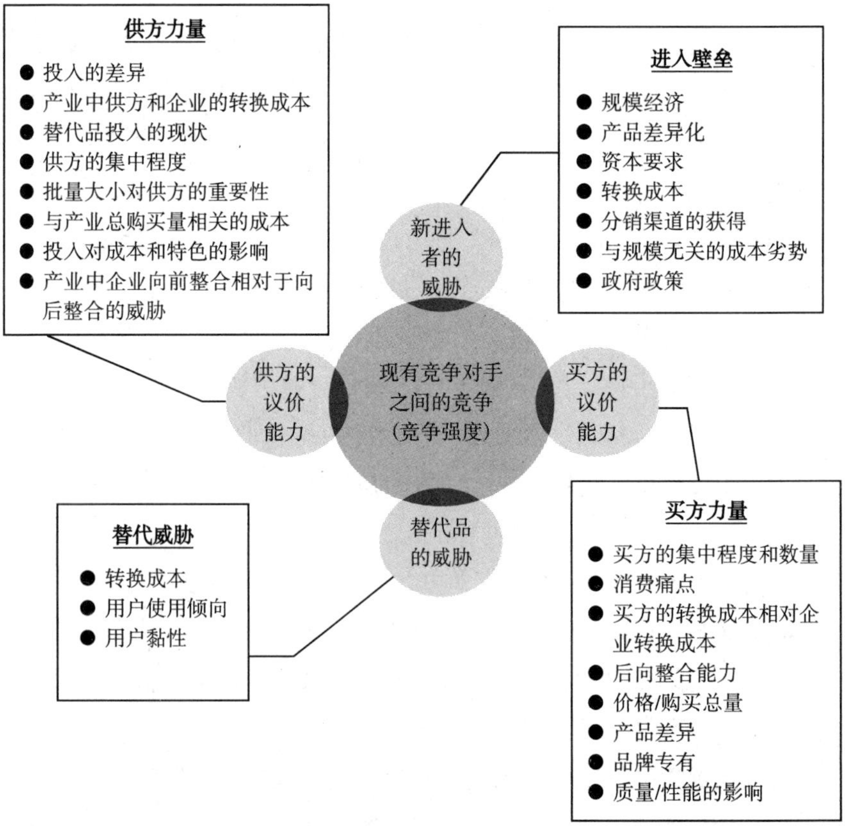

供方力量
- 投入的差异
- 产业中供方和企业的转换成本
- 替代品投入的现状
- 供方的集中程度
- 批量大小对供方的重要性
- 与产业总购买量相关的成本
- 投入对成本和特色的影响
- 产业中企业向前整合相对于向后整合的威胁

进入壁垒
- 规模经济
- 产品差异化
- 资本要求
- 转换成本
- 分销渠道的获得
- 与规模无关的成本劣势
- 政府政策

替代威胁
- 转换成本
- 用户使用倾向
- 用户黏性

买方力量
- 买方的集中程度和数量
- 消费痛点
- 买方的转换成本相对企业转换成本
- 后向整合能力
- 价格/购买总量
- 产品差异
- 品牌专有
- 质量/性能的影响

中心：供方的议价能力 — 新进入者的威胁 — 现有竞争对手之间的竞争（竞争强度）— 买方的议价能力 — 替代品的威胁

图 3-6 行业因素

1. 供应商的议价能力

供方主要通过其提高投入要素价格与降低单位价值质量的能力,来影响行业中现有企业的盈利能力与产品竞争力。互联网时代对于供应商和企业之间的关系起到了至关重要的影响。这其中最重要的就是电子商务的出现。体现在供应商和目标企业之间的电子商务一般是 B2B(Business-to-Business)商务。互联网降低了目标企业的比价成本,有了更丰富的可选项,强大的物联网网络也提供了点对点、门对门的快速服务。敦煌网(dhgate.com)这类的跨境贸易专业网站更是让供应商足不出户就能够找到世界范围内的买家。企业也不再会被供应商扼住咽喉,供应关系的议价权再次降低,因为对比的成本变小了。

技术的进步、社会的发展,推动了科技创新模式的嬗变。传统的以技术发展为导向、科研人员为主体、实验室为载体的科技创新活动正转向以用户为中心、以社会实践为舞台、以共同创新和开放创新为特点的用户参与的创新 2.0 模式。而以创客为代表的创新 2.0 模式,正是基于从个人通讯到个人计算,再到个人制造的社会技术发展脉络,试图构建以用户为中心的,面向应用的,融合从设计、制造到调试、分析及文档管理各个环节的用户创新制造环境。因此,供应商作为整个价值链的源头,参与到对产品、服务的价值创造环节中是尤为重要的。

2. 购买者的议价能力

组织存在大多数是为了服务顾客,因而,管理者会集中精力满足顾客需求。如本章前文所述,如果企业能够向顾客提供比其他竞争者更卓越的价值,他们就有竞争优势。从某种程度上来说,如果顾客相对较少,并且较为集中,他们就更有权力从供应商处要求更低的价格、定制化的产品或服务,或者更有吸引力的融资条件等。当顾客更有权力时,他们会吸收掉更多价值,企业就会处于弱势的议价地位,导致企业利益受损。当某一顾客购买掉了一个企业的大部分产出,这个顾客通常处于比供应商更有权力的议价地位,因为其购买量很大。管理者希望服务顾客、提供更卓越的价值,但不让他们有更高的权力。这种在企业和顾客之间的平衡力量会影响企业的有效竞争和获取超额利润。购买者主要通过其压价与要求企业提供较高的产品或服务质量的能力,来影响行业中现有企业的盈利能力。电子商务是未来发展的趋势,各实体企业均把电子商务看作未来发展的重中之重,但 B2C 电子商务行业规模还不大,对大型的供应商的议价能力还很低,特别是生产型企业也在逐步涉及电商行业,开始组建自营的电子商务部门,如果实体企业能够探索出适合自身发展的模式,其对平台类的电商公司的依赖程度就会大大降低,这时 B2C 电子商务公司的议价能力就会很低;而对中小型的企业来讲,自营的电子商务模式运营成本较高,从成本收益角度讲,利用第三方的平台更加有利,所以这些企业对纯粹的电商企业的依赖程度要高一些,这也是它们与行业内大型厂商竞争的一种方式,B2C 企业的议价能力主要是对中小型的企业比较有效。

并且,在互联网时代,需要严格区分的是:买方并不等于用户。过去,企业产品和服务的使用者会直接为这个产品或服务的价值埋单,所以企业关注的是在什么地方卖了多少产品。在互联网时代,这种算法已经失去效果。只是购买不等于用户,因为没有交互;用户也未必一定会直接付费,因为还有后项的收费模式。过去认为回款是销售的结束,现在回款应该是销售的开始。过去用户只是购买者,现在用户一定要变成参与者。互联网把传统行业改变了:传统行业的部门之间、企业之间都是串联的,现在要把传统行业变成一个并联的平台。

顾客购买一个组织提供的产品和服务。没有顾客,公司不能生存。在你购买麦当劳(McDonald)的汉堡或 Aeropostale 的牛仔裤时,你就是最终的顾客。中间顾客购买原材料或是中间商的产品,然后将它们卖给最终顾客,正如索尼从 IBM 和冶天购买部件并将它们用来生产 PS3 控制台。中间顾客的类型包括零售商,从批发商或制造代表手中买进产品并将它们销售给顾客。事实上,中间消费者比最终个人消费者购买力更强。

顾客不仅仅为商品和服务提供资金。他们能够要求较低的价格、较高的质量、独一无二的产品特殊性,或者是更好的服务。他们彼此之间也会成为竞争者,如当一个汽车购买者挑选不同的产品并且商讨最佳的价格。通常,如今的客户希望能够主动地参加产品的活动,就像 Wii 使用者在游戏中使用一个自己形象的卡通版头像。戴尔(Dell)公司进一步采纳顾客的意见,询问顾客希望本公司接下来开发什么产品。在戴尔的头脑风暴网站(http://www.dellideastorm.com),访问者可以提出自己对于下一代计算机的建议并且为他们最喜欢的想法投票。

互联网进一步授权给它的顾客。那是一种简单的信息来源——有关于产品的特色和价格。此外,如今的网络使用者创造并且分享信息,最好的情形是提供了一个免费的称赞广告,而最坏的情况是带来了窘境甚至是极差的负面社会声誉。例如,支持某一种产品的热情的游戏者会将自制的伴有音乐背景的"商业广告"发布到 YouTube 上,就像逐点地比较竞争品牌。模仿索尼的宣称它的 PS3 很畅销，Wii 的游戏者积极前往商店并发现库存产品已经上架了。YouTube 上的一组视频甚至描述了一个非正式的"品牌"——Wii60，以 PS3 的价格能够同时购买到一个 Wii 和 Xbox。如今的公司可能很难识别这些非官方的信息，也无法放之不管。

正如我们在第一章探讨的，客户服务是第一时间向客户提供他们想要或需要的东西，以及他们需要产品和服务的方式。这通常需要速度和能够运输其产品的可信性。提供优质客户服务的行为和态度包括以下几点：①填充和传递普通订单的能力；②满足紧急需求的意愿；③较好地运输产品；④敏捷地收回有缺陷的产品并且迅速地补货；⑤建立和维修服务及部件的能力；⑥服务费（比如，服务是免费的还是单独计价的）。

如果你是一个公司的最大客户并且能从其他厂家购买到产品，则你有支配那个公司的力量，并且能够成功与其洽谈。公司最大的客户，特别是能够从其他厂家购买到产品的顾客，将会拥有最大的商洽力量。

3. 新进入者的威胁

鉴别新的进入者对企业来说非常重要，因为它们可能威胁到现有竞争者的市场份额。新进入者带来威胁的原因之一是，它们增加了行业的总产能。除非产品和服务的需求增长，否则额外的产能必然降低消费者的成本，从而导致目标企业的收入和回报下降。而且，新进入者通常对占领更大的市场份额具有无比的兴趣和热情。因此，新的竞争对手可能迫使现有企业提高效率，学习如何在新的领域，如互联网的新型商业模式，展开竞争。

竞争性进入威胁的严重程度取决于两方面的因素，这就是进入新领域的障碍大小与预期现有企业对于进入者的反应情况。前者被称为进入壁垒（Enter Barriers）。进入壁垒使新的企业很难进入某一行业，而且就算它们能够进入，也会处于不利的竞争地位。这样，高进入壁垒增加了行业内现有竞争者的利润，也可能使为数不多的企业形成对整个行业的控制。因此，为了阻止潜在竞争者的进入，业内成功的企业希望维持高进入壁垒。进入和退出壁垒与盈利关系见图 3-7。

进入壁垒可以通过以下几种方式建立：①规模经济——源于企业规模增长过程中通过经验积累导致的效率不断提升，这让新进入者很难过，如果进入时规模很小，就会处于不利的成本地位；相反如果进入规模较大，又会承担巨大的成本压力和风险。②产品差异化——这种认知可能来自企业对顾客的服务、成功的广告或是第一个提供某种产品或服务的行为。③资本要求——即使新行业非常有吸

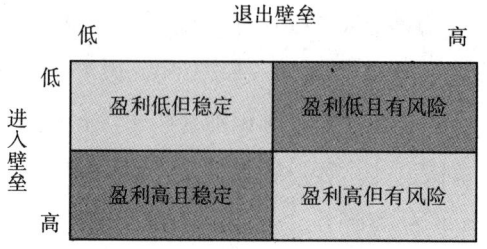

图 3-7 进入和退出壁垒与盈利关系

引力,如果一开始需要大量的资本投入,企业可能会十分困难以至于放弃。④转换成本——指由于顾客转向新的企业所引起的一次性成本的发生,如果很高,新进入者要么提供足够低的价格,要么提供足够好的产品来吸引购买者。⑤分销渠道的获得——对于分销渠道的占有是有一定的惯性的,随着时间的推移,行业中的参与者都会发展出有效的分销产品的方式,并细心培育分销商关系,这对新进入者来说,需要投入大量成本。⑥与规模无关的成本劣势——有的时候,现有的竞争者可能具有新进入者无法仿效的成本优势,如独有的产品技术、独占原材料来源、地理位置优势以及政府资助等。⑦政府政策——政府可能通过执照和许可证要求对企业进入特定行业进行控制。硅谷精英的回迁使得中国互联网在 20 世纪的最后十年中迎来了第一次飞跃,而世界经济中互联网泡沫的破灭似乎并没有阻挡这个行业在十年之后卷土重来,反而以摧枯拉朽之势席卷各个行业,引起商业领域的巨大变化。从最开始的雨后春笋般的粗放型增长,到行业多轮"洗牌",再到现在形成了以寡头巨头为核心,数以百万计的中小企业交织围绕的"放射网状"的行业形态。

4. 替代品的威胁

除了直接竞争的产品,其他的产品也会通过替代或补充而影响公司的绩效。两个处于同行业或不同行业中的企业,可能会由于所生产的产品是互为替代品,从而在它们之间产生相互竞争行为,这种源自替代品的竞争会以各种形式影响行业中现有企业的竞争战略。

替代品是一种潜在的威胁;顾客会把它作为一种选择,少买一种产品而多买一些另一种产品。例如,咖啡的替代品可能是茶、可乐或者水,替代电影的是从 Blockbuster 和 Netflix 租来的 DVD。技术进步和经济的有效性是公司发展已存在产品的替代品的途径。视频游戏系统的引进是对电视的替代,使得很大一部分年轻人远离了电视。最近，类似 YouTube 和 MySpace 的网络产品又使视频游戏者远离了电视而寻求在线的相互交流。这个例子表明替代产品和服务会限制另一个产业的潜在收入。那些产业的公司除非改进质量或采取强有力的市场活动，否则会遭遇增长和收入的问题。任天堂 Wii 游戏机成功的部分原因是它所提供的游戏，如 WiiSports，诱使了那些想与游戏进行交流的人们。此外，就像人们将希望展示在网络上的形象写成自述一般，Wii 系统会让人们创造具体化的头像——这被称为 Miis——在各种游戏中代表他本人。

除了现有的替代品，公司还需考虑可能在将来出现的潜在的替代品。例如，化石燃料可能的替代品包括核子融合、太阳能和风能。每一种技术都有很多优势，然而每种都面对经济和技术的障碍。

除了识别和应对替代品之外，公司还得考虑其产品的补充产品。因为游戏控制台和视频游戏是互相补充的产品，控制台的制造商与开发商紧密工作在一起，提供他们开发商品所需的信息，以便能够将顾客吸引进入他们的游戏系统。PS3 的复杂性在这个领域为索尼带来了困扰。因为这个系统很复杂，设计一个 PS3 的游戏程序的成本比设计一个类似的微软的 Xbox 高 30%。这使得游戏开发商对于推广 PS3 很谨慎，导致游戏者更加慎重去考虑是否要购买这个新的控制台。在接下来的 1 月，前 20 名的畅销游戏中只有 2 个是 PS3 的游戏——"灭绝人类"（Resistance：FallofMan）和"疯狂美式橄榄球"（MaddenNFL07）。为了更好地与游戏产业合作，索尼为游戏开发商发行了设计工具。这种努力特别重要，因为类似电子艺术（Electronic Arts）的开发商，在 PS3 的销售量低于预期或 Wii 的销售量好于预期时，会很快地调节他们的销售计划。

拥有替代品的公司还需要关注能够改变竞争形势的新补充品。当 Wii 流行时，一些程序设计者看到了向利基市场提供服务的机会：调整软件来提供个性化的头像。Wii 的游戏者可以使用任天堂的软件选择一系列的面部特征、身高和其他特征，但有些使用者想要更具个性化的头像或是模仿著名人物的角色。一家东京的公司建立了 Wii 站，使用者可以从一个多于 8000 个角色的数据库中选择和分享 Miis。任天堂将这种努力看作侵权行径，但公司最初的反应是将 Mii 相关的业务看作是无害的。

在开放的互联网情境下，替代品，无论同质性的还是异质性的，都越来越多，人们的可选择项越来越多，且比较成本成指数下降：举例来说，对于晚上下

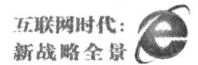

班后这段时间的消磨,在有一定的消费预算前提下,既可以选择上团购网站挑选吃喝玩乐之处,也可以选择大众点评这样的平台来选择心仪之地;吃完晚饭之后,既可以去 LIVEHOUSE,也可以玩桌游密室,又可以看电影。这些需求都可以通过互联网进行导流,年轻人也乐意将夜生活的安排交由手机的各种客户端进行预约、计划和购买;但是如何让顾客将最终的消费放到自己的企业范围之内,这是每一个互联网企业、天生互联网化企业乃至最重要的、亟待互联网化的传统企业需要思考的重大问题。这就是为什么近期掀起了一波又一波的 O2O 模式浪潮。

甚至,意想不到的替代品可能成为终极杀手——因为它们能改变用户的习惯!在苹果推出全触摸控制模式之后的短短两年之内,风靡了全球十几年的全键盘手机很快就从市场上消失了,这颠覆了诺基亚、摩托罗拉、索爱等一系列手机大佬的市场份额,改写了整个时代;DOTA、英雄联盟等游戏出现之后,MOBA 游戏迅速取代 MMORPG 游戏在市场上的大佬地位,甚至撼动了暴雪、世嘉、EA 等一系列老牌游戏公司伫立多年的市场地位。

5. 同业竞争者的竞争程度

在各种各样的竞争环境要素中,产业中的竞争者必须被首先处理。当组织为了相同的顾客而相互竞争并试图以牺牲他人来获得市场份额时,必须反映和预测竞争对手的行动。大部分行业中的企业,相互之间的利益都是紧密联系在一起的,作为企业整体战略一部分的各企业竞争战略,其目标都在于使得自己的企业获得相对于竞争对手的优势。理解相对于目标公司来说竞争者的力量是很重要的。如果竞争者更强,他们更可能采取从公司手上夺取市场份额的行动。因此,可能更需要关注竞争者回避的细分市场以建立公司的优势。在分析中,了解竞争者的弱点是很重要的。他们的弱点代表着可以被开发的机会。直接竞争对手的数量也为潜在对手的本质提供了一定信息。大型行业,如汽车制造业,常常有着不同的细分市场,并且对手的本质随着细分市场的不同而不同。举例来说,在汽车市场的微型轿车市场,竞争主要是基于价格。然而在豪华汽车市场,竞争主要是基于质量和差异化特性。安全、设计和舒适等主题就占据了梅赛德斯、雷克萨斯、宝马和英菲尼迪的广告。

因为一个行业内的企业是相互制约的,企业的行为通常会引发竞争反应。在许多行业,企业都会积极展开竞争。如果企业受到来自竞争者行动的挑战,或者认识到一个显著改善其市场地位的机会,对手间的竞争行为就会加剧。

同一行业中的企业很少完全相同，它们在资源和能力方面各有不同，并努力使自己与竞争者不同。通常，企业会在顾客认为有价值的方面努力使自己的产品与竞争者不同，并以此获得竞争优势。竞争一般都会基于价格、售后服务和创新等维度展开。

接下来，我们将分别讨论经过经验证明、影响企业间竞争强度的最主要原因。

1. 大量或均衡的竞争对手

有很多公司参与的竞争通常很激烈。如果有众多的竞争对手，总会有人设想是否可以采取行动而不致引发竞争者的反应。然而，有证据表明，其他企业通常都能注意到竞争的举动，并且通常会做出反应。在另一个极端，一个行业如果只有少数几个规模和力量相当的企业，竞争也会非常激烈。这些企业拥有大量且规模类似的资源基础，允许企业采取强有力的竞争行动和反应。空中客车和波音公司的竞争战是旗鼓相当的企业之间激烈竞争的典型例子，当它们采取联合航空公司的宽体客机订单时一定会激烈竞争。

2. 行业增长缓慢

当市场处于成长阶段时，企业会将资源尽量用在有效满足不断扩充的顾客基数上。在成长的市场中，企业很少会有从竞争对手那里争夺顾客的压力。但是，在不增长或者增长缓慢的市场，企业会投入战斗并试图吸引竞争对手的顾客来扩大自己的市场份额，这样竞争将会非常激烈。

一般来说，保护市场份额的战斗是非常残酷的。毫无疑问，航空业和快餐业就一直存在着这样的例子，麦当劳、温蒂和汉堡王都努力去赢得其他企业的顾客。竞争引起的市场不稳定使行业中所有企业的利润均有不同程度的下降。

3. 高额固定成本或库存成本

如果固定成本占了总成本的一大部分，企业就会想办法最大化地利用其生产能力，这样可以用更大的产出量来分摊成本。但是，当众多企业都试图将产能最大化时，整个行业将会出现产能过剩。为了减少库存，某些企业就开始降低产品价格，给顾客提供回扣或其他特别的折扣。然而，这种在汽车制造业中非常普遍的做法，经常引发激烈的竞争。行业的剩余产能引发企业激烈竞争的情形，经常可以在那些具有高库存成本的行业看到。例如，那些容易腐败的产品，其价值随时间的推移迅速降低。当库存增加时，生产者通常会使用灵活的定价策略，使其产品能够更快销售出去。

4. 缺少差异化或低转换成本

当购买者找到一个能够满足其需求的差异化产品之后，他会一直忠诚地购买同样的产品。行业中如果企业的产品能够成功地实现差异化，则行业内的对抗程度更低，导致企业间竞争程度也更低。能够开发并保持竞争者难以模仿的差异化产品的企业，往往容易赚取更高的利润。然而，当购买者认为产品的同质化严重（缺乏差异化特征和能力的产品）时，竞争程度就会很高。这时，购买者的购买决策主要基于价格，然后考虑服务。个人电脑越来越成为同质化产品，因此，戴尔、惠普和其他电脑生产商之间的竞争是非常激烈的，这些企业总会努力将其产品差异化（现在惠普把产品设计作为一种差异化方法）。

5. 高额战略利益

如果在某个行业获得成功对数家企业都非常关键，那么该行业竞争程度也会很高。举例来说，尽管三星采取了多元化经营策略，而且也在其他一些市场占有领先地位，但它始终将目标放在争当电子消费产品市场的领导者上，并且有着很好的表现。同样，这一市场对于索尼和其他主要竞争者，如日立、松下电子、NEC和三菱等，也非常重要。因此，这一市场的竞争非常激烈，在今后几年这样的局面仍会持续下去。

高额战略利益也可能存在于地理位置因素。比如，日本汽车制造商一心想要在美国汽车市场占有相当的位置，一个重要原因是，美国是世界上汽车和卡车最大的单一市场。由于美国市场对于日本和美国制造商的战略价值，美国企业和全球厂商之间的竞争变得非常激烈。由于汽车行业的产能过剩，完全有理由相信，在可预见的未来，全球汽车厂商之间的竞争一定会变得更加激烈。

6. 退出壁垒高

有时尽管一个行业投资回报很低甚至为负数，但企业仍然坚持参与竞争。这种情况是由于企业可能面临着很高的退出壁垒，包括各种经济的、战略的和情感的因素，导致企业仍决定留在该行业内，尽管这样做的盈利性存在很大的疑问。航空产业的退出成本尤其高，这些企业甚至要获得平均收益都比较困难，但是它们面对的是巨大的退出壁垒，如拥有的专有设备。产检的退出壁垒包括：

（1）专门化的资本（在有特点的产业或地区有价值的资产）。

（2）退出的固定成本（如劳动合同）。

（3）战略相关性（公司一种业务与其他业务之间相互存在的某种关系，如共享的设施、融资渠道等）。

（4）情感障碍（由于担心自己的前途、忠诚于员工等原因，不愿采取激烈的经济调整措施）。

（5）政府和社会约束（一般基于政府对失业和地区经济影响的关注；在美国以外的地区更为常见）。

在互联网时代，需要考虑的问题：谁是竞争者。有时这个问题的答案是显而易见的，但是在互联网时代有的时候是非常混淆的。视频游戏机市场的主要的竞争者是索尼（Sony）的 Play Station、微软（Microsoft）的 Xbox360 和任天堂的 Wii。但如果组织只关注传统的竞争对手，它们就会忽视即将出现的潜在对手。组织必须识别竞争对手，竞争对手可能包括很多类型的公司：

（1）中小公司。

（2）强势的地区竞争者。

（3）大而新的开拓新市场的国内公司。

（4）海外公司，特别是那些试图在小的利基市场巩固其地位的公司或是那些能够在大范围内找到廉价劳动力的公司。

新的进入者，如那些在网络上销售产品的公司，随着国家间贸易壁垒的消除，竞争的发展极其重要。

一旦识别了竞争者，下一个步骤就是分析如何与他们竞争。竞争者运用如降价、新产品推广和广告战役的战术来获得优势。在视频游戏的控制台的市场中，索尼曾经是行业的领头人并期待通过推出其有优势的 PS3 模型来维持它的主导地位，选择了以技术为基础的战略。这个 PS3 是个技术上的奇迹，通过一个账户，整合了"低端机的处理速度和网络服务器的冷却技术"（高端机是用来处理个人电脑问题的）。而不是使用已经存在的处理器，索尼利用供应商的专业技能开发了一个新的处理器和界面。这个系统产生了如此大的力量，使得工程组不得不引入一组特殊的设计师在不同的冷却设计下模仿空气流动，并指出如何安排箱子中的芯片以防止整个系统的熔毁。此外，索尼的工程师开发了一个高清晰显示器，通过图形将软件工程师如何精确地计算游戏活动的细节展示出来。如果游戏中有一些跳跃或中断，软件必须像现实生活中的物理原理一般来展示它的移动。这些进步产生了很多的乐趣和较高的成本。初步估计，制造一个最高级的 PS3 需要花费索尼 840 美元。

当你在提升战略时,了解竞争对手正在干什么是很重要的。当索尼推出它的 PS3 时,它不能索要足够高的价格来弥补成本,它最开始将价格定为 559 美元,但仍然高于其竞争对手。Xbox360,已经在市场中存续了一年,虽然不是很先进,但是一个只售 399 美元的可比产品。在与 PS3 最开始的竞争中,任天堂通过为 Wii 选择完全不同的战略,而赢得了令人惊讶的领先。没有以先进的图标和有优势的处理过程为基础而竞争,公司提供了一些新奇而简单的产品——用遥控器运动感应器来替代按钮和把手。Wii 控制台的成本仅为 249 美元。在产品的 11 月推广的前几个星期,PS3 和 Wii 都卖出了很多,但 PS3 的销售落后于预期的销售量,而 Wii 的销售超过了预期。截至 1 月底,Wii 成为了美国最畅销的游戏控制台,当月销售量为 436000 台;而 PS3 仅为第四名,销售量为 244000 台,不仅落后于 Xbox,而且也在其早期模型——PS2 的后面。当然,还需要几年的时间才能断定索尼实施通过技术领先来支配其竞争者的战略是否成功。

当出现许多直接的竞争者(包括外国的竞争者),产业增长减慢,产品和服务难以区分时竞争是最密集。新的、高增长的产业有很多盈利的机会。当一个产业成熟并且增长减慢,利润就会下降。密集的竞争导致产业的重新洗牌:较弱的公司被踢出局,较强的公司才能存活下来。

图 3-8 介绍了五种竞争力量决定行业的利润水平。

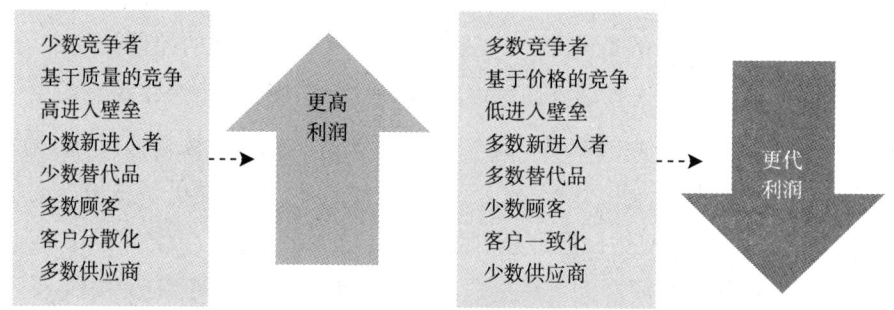

图 3-8 五种竞争力量决定了行业的利润水平

战略聚焦:

脸萌创始人郭列:好玩是我们的情怀

6月以来,一款叫脸萌的 APP 应用似乎一夜之间曝了出来,QQ、QQ 空间、微信朋友圈、微博、人人网等社交软件基本上被刷爆了屏。甚至连李开复等大佬也纷纷使用。迄今为止，这款应用牢牢地占领着 APP store 和小米、360 等安卓应用市场排行榜头把交椅，在它后面的是大名鼎鼎的美拍等应用。南七道第一时间联系了脸萌创始人郭列和他的小伙伴，与他们进行面对面的沟通，以下是根据郭列及其小伙伴们三个小时的口述语音整理而成，文字顺序有调整，标题和括号内的备注为南七道所加。

（一）我从不是个"听话"的人

我从来就不是一个"听话"的人，喜欢追求个性和与众不同，高中时崇尚古惑仔，因为那样很酷，那时一门心思地琢磨怎么当个合格的古惑仔，后来因为打架准备退学，关心我的班主任老师在操场上甚至哭着对我说：要不你再读一段时间试试吧。家里人对我也异常宽容，对我犯下的错误没有任何苛责，于是我奋发图强，开始努力，最终在半年后以优异成绩进入华中科技大学。

在大学里，没有约束，我基本上不上课，逃了大概 3/4 的课程，我有时间就会去参加一个协会，有中国人，有老外，相互学习语言。老外经常给我们说的是要做自己喜欢的事，而不是按部就班。在这里面，我认识一个很有意思的人，30 多岁的老外，没工作，按中国通常的标准就是个 loser，他遇到一个很喜欢的韩国女孩，连戒指都没买就结婚了，但他们很开心，这让我很震撼，原来人的生活可以这样过，而不是一定像别人那样买房、买车、当公务员。

于是我也开始寻找自己喜欢的事情，后来就参加一个创业比赛，这段经历让我很难忘，从自己孤身一人到组建了 12 个人的团队，在这个过程中，虽然经历了一些困难，但是我觉得很爽，挑战了很多看起来不可能的目标，让我认识到创业是我非常热爱的事情，最终我们拿下了全国的三等奖。我们华中是技术气息很浓厚的学校，张小龙就是我们的校友，再加上那时青年导师李开复不断给大家"洗脑"，说移动互联网爆发，大家要投身到这伟大的行业里去，所以我就下定决心要进入这个行业。

大学毕业后，我当时对比了下，觉得腾讯是产品做得最好的互联网公司，于是进入了腾讯，在电商部门任职，在腾讯里，工作很无聊，但是从马化腾、张小龙等人内部的分享上学到了很多关于产品的理念，这个对我影响特别大，基本上树立了我的产品观。如果说现在脸萌有什么好的产品观念，这个得益于腾讯的经历，这个说法绝对是妥妥的。

在公司里毕竟是一颗螺丝钉，发挥的空间有限，更多的是按照流程操作。我那时非常喜欢动漫，最爱的就是《海贼王》，看到激动的时候甚至会哭起来，特别向往自由的生活，寻找自己的小伙伴，后来觉得不行，感觉必须要出来做一番事情了，于是我在2013年1月从腾讯离职出来自己创业了，连年终奖都没要。和自己喜欢的事情比起来，这点钱算什么呢。

（二）我和我的小伙伴们

我们团队在早期创业时，我一个人是全职，其他的小伙伴们是兼职。他们是我在之前参加一个民间组织的创业活动时认识的，大家觉得志同道合，一见如故，所以决定一起做这件事情。

他们每周六、周日的时候来我家里一起做开发，平时的时候我一个人在家捣鼓，画UI，产品规划等，最让人难受的不是辛苦，而是寂寞，有时一个人从卧室走到客厅，望着空荡荡的房间，甚至会一个人自言自语。那时最高兴的就是每周一的《海贼王》的更新，看完立马会觉得能量满满的。那个时候经济压力很大，没有任何收入，我把积蓄花完后，把住房公积金也花掉了，还找家里借了2万元度日。那段时间除吃饭外没有任何消费，甚至有次回家时，爸爸看到我的样子眼泪立马下来了，说我看上去像乞丐一样。

但是我们一直坚持着，海贼王的精神也在鼓励着我们，最终我们把产品做出来了。但那个产品（微信表情说说）反响一般，后来又做了脸萌，在今年年初拿到了IDG的天使投资，于是小伙伴们都出来开始全职工作，效率大大提高。在这个时候，我们发现好的设计师特别重要，还有很棒的前端工程师，于是我们通过各种途径，找到了国内最棒的漫画家之一，他的加入让我们的设计水平上了几个台阶。还有一个是从360找来的开发工程师，他之前在360实习，大学没有毕业，在和他聊了之后，觉得他太适合我们了，于是花重金去聘请他加入。作为一个创业团队，我们开出的条件比腾讯等公司都高得多，我们不看工作年限，只看你有没有激情，能不能做这件事，这就够了。我们当时有个技术问题交给他，预计他15天做完，结果他熬夜第二天就做好了演示版本。

现在团队一共 9 个人，除了我和另外一个合伙人是 1988 年、1989 年出生，其他都是"90 后"，是产品技术设计人员，大多是名校毕业，有一名台湾人、一名香港人，没有营销，全靠产品带来的自然流量。我们的理念就是没有级别，极度扁平化，大家是伙伴，不是同事。大家在工作中各自分工，各抒己见，鼓励吐槽，我们每个人都有一个漫画的名字，我叫郭列路飞，还有流川枫等。动漫的精神激励着大家向前迈进。我们平时相处时都是彼此开玩笑，是非常亲密和 open 的，只要不触及公司底线就行。

(三) 我们做的是年轻人的产品

我们的第一款产品叫微信表情说说，是给一个动态表情配上语音，合成一个页面发给好友，但我们很快发现这款产品不够好玩，由于微信的限制，产品体验不够好，而且感觉这块儿也做不大。于是我们在 2013 年 8 月启动了脸萌项目，10 月，项目 1.0 版本基本上就完成了。我们当时想一定要做成精品再投放出去，我们请了周围的几十个好友来体验产品，最终又经过一个月时间的修改才投放出去，过了段时间，360 应用市场反馈说不错，慢慢地，小米、应用宝等应用市场都开始推荐了。

我们之所以做这个，有两个原因：一是我们超级热爱漫画，无比地热爱，漫画给我们带来了精神上的支撑和动力；二是我们充分了解我们要做什么：我们认真分析了同类产品，国外的同类产品可以做到千万级别，但不适合中国人，国内没有可以拿得出手的产品，大多粗糙。此外，所有类似的产品做着做着就开始加广告了，因为急于变现，大大降低了用户体验。我们在做这个产品时，就把产品发展想透了，我们只专注做产品，不加广告，以头像为切入点，做到千万级用户，然后向其他产品发散。现在的用户主要是来自手机 QQ、微信、贴吧、微博等，主要是偏"90 后"的年轻人群。之前小米有数据表明，20 岁左右的用户用得最多的就是头像类和考试类应用，由此可以看出这是个刚需。我们选择的是大公司看不上，但小公司又不愿意坚持做的事情，我们在一件简单的事情上花了足够多的精力和时间，所以才会引起由量变到质变的过程。

iOS 是从 2013 年 7 月开始做，Android 是从 2013 年 8 月开始做，大概

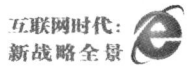

2013年11月底才开始上线,后面逐步迭代,前面经过好几个月的数据总量超过百万,其实我们的产品在今年年初的时候也有个小的波峰,但是没有这么大的量级,所以没有引起人的注意。真正引起量变的是5~6月,数据开始增长得比较快了,进入6月就开始冲刺了,一天就冲破了上百万用户,最高是昨天创下近600万的新纪录,现在还在增长中。当然,我们还在不断地拓展产品,继续细化产品,如后期用户表达伤心的心情时,我们会给他哭泣的表情;如恶搞朋友,我们会给他提供捡肥皂或者暴菊的漫画。

(四) 好玩就是我们的情怀

很多人纷纷评论说我们是走狗屎运,中了大彩,说我们火不了太久。这些人仅仅是看到了我们的火爆,却没有冷静地研究我们的产品,我们团队对细节的追求,我们如何把一个冷冰冰的APP变得更有情感,更加有趣、有爱,要知道,好玩儿就是我们的追求和情怀。

好玩儿的前提是必须好用。

一个软件,如果连使用都不流畅,则根本谈不上好玩儿,所以为了提高产品体验,我们做了大量幕后的工作:

(1) 技术优化:我们为解决内存耗用过大等问题,重金挖来SVG专业人士(注:SVG即可缩放矢量图形,是基于可扩展标记语言,用于描述二维矢量图形的一种图形格式有很多优点,如SVG,与JPEG和GIF图像相比,SVG尺寸更小,且可压缩性更强等)从事开发,减少用户等待时间和使用成本,提高产品体验。

(2) 设计优化:在我们的主设计师加入后,为了产品的体验更好,他主导把所有的素材全部重新画了一遍,这个工作量非常大,但是做得很精细,包括发尖的处理,光是眼睛就分为单眼皮、双眼皮、丹凤眼等,同时根据中国人的特点加入写实元素,略微降低动漫的元素等。

(3) 不做弹窗:在我们产品升级时不做任何弹窗,防止打断和骚扰用户,影响使用。

(4) 去掉水印:我们之前在生成头像上加上了我们的水印,利于品牌推广,后来发现很多用户会截图去掉水印,截图时往往会把头发也截掉了,所以我们后来干脆去掉了水印,我们对自己的产品有信心。

（5）加入气泡：产品的微创新存在于纯粹的头像上，用户可以加入类似"no zuo no die"的文字，让头像更好玩儿。

（6）每周迭代：每四天保持一次迭代，加速产品的更新。

（五）最根本是了解用户、打动用户

我们团队基本是"90后"，我们了解用户的爱好，了解他们的兴趣，我们这代人都热爱漫画，不喜欢规规矩矩的东西，喜欢好玩、轻松、无厘头的东西，喜欢无节操的恶搞。我们甚至在新的版本里面加上了自黑一副头像，叫作"脸萌滚出盆友圈"，以调侃最近很多用户吐槽被刷屏的感觉。

我们"90后"拒绝千篇一律，不再唯唯诺诺、人云亦云，我们要的是自我表达，我们要的是勇敢做自己，我们要的是亮出自己，我们要的是个性鲜明，所有的这一切，都可以在我们脸萌里得到体现，甚至满足，在脸萌产品的使用过程中，用户得到了极大的参与感和成就感，他们觉得找到了归属。

我们的产品也迅速唤起了用户的认可和同理心，他们纷纷自发组织脸萌表情大赛、脸萌粉丝会，会主动帮我们在社交网站里回应那些恶意攻击的人，甚至对于我们的主设计师，很多女粉纷纷求他收留。

如果认真用了我们产品后，你会发现我们的产品始于头像，但不仅只是头像。从我们的数据看，现在不仅仅是让用户拼自己的头像，更多的是很多人拼了好友的头像后发给好友，让原本普通的头像带上社交的元素，融入关系链，大家一起互动，一起分享欢乐，这也是能够在短时间内形成病毒式传播的关键因素之一，只有好玩的东西才会被大家这么积极分享。

我们希望做一家伟大的公司，我们的情怀就是好玩儿，当年轻人看到我们时，不希望他们仅仅说我们是一家软件公司，而是一家好玩儿的、有价值的、年轻人喜欢的科技公司，这是我的梦想，也是我们团队的梦想。

（采访手记：在沟通时，郭列的电话几乎没停止响过，微信已经被刷爆了，投资的、采访的、合作的等，按照这个形势，下一轮投资肯定不是难事了，希望早点听到他们的好消息。我对"90后"创业团队接触得很少，印象也比较模糊。和脸萌团队接触的几个细节很有意思，如一起下楼，最前面的人会挡住推拉门或电梯门，让所有人都走了自己再走；我们在一个办公室采访时，开着门，但每次有人进来时都会先敲门；离开时所有人都很热情地握手,其中有个工程师说,实在对不起,我刚洗了手,有点湿。我们能够容忍雾霾和空气,为什么不多给点"90后"一些包容、帮助、空间和时间呢?)

资料来源:南七道. 虎嗅网 http://www.huxiu.com/article/35171/1.html, 2014-06-07 09:31:002014-06-07 09:31:00.

第三节 战略群组

战略群组(Strategic Group)是指某一行业内强调相似战略维度并采用相似战略的一组企业。战略群组内部企业之间的竞争比企业与群组外其他企业之间的竞争更为激烈。换言之,战略群组内部的竞争比群租之间的竞争要激烈。实际上,战略群组内企业业绩与群组之间的比较,明显有更多异质性。战略群组内的绩效领头企业能够在坚持与组内其他企业采取相似战略的同时,维持自身战略独特性以获取并维持竞争优势。

同一战略群组内的企业会有相似的战略要素,包括技术领先程度、产品质量标准、价格策略、分销渠道的选择以及客户服务等。因此,企业隶属于某个特定的战略群组,就决定了其企业战略的本质特征。

战略群组的概念对于分析行业竞争结构是非常有用的,这样的分析有助于判断竞争状况、定位以及行业内企业的盈利情况。高流动壁垒、高竞争性和企业的资源不足将限制战略群组的形成。然而,研究表明,战略群组一旦形成,在以后的一段时间内稳定性相对较高,使得对其分析更为容易,也更加有用。应用战略群组理解行业的竞争结构,要求企业在某些战略维度预先计划其竞争行动和竞争反应,包括定价策略、产品质量和分销渠道等。这类分析表明,根据特定企业如何利用相似的战略维度,可以明确企业间如何进行相似的竞争。

战略群组有以下几点含义:①由于同一战略群组内的企业向相似的顾客群销售相似的产品,它们之间的竞争会非常激烈。竞争越激烈,每个企业的利润受到的威胁就越大。②行业中五种竞争力量(新进入者带来的威胁、供应商的力量、买方的力量、替代产品,以及现有竞争者之间的竞争)的强度在不同的战略群组中各不相同。③战略群组之间采取的战略越接近,其生产竞争的可能性越大。

战略聚焦：

腾讯收购京东，一场蓄谋已久的"联姻"

3月10日消息，腾讯于今日将收购351678637股京东普通股，占京东上市前在外流通普通股的15%，成为其一个重要股东，"联姻"后，京东保持独立。

在交易中，腾讯和京东资产将进行整合，腾讯支付2.14亿美元现金，并将QQ网购、拍拍的电商和物流部门并入京东。而在现阶段，京东会持易迅少数股权，并且同时持有未来独家全部认购权，易迅将继续独立品牌运营。

除了资产外，腾讯将向京东提供微信和手机QQ客户端的一级入口位置及其他主要平台的支持，双方还将在在线支付服务方面进行合作。腾讯同时承诺不再进行若干电商业务。

在此次交易中，京东将向腾讯发行新股。交易完成伊始，腾讯将获得京东约15%的股份。未来，腾讯将在京东进行首次公开招股时，以招股价认购京东额外的5%股份，此认购预计与京东的首次公开招股同时完成。

据知情人透露，京东和腾讯双方高层最早接触于2013年1月华兴资本在香港举行的中国CEO年会上，之后刘强东远赴美国游学，此事搁置。2013年底，刘强东从美国回来后重启谈判。

（一）双方认购权利细节

在管理层方面，腾讯总裁刘炽平将进入京东董事会。腾讯在符合协议所载若干条件的前提下，根据股份认购协议持有至少80%的京东普通股，在京东首次公开发行完成后直到协议签署之日起三年内，腾讯有权向京东董事会提名一名董事。

协议限定，截至2015年6月30日，京东仍未能完成首次公开发行，腾讯首次公开发行认购的义务可能失效。

腾讯授予京东认购期权，京东可根据以下两个价格中较高的一个收购易迅保留权益：①人民币8亿元；②京东形式认购期权后易迅的公允市场标价。如果双方在京东送达形式认购期权的书面通知后10个营业日内未能就价格达成一致，则该公允市场价应由一家或多家获得国际认可的评估方根据

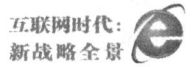

协议确定。

此次腾讯转让的资产还包括拍拍、QQ网购,该业务的员工、商业合同、知识产权、支招及许可也在转让资产范围内。

根据截至2013年9月30日,以及分别截至2012年及2011年12月31日的未经审计财务资料显示,此次腾讯转让的资产总价值超过人民币3.98亿元。根据2013年9月30日未经审计合并财报显示,上海易迅赴京资产价值总额为人民币6.22亿元。

出售完成时,预计腾讯综合损益表中确认未经审计税前收益约人民币19.34亿元。

美银美林和华兴资本在此交易中担任京东集团的财务顾问,世达国际律师事务所担任京东集团的境外法律顾问,中伦律师事务所担任京东集团的中国法律顾问。

巴克莱银行有限公司在此交易中担任腾讯的财务顾问,达维律师事务所担任腾讯的境外法律顾问,汉坤律师事务所担任腾讯的中国法律顾问。

(二)腾讯意在入口控制权

在公告中,腾讯承诺不从事若干电商业务,尤其将通过在微信、移动QQ上向京东提供一级接入点以及其他重要平台的支持,来促进京东在实物电商业务方面的发展。这就是双方看重的未来。

根据金额和交易业务来看,京东和腾讯双方都应该做了让步,而腾讯将眼光放在了微信这个入口上。

这意味着传统电商的依靠对象开始发生改变,在PC时代,以京东为代表的电商平台首先依靠的是百度,然后是各种广告联盟,但到了移动端,搜索带来的流量微乎其微(这或许是腾讯放弃搜索的根本原因)。

根据公告所言,在未来,腾讯会通过在微信、移动QQ上向京东提供一级接入点以及其他重要平台的支持而与京东合作。那就意味着京东PC端的流量来源被百度控制,而移动端则会被微信控制。

(三)京东压力大,需要靠山

对于入股,京东CEO刘强东表示:"通过此次与腾讯在移动端、流量、电商业务等方面的战略合作,京东将在互联网和移动端向更广泛的用户群体提供更高品质、更快乐的网购体验；同时迅速扩大我们自营和交易平台业务在移动互联网及互联网上的规模。"

仔细分析，京东业务前景方面最大的压力来自移动端，如果说上次腾讯入股大众点评是后者用股份买了微信的一个入口，那京东这次也有类似的地方。

根据协议，腾讯在微信等移动端产品为京东提供一个一级入口，结合支付上的合作，微信为京东在移动电商市场打开了一扇窗。

从2013年对微信的排斥到现在的引入，刘强东态度的大变化让"IPO路演受冷"一说显得更为合理。对于刘强东来说，电商业务费用率降低空间已经基本没有，招股说明书上实现的盈利更是依靠利息收入难以持续。

加上账期问题、持续不断的拖欠货款纠纷，京东在资金链条上的供应链金融压力依然较大。老刘需要一个靠山，而这次，他找到了。

(四) 腾讯下一个"出嫁"的会是谁？

在微信成长、开放平台走入佳境的时候，腾讯的并购模式开始向"联邦式"转型，不再追求全业务和控股，腾讯开始变得敢于拿出一些业务去"联姻"。在这次京东入股中，腾讯电商业务就是"嫁妆"。

包括2013年完成的搜狗搜搜事件，腾讯砍掉搜索业务，加上一部分现金换来了搜狗这个"护城河"。在大众点评入股案例中，腾讯实际上也放弃了自己投资的团购部分。

腾讯的联邦式收购慢慢成形，在保有自己核心业务，包括QQ、微信、安全和游戏的同时，将外部的、垂直的业务与外部盟友合作。

腾讯下一个"出嫁"的会是谁？每一个非核心业务都是有可能的，包括视频、内容、音乐、微博等。

资料来源：新浪科技专题，腾讯收购京东IPO前15%股份，2014-03-11. http://tech.sina.com.cn/z/qqjd/.

| 第四章 |

互联网时代的消费者行为分析

消费者行为的不同表现受诸多因素的影响,既有内在需求和欲望的驱使,也有外部环境的刺激。管理者必须详细分析影响消费者行为的有关因素,才能制定有效的战略。所谓"消费者行为"是指消费者为满足其个人或家庭生活需要而发生的购买商品的决策或行动。与企业面临的环境类似,影响消费者行为的主要因素有以下几个方面,见表4-1。

表4-1 消费者行为的影响因素

外部因素	文化因素:文化、亚文化、社会阶层
	社会因素:相关群体、家庭、社会角色与地位
内部因素	个人因素:经济因素、生理因素、个性、生活方式
	心理因素:动机、学习、信念和态度

消费者需求由于受多种主观和客观因素的影响而呈现出多样性。但从整体上看,各种需求之间呈现某些共性、某些一般特性即消费者市场需要的一般特点。这些特点主要表现在:需要的无限扩展性、多层次性、复杂多变性和可诱导性。抓住这些不变的共性,就发现了一个"行为锚点"。例如,在某个年龄层次,某个地区的消费者行为会趋向同一种方向。抓住这个方向上的某个利基市场,就等于抓住了某个"痛点"。

从产品上来说,互联网时代用户的关注点和传统的消费者不尽相同。网络市场不同于传统市场,根据用户的特征,网络销售的产品,首先要考虑产品的新颖性，因为用户以青年人为主，他们追求商品的时尚和新颖；其次要考虑产品购买的参与程度，对消费者要求参与的程度比较高，且要求消费者需要现场购物体验的产品，一般不宜在网上销售。但这类产品可以采用网络营销推广的功能来扩大产品的宣传，辅助传统营销活动。

价格不是决定消费者购买的唯一因素，但却是消费者在购买商品时肯定要考虑的因素，而且是一个非常重要的因素。当今市场是一个不完全竞争的市场，这个市场最明显的特征就是完全垄断。寡头垄断、垄断竞争和自由竞争并存，决定商品价格的主要是企业，尤其是那些具有垄断性质的大企业，互联网的出现为培育完善的市场机制创造了条件，互联网上的信息具有透明性、完全性和平等性等特点，网上营销的价格对于互联网用户而言是完全公开的，价格的制定要受到同行业、同类产品价格的约束，从而制约了企业通过价格来获得高额垄断利润的可能，使用户的选择权大大提高，交易过程更加直接。现在，越开越多的企业或通过电子邮件进行议价，或在自己的网站上设立"价格讨论区"，或在网上通过智能化议价系统直接议价，或通过其他平台进行竞价、拍卖等。

此外，用户对于互联网有一个免费的心理预期，那就是即使网上的商品不是免费的，那么价格也应该比传统的销售渠道的价格要低。网络市场与传统营销市场相比，能够减少营销活动中的中间费用和一些额外的信息费用，可以降低产品的成本和销售费用，这正是互联网商业应用的巨大潜力所在。

方便快捷的人机交互界面和使用流程也是用户考虑互联网的因素之一，主要体现在以下两个方面：一是时间上的便捷性。网上虚拟市场全天候提供销售服务，随时准备接待顾客，而不受任何限制。二是商品挑选范围的便捷性。消费者可以足不出户就在很大的范围内选择商品，对于用户来说可以"货比多家"、"精心挑选"；对单位采购进货人员来说，其进货渠道和视野也不会再局限于少数几个定时、定点的订货会议或者几个固定的供应厂家，而是能大范围地选择品质最好、价格最便宜、各方面最实用的产品，这是传统购物方式难以做到的。

影响消费者进行互联网行为的另一个重要因素，就是安全性和可靠性问题。由于大数据和云技术的发展，现在的用户在网络上的勾勒已经透明化、公开化，必须加强安全和控制措施，保护用户的信息传递安全和个人隐私，以树立用户对网站的信心。

社会因素是另外一个会极大地影响消费者行为的因素。社会因素所指的是消费者周围的人对他所产生的影响,其中以参考群体、家庭以及角色地位最为重要。参考群体是影响一个人态度、意见和价值观的所有团体,分为两类:成员团体——自己身为成员之一的团体,如家庭、同事、同业工会等;理想团体——自己虽非成员,但愿意归属的团体,如知名运动员、影视明星等,对消费者行为相当有影响力。人类的某种社会生活,久而久之,必然会形成某种特定的文化,包括一定的态度和看法、价值观念、道德规范以及世代相传的风俗习惯等。文化是影响人们欲望和行为的一个很重要的因素。企业的最高管理层做战略决策时必须研究这种文化动向,才能抓住互联网时代下目标客户群的痛点。

总结来说,由于互联网商务的出现,消费观念、消费方式和消费者的地位正在发生着重要的变化,当代消费者心理与以往相比呈现出新的特点和趋势:

(1)个性消费的回归。在过去相当长的一个历史时期内,工商业都是将消费者作为单独个体进行服务的。在这一时期内,个性消费是主流。只是到了近代,工业化和标准化的生产方式才使消费者的个性被湮没于大量低成本、单一化的产品洪流之中。然而,没有一个消费者的心理是完全一样的,每一个消费者都是一个细分市场。心理上的认同感已成为消费者做出购买品牌和产品决策的先决条件,个性化消费正在也必将再度成为消费的主流。

(2)消费需求的差异性。不仅仅是消费者的个性化消费使网络消费需求呈现出差异性,不同的网络消费者因处于不同的时代、环境而产生不同的需求,不同的网络消费者在同一需求层次上的需求也会有所不同。所以,从事网络营销的厂商要想取得成功,必须在整个生产过程中,从产品的构思、设计、制造,到产品的包装、运输、销售,认真思考这种差异性,并针对不同消费者的特点,采取有针对性的方法和措施。

(3)消费主动性增强。消费主动性的增强来源于现代社会不确定性的增强和人类追求心理稳定与平衡的欲望。

(4)对购买方便性的需求与购物乐趣的追求并存。

(5)网络消费仍然具有层次性。网络消费本身是一种高级的消费形式,但就其消费内容来说,仍然可以分为由低级到高级的不同层次。在网络消费的开始阶段,消费者侧重于精神产品的消费;到了网络消费的成熟阶段,消费者在完全掌握了网络消费的规律和操作,并且对网络购物有了一定的信任感后,消费者才会从侧重于精神消费品的购买转向日用消费品的购买。

(6) 网络消费者的需求具有交叉性。在网络消费中，各个层次的消费不是相互排斥的，而是具有紧密的联系，需求之间广泛存在着交叉的现象。

(7) 网络消费需求的超前性和可诱导性。

网络环境下的各类搜索引擎让用户无须走出家门就可到"货比三家"，因此他们经常大范围地进行选择和比较，以求所购买的商品价格最低、质量最好、最有个性；若市场上的产品不能满足其需求，他们会主动向厂商表达自己的想法，自觉不自觉地参与到企业的新产品开发等活动中来，这又同以前消费者的被动接受产品形成鲜明对照；消费者通过网络来满足其个性化需求，这种行为使企业明确其真正的目标市场——主动上网搜寻信息的人，使企业的行为更有针对性，从而避免了传统中把大众作为其目标市场进行促销所导致的损失。

在互联网时代下，消费者通过互联网选择产品，并对产品结构、产品组合及服务提出具体要求；企业则可以根据消费者的选择及时改进产品、完善服务，使消费者的需求及时得到满足。通过对消费者反馈的各种信息的收集、整理、分析及市场上同类产品相关信息的分析比较，可以判断本企业产品生命周期所处阶段，根据市场环境的变化采取相应的对策，及时开展新产品的开发和销售。

由于互联网表现出的信息对称性，企业和顾客可以随时随地进行信息交换。在产品开发中，企业可以迅速向顾客提供新产品的结构、性能等各方面的资料，并进行市场调查；顾客可以及时将意见反馈给企业，从而大大地提高企业开发新产品的速度，也降低了开发新产品的成本。

在网络环境下，企业还可以通过互联网迅速建立和更改产品项目，并应用互联网进行产品推广，从而以高速度、低成本实现对产品项目及营销方案的调研和改进，使企业产品的设计、生产、销售和服务等各个营销环节能共享信息、互相交流，促使产品开发从各方面满足顾客的需要，以最大限度地实现顾客满意。

人们通过对网络环境下消费者特征的研究，逐渐得出网络环境下消费者的共性。网络环境下消费者的特征在继承某些传统特征的同时又呈现出一些新的特点。

随着网络经济的不断发展，消费者的行为模式以及消费特征也不是固定不变的，每一段时间的研究以及所显现出的消费者特点只是对当时经济环境和特征的侧面反映，这些模式和特点会随着经济的发展而改变。但是对于每一时期的研究也具有实用性。例如，针对消费者对保健品品牌重视程度较高的特点：在调查数据分析中得出，有90%以上受访对象对淘宝和苏宁这两个品牌认知程度较高。所以，互联网企业要逐步组建大的企业集团，树立品牌概念，采取措施，向集团化发展，形成在国内外市场上具有竞争力的著名品牌。为此，要以名牌产品为龙头，建立企业集团，扩大品牌影响，提高竞争能力。从调查中可以看出，各个品牌的知名度差别是很大的，这些品牌的知名度基本上可分两个层次：淘宝、阿里巴巴属于第一层次，京东商城、苏宁易购属于第二层次。从统计结果可以看出，淘宝、阿里巴巴的品牌知名度在保健品市场上占有很大优势。互联网市场发展潜力是巨大的，而潜力在向有效市场转变过程中存在许多变量，最主要的体现变量是按购买频率进行的。企业应当对增加消费者的购买频率方面做进一步的努力。面对互联网购物安全备受关注的现状，企业需加强从设计研制、生产、检验、销售、使用全过程的质量管理活动，并予制度化、标准化，成为互联网企业内部质量工作的要求和活动程序，并构建符合本公司特色的质量管理体系。现在互联网市场已有品牌对产品概念的炒作相当严重，消费者的诉求点（痛点）也各不相同，这就要求产品的研发要注重差异化，突出个性化。差异化是产品市场的生命力，还应包括开发适合不同人群、不同消费方式的互联网产品，消费者对健康保健需求日益强烈，同时也越来越具体化，具体化势必带来个性化，个性化带来消费分流，消费分流给产品细分市场创造了条件。因此，互联网企业要以自己的特色赢得优势，增强竞争力。

本篇知识点小结

● 企业的外部环境充满挑战且错综复杂。由于外部环境对企业业绩的影响，企业必须具备所需的技能去分析且发现外部环境中的机会和威胁。

● 外部环境有三个主要部分：①总体环境（广泛的社会环境中影响到行业及其企业的要素）；②行业环境（对一个企业及其竞争的行为和反应，以及对行业的盈利潜力有影响的因素）；③竞争环境（其中，企业需要研究每一个主要竞争对手的未来目标、当前战略、假设和能力）。

● 有效的外部环境分析过程应包括四个步骤：扫描、监测、预测和评估。通过外部环境分析，企业可以识别机会和威胁。

● 总体环境有七个方面的因素：人口、经济、政治/法律、社会文化、技术、全球化和自然因素。对每个方面的因素，企业均须确定环境变化及其趋势与战略的相关性。

● 与总体环境相比，行业环境对企业的战略行动有更直接的影响。竞争的五力模型包括：新进入者的威胁、供应商的力量、买方的力量、替代产品和现有竞争者之间竞争的激烈程度。通过研究这些力量，企业在行业中找到这样一个位置，要么能以对自己有利的方式影响这些因素，要么能保护自己免受这些力量的冲击，从而增强获得超额利润的能力。

● 一个行业通常存在不同的战略群组。战略群组是一组在同一战略维度上采取相似战略的企业。战略群组内竞争的激烈程度比战略群组之间的竞争激烈程度更高。

● 竞争对手分析使企业了解直接竞争对手的未来目标、当前战略、假设和能力。一个完整的分析会审视那些维持竞争者战略的补偿者，以及竞争对手参与其中的网络的联盟。

● 有多种方法可以用来搜集竞争情报。一系列数据、信息和知识，能够帮助企业更好地了解其竞争对手并预测他们可能采取的战略和战术行动。企业只能使用符合法律和伦理要求的方法来收集情报。互联网的使用提升了企业迅速了解竞争者及其战略意图的能力。

本篇复习题

1. 企业外部环境主要由哪些部分组成？每个部分分别代表了哪些方面的因素？

2. 在互联网时代，企业总体环境包括了哪些因素，其中每个因素分别对企业代表了什么含义？

3. 在互联网时代，企业行业环境包括了哪些因素，其中每个因素分别对企业代表了什么含义？

4. 在互联网时代，企业竞争环境包括了哪些因素，其中每个因素分别对企业代表了什么含义？

5. 竞争对手分析包括了哪些内容？对企业的意义是什么？

6. 互联网时代的消费者行为特点有哪些？与传统意义下的消费者行为的区别在哪里？

篇末案例和练习

在以色列建立新企业

四个人站在街角,一个美国人,一个俄罗斯人,一个中国人,一个以色列人。一个记者走上来问:"打扰一下……请问你们对肉类短缺有什么看法?"

美国人说:"什么是短缺?"

俄罗斯人说:"什么是肉类?"

中国人说:"什么是看法?"

以色列人说:"什么是打扰一下?"

——迈·克利《两千年》

以上这段引言出自《创业的国度:以色列经济奇迹的启示》,该书由美国政府外交政策顾问、美国外交关系理事会中东问题资深研究员、美军前驻伊联军发言人丹·塞诺与《耶路撒冷邮报》社论版编辑和专栏作者索尔·辛格合著,有人说:"近些年来,没有人比辛格更能开诚布公、清晰明确地描述以色列。"我们可以由此一窥此书的权威性与影响力。本书旨在回答一个价值数亿美元的问题:究竟是什么让以色列——一个仅有710万人口、笼罩着战争阴影、没有自然资源的国家——产生了如此多的新兴公司,甚至比加拿大、日本、中国、印度、英国等国都多?

有一种说法是,占美国人口2%的犹太人,控制着美国70%的财富。犹太人在纳斯达克的上市企业总数,更是位居全球第二。除了在经济领域长袖善舞外,犹太籍的著名思想家、政治家和诺贝尔奖得主更是比比皆是。而且科技往往与经济紧密相连,2011年诺贝尔化学奖得主就是以色列英飞尼迪股权投资集团的顾问。

作为犹太人的祖籍国,以色列虽是小国,其创新与创业水平却位居世界前列。2008年,该国人均创业投资是美国的2.5倍、欧洲的30倍、中国的80倍、印度的350倍。在这组数据的背后,是健全的创新与创业体系的强力支持。

以色列是一个创业国度:大部分的以色列人都是有创意和勇敢精神的企业家,但当公司需要有系统的管理和一个长远的未来时,以色列的创业家们常常会把公司出售给美国的互联网巨头,以此来帮助其快速迈入新的台阶。虽然这些交易做起来没那么简单,但是他们知道如何把握退出的机会。Kaltura的创始人Ron Yekutiel说:"你们可以看到很多书籍把以色列说成创业的国家,而不是后期国家；在以色列，大家的心态就是把握好现在，享受当前的快乐，因为谁都不知道明天伊朗会不会跟他们开战。"

虽然近几年全球经济和高科技行业都在低谷徘徊，但以色列依旧是全球科技发展的主要力量之一。以色列的公司继续在各行业发挥着科技进步的作用，不少本土高科技企业也获得了巨大的成功。几乎所有的互联网巨头都在以色列设有分公司。最早一家发现以色列科技行业潜力的就是微软公司，他们在1989年就在以色列开设了分公司，然后又成立了三个本地的研发中心。在过去10年中，微软已经收购了五家以色列互联网公司。2007年，谷歌在以色列成立了分公司，并开始逐步推出新的产品，谷歌搜索自动填补技术、谷歌趋势、谷歌见解、Youtube内置广告这些产品都诞生于以色列。谷歌还在2010年收购了以色列本土的两家公司 MentorWave（Quicksee）和 LabPixies。雅虎在2008年初开始设立以色列研究中心，不久后就用3000万美元购买了媒体浏览器扩展插件开发商FoxyTunes。Ebay 用了 6.34 亿美元收购了 shopping.com（Infinity Group 的投资项目之一），此后 Ebay 把整个以色列分公司变成了一个研发中心。网络分析公司LivePerson 收购了三家以色列本土公司，并且也在2000年成立了一个以色列研发中心。从20世纪90年代中期到现在，以色列的互联网行业一直在高速发展。其中，好几家以色列公司的产品成为构建现代互联网应用的基础。其中，最好的例子就是即时消息客户端ICQ。现在中国所使用的QQ、OICQ等都是源于ICQ。ICQ在1996年底被推出后，迅速成为世界上最流行的IM客户端，并且在很短的时间内积累了数百万用户。两年后，AOL用了2.7亿美元收购了ICQ。2010年，AOL将ICQ出售给俄罗斯投资集团DST。

以色列有自己的传统强项创业领域，我们把它划归为四个领域：信息安全领域、移动领域、大数据领域以及视频领域，这些领域同时也是世界IT企业发展的热点。

行业投资观点

聚焦于高科技产业的以色列投融资：从以色列的投资情况来看，通讯、生命科学、IT及企业软件服务这些行业的交易额总计占到了六成以上。近两年的投资交易开始回暖，互联网的投资退出时间是最短的。从交易的金额来看，以小于500万美元的交易居多。

以色列IT互联网产业的发展方向：从以色列在IT互联网产业的发展情况来看，信息安全、移动互联、视频应用和大数据是其目前发展的热点和潮流。典型企业的发展模式和技术方向，我们在正文中会有所介绍。

模式、方向和技术是以色列初创企业发展的启示：我们选取了三家有代表性意义的以色列的初创公司，Waze是移动互联网的代表产品，其以社交导航为基础，依靠近5000万用户的智能手机提交的数据，产生实时的交通流量地图，被谷歌以9.66亿美元收购。Kaltura在其网站上称其创建了世界上第一个也是目前唯一的基于HTML5的开源在线视频处理平台，目前估值在10亿美元。Trusteer提供的解决方案可保护机构免遭金融诈骗和数据泄露的侵扰，是专注于金融领域的信息安全企业，被IBM以10亿美元收购。

近年以色列投资/交易统计

2004~2013年，以色列高科技公司进行的交易总计有910起，总交易额504.03亿美元，平均每起的交易额约为5500万美元。其中，合并与收购占到803起，平均每年80起，交易额达468.21亿美元。IPO有107起，平均每年有10起，募资总额35.82亿美元。从中可以看出，以色列高科技公司被收购或兼并的比例很高。从图4-1可以看出，2006年的交易额及交易公司数都是最高的，交易额方面其次是2012年及2013年。图4-2为2004~2013年以色列退出交易的比例。

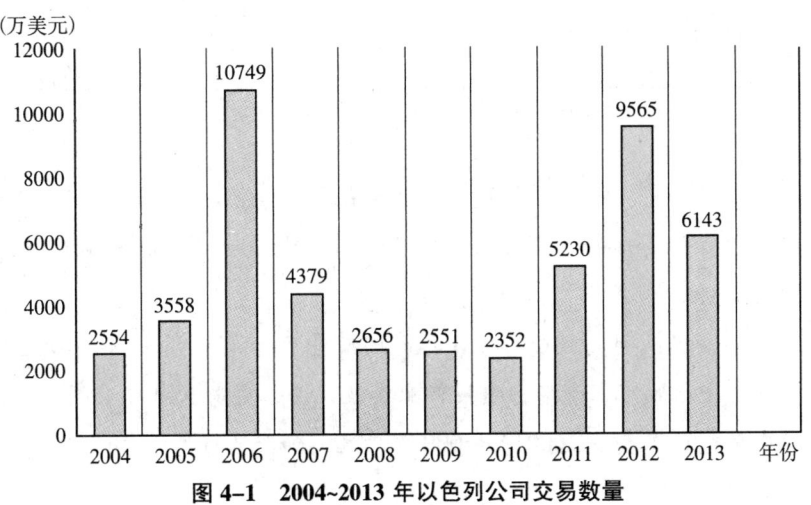

图4-1　2004~2013年以色列公司交易数量

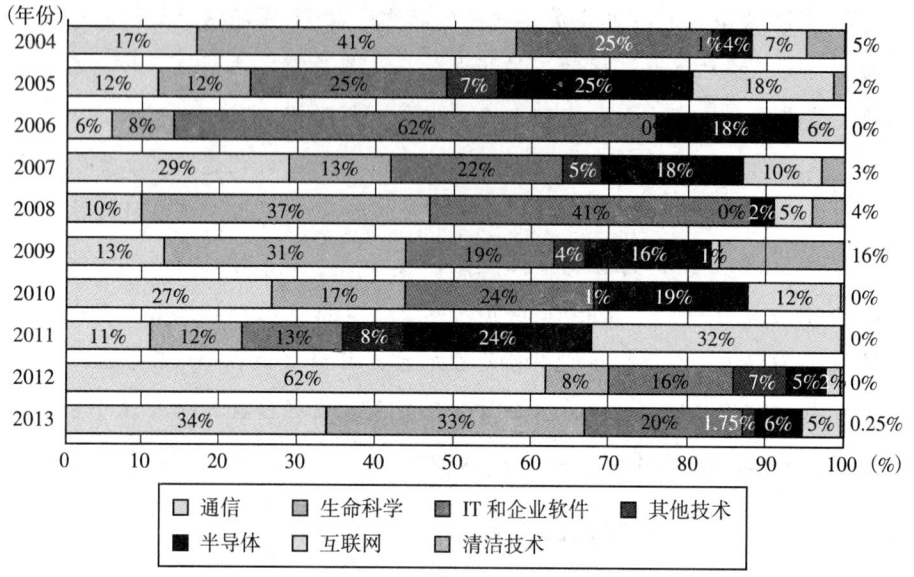

图 4-2 2004~2013 年以色列退出交易的比例（根据行业分）

资料来源：以色列风险资本研究中心、国金证券研究所。

表 4-2 交易数量和交易规模

交易规模	交易总数	出口总额（单位：十亿美元）
小于 500 万美元	394	0.51
500~1000 万美元	102	0.71
1000~2000 万美元	110	1.44
2000~5000 万美元	118	3.68
5000 万元~1 亿美元	69	4.76
1~5 亿美元	105	21.46
5~10 亿美元	9	6.78
高于 10 亿美元	3	11.06

资料来源：以色列风险资本研究中心、国金证券研究所。

如表 4-2 所示，从在发生交易的规模上来看，其呈金字塔形分布，绝大部分交易属于小于 5 亿美元的规模交易，这其中，小于 500 万美元规模占到 394 起，占总比例的 43%。

过去十年，以色列高科技行业比较好的交易年份集中在 2006 年及 2012 年，这两年内也是全球股市上升期，科技行业发展迅速，交易额都比较高。其他年份的平均退出交易额基本在 3000 万~4000 万美元，如图 4-3 所示。

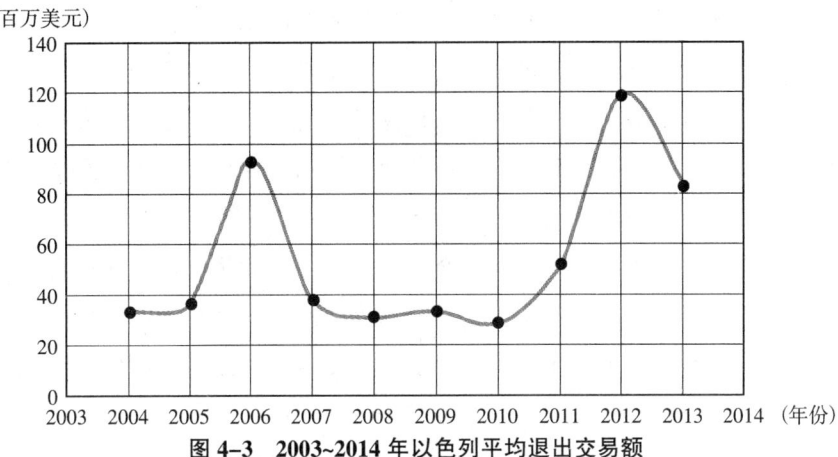

图 4–3　2003~2014 年以色列平均退出交易额

资料来源：以色列风险资本研究中心、国金证券研究所。

当前，以色列的 IT 及互联网公司大体可以分为四类：信息安全领域、移动领域、大数据领域以及视频领域。这些领域同时也是世界 IT 企业发展的热点。例如，大数据公司 SiSence 的不同之处在于其降低了企业参与大数据的门槛。SiSence 收集并整合客户数据库、CRM、ERP、CSV 中的数据，系统自动处理数据，然后以易懂的报告形式呈现给客户，帮助客户做出科学合理的预测。一般的大数据虽然是基于云端，但数据的处理还是要依靠内存。SiSence 在云端进行数据处理，用户不仅可以通过电脑查看，还可以使用平板等便携设备查看。企业无须额外购买昂贵的运算处理设备。

在移动领域，Start APP 依靠广告维持收入。截至年初，这家公司的广告平台已经实现了安卓应用程序的 15 亿次下载量。在一年半前，这个数字还只有 1.5 亿次。最近，这个创新平台首次开放给 iOS 开发人员使用，这将让 Start APP 公司进入一个尚未开发的市场。这家公司在 2012 年完成了价值 430 万美元的 A 轮融资。

信息安全

近年来，全球网络威胁持续增长，各类网络攻击和网络犯罪现象日益突出，并呈现出工具专业化、目的趋于商业化、行为趋于组织化、手段趋于多样化等特点。许多漏洞和攻击工具被网络犯罪组织商品化，使网络威胁的范围加速扩散。随着网络犯罪背后的黑色产业链获利能力的大幅提高，互联网的无国界性使得网络威胁对全球各国用户造成的损失随着范围的扩散而迅速增长。

信息安全本身包括的范围很大。大到国家军事政治等机密安全，小到如防范商业企业机密泄露、防范青少年对不良信息的浏览、个人信息的泄露等。网络环境下的信息安全体系是保证信息安全的关键，包括计算机安全操作系统、各种安全协议、安全机制（数字签名、信息认证、数据加密等），直至安全系统，其中任何一个安全漏洞都可以威胁全局安全。信息安全服务至少应该包括支持信息网络安全服务的基本理论，以及基于新一代信息网络体系结构的网络安全服务体系结构。信息安全的威胁来自方方面面，基本上可以归结为以下几个方面：

信息泄露：保护的信息被泄露或透露给某个非授权的实体。

破坏信息的完整性：数据被非授权地进行增删、修改或破坏而受到损失。

拒绝服务：信息使用者对信息或其他资源的合法访问被无条件地阻止。

非法使用（非授权访问）：某一资源被某个非授权的人，或以非授权的方式使用。

窃听：用各种可能的合法或非法的手段窃取系统中的信息资源和敏感信息。例如，对通信线路中传输的信号搭线监听，或者利用通信设备在工作过程中产生的电磁泄露截取有用信息等。

假冒：通过欺骗通信系统（或用户）达到非法用户冒充成为合法用户，或者特权小的用户冒充成为特权大的用户的目的。我们平常所说的黑客大多采用的就是假冒攻击。

旁路控制：攻击者利用系统的安全缺陷或安全性上的脆弱之处获得非授权的权利或特权。例如，攻击者通过各种攻击手段发现原本应保密，但是却又暴露出来的一些系统"特性"，利用这些"特性"，攻击者可以绕过防线守卫者侵入系统的内部。

授权侵犯：被授权以某一目的使用某一系统或资源的某个人，却将此权限用于其他非授权的目的，也称作"内部攻击"。

计算机病毒：这是一种在计算机系统运行过程中能够实现传染和侵害功能的程序，行为类似病毒，故称作计算机病毒。

由于以色列地缘政治的种种原因，以色列在军事安全领域的投入一直比较大，从而为转换成民用技术奠定了基础。以色列的高科技领域的精英大多来自"8200 部队"。

以色列电子商务行业

近年来,网上购物已成为全球的购物体验中不可或缺的一部分。网上零售商,取得了越来越多的销售收入的份额,而且这也是未来几年内的趋势。20 世纪 90 年代以来,以色列的公司就在电子商务的不同方面进行着持续创新,如电商运营和网上支付。

Shopping.com(InfinityGroup 的投资项目之一)是以色列早期成功的电子商务企业之一,它的成功也获得了全球的认可。该公司成立于 1998 年(当年名 DealTime),主要做的工作是线上的物价比价。在 2004 年,它成了美国最流行的电子商务网站之一。2005 年,它被 Ebay 以 6.34 亿美元作价收购。

电子商务网站 MySupermarket 获得了英国人民的广泛使用。它是一家购物比较网站,MySupermarket 允许其客户从不同的超市里比较食品价格来选择自己喜爱的物品。该公司也使制造商和零售商保持实时跟踪价格和促销。

WebCollage 帮助制造商保持其产品信息的准确性和在相关渠道的及时更新。该公司的 SaaS 的解决方案使不同的连锁品牌轻松扩大市场。

消费者在购买过程中往往会在各个网站比较价格,Winbuyer 提供了不同产品的价格比较页面。当消费者终于决定买什么,并点击"结账"时,Winbuyer 能轻松帮助用户解决此购物流程。

以色列在线广告行业

众所周知,互联网广告拥有着巨大的市场,而且互联网广告具有全球性,IDC 预测,到 2014 年,互联网广告市场容量将达到 1252 亿美元,复合增长率在 15.6%。广告主将不断使用各种新颖的技术来提高他们的投资回报率和广告转换率,同时,这些广告商也面对着日新月异的新技术和新营销方式,因此,管理过去的广告投放历史和预测未来的广告效益就变得非常重要。以色列的 MediaMind 就是一家著名的技术型互联网广告公司,在 2010 年,MediaMind 成功地在纳斯达克上市,它的广告平台使得广告商和广告代理商们可以有效地评估 ROI 投资回报率。

除了 MediaMind 这家纳斯达克上市公司以外,以色列还拥有许多其他互联网广告公司,这些广告公司都提供技术解决方案。Adsmarket 公司是一家提供广告

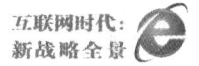

平台的公司，它主要为广告主们提供各类广告商的广告，使得广告主可以选择不同的广告，并将其展示在它们的网站；除此之外，它还提供了广告的展示结果、点击率以及跟踪用户点击后的行为等，同时它还支持多币种的支付渠道。

在精准营销领域，有很多种技术可以实现精准传播，Peer39 这家公司提供的精准营销平台可以根据用户的浏览习惯、用户正在浏览的网页内容来建立相对应的广告。同时，针对品牌广告商的需求，Peer39 在广告频控方面做得同样非常出色。

Exelate 开发的数据交换平台能够为客户提供百万级的互联网广告数据交换服务。

在搜索引擎营销领域，以色列公司同样非常活跃。Kenshoo 公司建立的搜索引擎营销平台可以帮助用户提高在搜索引擎上的营销效果。

在线展示广告是互联网广告的主流，占互联网广告接近 1/3 份额。以色列 Dotomi 和 Mythings 公司都是在线展示广告公司，它们开发了实时广告展示解决方案。另一家类似的以色列公司 Dapper 在 2010 年被雅虎以 5500 万美元收购。

在线视频广告逐渐变得越加重要，IDC 预测美国的视频广告到 2014 年将达到 54 亿美元的市场容量。Innovid、Adap.tv、HiroMedia 这几家以色列公司都已参与到这个市场中。

以色列在线社交行业

从传统来说，互联网网站都应掌握在以英语为母语国家的巨头手中，譬如美国和英国，因为它们有着更好的本土文化和先天优势。尽管以色列在地域上处于劣势，但还是创造了一系列优秀网站。最近几年来最出名的问答社区 Answers.com 就是典型代表。还有 Footbo 网站，它为足球迷们提供了"一站式"的社交问答网络。WeBook 是另一家社交网站，它的主要功能是让作家能够方便地交流，也促进了作家跟出版社的互动。还有很多以色列互联网公司采用前沿的技术来实现用户的互动和交流，Soluto 就是一家这样的公司，它可以让用户将其下载应用到桌面，然后利用这个客户端为用户解答各类问题。

除了以上一些经典的互联网公司外，以色列在其他互联网细分领域都有很出色的公司。如 uTest 为客户提供自动化软件测量。Aniboom 帮助世界各地的动画制作家跟制作公司、电影制片厂、广告代理商进行互动。SeekingAlpha 公司聚集了来自世界各地的财经新闻。5MIN 是视频网站这一领域的佼佼者，它于 2010 年 9 月以 6500 万美元出售给 AOL 公司。Come2Play 的游戏平台让游戏开发商轻松地创建了多人 flash 游戏，提供了基于游戏的社交网络。

VC 在互联网发展中扮演的角色

互联网行业在以色列已经发展了近 20 年，有的互联网公司在早期就获得了跨国公司收购而实现了退出，有的在后期获得了 VC 和 PE 更大的融资支持，现在出现越来越多的年收入过千万美元的互联网公司。这些成功都离不开风险投资的支持。

2011 年，以色列风险资本募集资金总额 7.96 亿美元。根据 IVC 和 KPMG 的联合调查，2011 年以色列企业共融资 21.4 亿美元，其中 25%来自以色列国内的风险投资基金，其余来自其他以色列投资者和外国投资者。这表明，以色列企业对外国投资者的吸引力在逐渐提高。

2011 年，以色列高科技企业发生的并购与 IPO 总额为 52.3 亿美元。其中，并购总额为 51 亿美元，而通过 IPO 募集的资金仅为 1.26 亿美元。这表明，并购已经成为投资者优先选择的退出渠道。该年度的并购和 IPO 主要有以下特点：共有 85 家公司参与了企业并购，企业并购的平均交易额为 6000 万美元。

此外，交易额超过 3 亿美元的并购有 5 起，DG 对在线广告公司 MediaMind 的并购额超过 5 亿美元。在 85 起并购案中，有风险资本支持的有 33 起，交易额为 25.2 亿美元，比 2010 年的 12.5 亿美元增加 1 倍。在 15 起超过 1 亿美元的并购中，有 9 起为风险投资所支持。其中，英飞尼迪集团作为活跃的风险投资企业发挥了重要作用，累计投资 100 多个项目，其中有 20 多个项目是通过兼并重组实现退出的。

以色列成功的经验

我们可以把以色列的科技公司乃至以色列整个国家与民族的强盛之源归结为三个字："不服从"，没错，就是不服从。对于以色列人而言，由"不服从"的精神内核延展开就是下面这句话：永远坚持一种怀疑和争辩的文化。

不服从的公司。"当我们都从会议室出来的时候，个个都因为激烈争吵而面红耳赤，美国同事问我怎么回事，我告诉他说：'没事儿，我们在一些想法上达

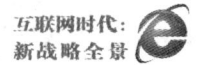

成了一致，效果不错'"。培养一种鼓励持有异议的文化氛围，堪称以色列优秀科技公司的最优基因，而这种激烈的争论在其他商业文化中往往令人厌恶，但对于以色列人而言，这恰恰是解决问题的最好方法。在公司会议上，员工不会因自己所发表的言论有违同事乃至上司的观点而去压抑自己的想法，不加掩饰、不惧传统是他们的行事风格，每个人都可以为捍卫自己观点而坦率直言，习于争辩对抗，可以完全专注于公司事务决策乃至前途命运，就好像每个人都是这家公司的老板一样。有人由此评价以色列人缺乏纪律意识，这是因为，这个国家的人自出生开始，就被教导要挑战即成之事，多问问题，讨论所有，而层级观念这类东西对他们而言从来都是用来打破的，倘若你是一家以色列公司的管理者，你的那帮以色列手下就会一直提出这样的疑问："为什么你是我经理，为什么不是由我来做经理？"

不服从的宗教。说到以色列人的宗教信仰，就不得不提到一本书——《塔木德》，《塔木德》其实是一本记载犹太人传统口耳相传的生活习惯的书，但影响非常深远。然而这本书并不是一蹴而就的，而是上千年来的拉比（也称"辣彼"，是犹太人中的一个特别阶层，主要是有学问的学者，是老师，也是智者的象征）之间关于犹太律法不断公开讨论的集大成之作。其实也就是说，这本书永远都不会有写完的那一天，永远都在补充修正当中。因此，有犹太人认为自己的宗教信仰本身就如同《塔木德》一样，是一本开放的书，而这种开放精神不仅影响了犹太人的宗教信仰，也塑造了以色列这个国家的国民精神。

不服从的军队。"一个普通士兵可以在训练当中告诉一名将军：'你这么做是错误的，应该那样做。'"相比于大多数国家军队文化当中对于"服从是军人的天职"这一等级观念的强调，以色列人则显得对此很不重视，而是更为注重如何向下授权，由此培养士兵们的随机应变能力。通常，以色列军队的战术创新都是自下而上进行的——由个体作战单元指挥官或者他们的军官向上传递。而这种创新机制的形成则是由以色列军队的结构设计来完成，在这种精心设计的结构当中，以色列国防军特意让高级军官的人数非常少，只有几个屈指可数的陆军上校，而副官或助理人员却非常多。相比于美国军队中高级军官占整个作战部队1∶5的比例分配，以色列国防军则达到了惊人的1∶9。这样一来，在以色列军队当中就只剩下数量很少的高级官员能发号施令，由此，底层士兵就可掌握更多的主动权。甚至在以色列国防军当中，还存在一些极端不合常规的制度去支持人们对高级军官发出挑衅，因为在这里，一切以你的表现为导向，而不是你的军衔和地位。

混沌与秩序边缘——永远尊重想法大胆的人。在以色列军队里，战士被分为两类，一种是想法大胆的人，另一种是做事谨小慎微的人。第一种士兵同样会遵守命令，但是却尽可能以最好的方式完成，运用判断、投入等一切需要的努力，使用这种思考方式的人把即兴发挥看得比纪律重要，挑战上级比尊重等级重要。成长中的以色列军队没有默默地接受即成的传统与信条，而是给自己打上了创新、善变和反传统的标志。最能体现这一点的就是，即使是在战争胜利以后，以色列人同样会进行对原有结构的革新，如以色列人在1967年成功赢下"六日战争"并完成对军队结构的自我评估后，依然做出重大调整，解雇了许多高级官员。新的体系不见得一定比旧的好，但是引进的新思想会防止军队思想僵化，而思想的僵化往往会成为日后失败的伏笔。一切大的机构，无论是军队还是企业，都必须始终防范顺从、集体思想的出现，否则这种整体性趋势就会促使机构轻率地陷入某种可怕的错误。在以色列人眼中，对于变化来说，最可怕的障碍就是秩序，而适当的混乱不仅是健康的，也是非常有必要的。不破不立，再破再立，拥抱变化，敢于冒险，这就是以色列人的"可怕"之处。

Talpiot（塔楼）——超级精英培养计划。Talpiot这个名字源自《旧约·雅歌》中的一首诗，意指城堡的塔楼，象征至高的成就。该计划由希伯来大学的两位科学家在20世纪70年代提出，旨在让自身掌握绝对的科技优势，以此来弥补以色列国土小、人口少的弱点。截至目前，该项目已经持续30余年，每年只从全国高中生最顶尖的2%（大约2000人）当中选拔，而选拔比率仅为1/10。该训练项目时间长达41个月（期间仍在不断筛选），一旦入选，士兵们还需签署一份延长6年的服务协议，所以算起来他们的最短服役时间也需要9年，进入培养计划后，Talpiot军士会加速取得数学或者物理专业的学位，除此之外还要经历和空降兵一样的基础训练，同时还会深入了解国防军各个分支在技术方面的需求。其所接受的学术培训远远超出以色列或世界其他国家普通大学生所接受的培训范围，以便深刻领悟"科技和军队这两者需求之间的联系"，旨在培养以任务为导向的领袖。假如这些军士能顺利通过课程考核，那么他们将成为真正的"Talpion"。这个称号将为他们带来终生受用不尽的威望与声誉。尽管在30年的时间内，Talpiot仅培养了650名毕业生，不过后来他们都成了以色列顶级的学术专家，或者全国最成功的企业创始人。NICESystems——福布斯公司排行榜前一百名，其创始人就是几个Talpion。Compugen公司也是如此，该公司是人类基因解码盒药物开发的先驱。许多以色列的科技公司都在纳斯达克上市，它们要么创始人是Talpion成员，要么就是在Talpion担任要职。时光荏苒，Talpiot已然成了以色列精神当中的一部分：教人如何精通各种领域，而不仅仅在一个专业上追求极致。

总结一下，以色列科技公司乃至整个国家的成功大致包含了这些关键点：①强烈尊重质疑与思辨精神；②永远以当下能力为评价标准，以引领未来为变革导向；③强大的跨领域学科整合人才培养能力；④深厚的文化基础与开放的社会氛围；⑤强大的民族自尊心与深切的危机意识。

"我们必须承担艰巨的任务——让那些相信自己拥有某些事物的人彻底摆脱对未来的疑惧，事实上，他们一无所有，他们有的是善意和被隐藏的能力，但是他们必须知道：要学会自己去铺路。"这段话来自以色列国父戴维•本-古里安于1947年战斗前夕所发布的战争檄文。而我个人对这段话的理解就是："永远不要磨平你的棱角，因为那才是你最珍贵的东西。"

资料来源：胡斌，王斌.以色列科技创新与互联网行业的发展[J].国际融资,12 (12).知乎：以色列的科技创新氛围如何？为何会吸引很多互联网巨头？http://www.zhihu.com/question/21292356.

练 习

阅读关于以色列的案例，组成3~5人的小组进行讨论，参考案例中给出的资料和网络、书籍上查找的内容，回答以下问题，并形成小组汇报在课堂上进行分享和讨论：

1. 在该段案例中，涉及企业所面临的哪些环境因素，分别属于哪些层次？

2. 如果你是一个初创企业的CEO，现在面临着是否进入以色列市场的战略选择，那么你在进行决策时，除了案例中所给出的分析因素，还需要哪些因素？

3. 假设你现在要进入以色列市场，选择一个你感兴趣的行业、产品或技术，与小组成员一起，完成一份战略环境分析报告并与其他同学分享讨论。

Part Three | 第三篇

内部环境的变化

第五章　内部环境的变化
第六章　建立核心竞争力

第五章
内部环境的变化

章首案例：

互联网金融，今天你买了吗？

互联网金融改变了银行独占资金支付的格局，互联网技术改变并动摇了银行的传统客户基础；互联网金融改变了银行传统信贷单一的信贷供给的格局，网络信贷快速发展，阿里贷款已经累计为超过十万家小微企业提供贷款。

以互联网为代表的现代信息科技，特别是移动支付、云计算、社交网络和搜索引擎等，将对人类金融模式产生根本影响。20年后，可能形成一个既不同于商业银行间接融资，也不同于资本市场直接融资的第三种金融运行机制，可称之为"互联网直接融资市场"或"互联网金融模式"。

互联网对传统金融的影响首先是金融业务自身的互联网化，即金融互联网，金融渠道从线下延伸到网上，包括网上银行、电子银行、网上证券等。其次便是互联网企业跨界做金融，利用规模效应、信息优势、效率优势和成本优势，将业务延伸到支付、理财、融资等传统金融领域，包括第三方支付、余额宝、阿里小贷、P2P、众筹等。接着便是互联网虚拟世界与现实世界的进一步衔接，打通线上线下闭环，促进线上金融领域与线下社会生活的深度融合，金融产品和服务多触点地嵌入日常生活场景，深刻改变金融的业

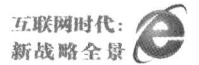

务模式和业态格局,包括打车中的移动支付、社交中的理财信贷等。

在互联网金融模式下,因为有搜索引擎、大数据、社交网络和云计算,市场信息不对称程度非常低,交易双方在资金期限匹配、风险分担方面的成本非常低,银行、券商和交易所等中介都不起作用;贷款、股票、债券等的发行和交易以及券款支付直接在网上进行,这个市场充分有效,接近一般均衡定理描述的无金融中介状态。在这种金融模式下,支付便捷,搜索引擎和社交网络降低信息处理成本,资金供需双方直接交易,可达到与资本市场直接融资和银行间接融资一样的资源配置效率,并在促进经济增长的同时,大幅减少交易成本。

金融的核心有三点:资源配置、信息处理、支付手段。

第一,在资源配置方面,互联网让每个个体都有充分的权利和手段,在信息相对对称中平等自由地获取金融服务。互联网金融理想的模式是供给方和需求方直接交易。于是,出现人人贷(P2P),个人之间通过互联网直接借贷,替代了传统存贷款业务;出现了众筹融资(Crowdfunding),通过互联网为投资项目募集资本金,替代了传统证券业务;还有利用社交媒体"验资"的贷款。这些业务,都改变了传统金融业的资金流动方向和效率。不再只能由金融机构去招揽个人或企业资金,然后放贷给需要的人或企业。

在供需信息几乎完全对称、交易成本极低的条件下,互联网金融模式形成了"充分交易可能性集合",诸如中小企业融资、民间借贷、个人投资渠道等问题就容易解决。在这种资源配置方式下,双方或多方交易可同时进行,信息充分透明,定价完全竞争(如拍卖式),各种金融产品均可如此交易。例如,在Facebook的平台上,有9亿网民已经发行自己的货币,网民之间的数据、商品、股票、贷款、债券的发行和交易均可以通过网络处理,同时保留完整的信用违约记录("淘宝网"、"腾讯"也有类似做法),形成最优价格,Facebook上市的市值达960亿美元,正是由于其中隐含的巨大价值。

第二,在信息处理方面,社交网络生成和传播信息,搜索引擎对信息进行组织、排序和检索,云计算保障海量信息高速处理能力。信息处理是金融体系的核心。在金融信息中,最核心的是资金供需双方信息,特别是资金需求方的信息,如借款者、发债企业、股票发行企业等,是金融资源配置和风险管理的基础。资金供需双方信息通过社交网络加以揭示和传播，被搜索引擎组织和标准化，最终形成时间连续、动态变化的信息序列。由此可以给出任何资金需求者（包括机构）的风险定价或动态违约概率，而且成本极低。这种信息处理模式，使互联网金融模式替代了现在商业银行和证券公司的主要功能。这就是互联网替代了传统的信息处理方式。

在互联网金融模式下，信息处理有三个组成部分：一是社交网络生成和传播信息，特别是对个人和机构没有义务披露的信息，使得人们的"诚信"程度提高，大大降低了金融交易的成本，对金融交易有基础作用。比如，"淘宝网"类似社交网络，商户之间的交易形成的海量信息，特别是货物和资金交换的信息，显示了商户的信用资质，如果淘宝网设立小额贷款公司，利用这些信息给一些商户发放小额贷款，效果会很好。二是搜索引擎对信息的组织、排序和检索，能缓解信息超载问题，有针对性地满足信息需求。比如，抓取网页的"爬虫"算法和网页排序的链接分析方法（以 Google 的 PageRank 算法为代表）都利用了网页间的链接关系，属于关系数据。三是云计算保障海量信息高速处理能力。在云计算的保障下，资金供需双方信息通过社交网络加以揭示和传播，被搜索引擎组织和标准化，最终形成时间连续、动态变化的信息序列。可以给出任何资金需求者(机构)的风险定价或动态违约概率，而且成本极低。

第三，在支付手段上，移动支付又是颠覆性的。以货币为例，除了手中现金，大部分货币以银行记账的形式存在，人们常说的货币，绝大部分是数字化的借记和贷记关系。这种记账关系以数字化方式储存于电脑中，非常便于以互联网方式进行传输。广泛应用的智能手机的支付转账功能就借助移动互联网，部分替代了传统支付业务（如信用卡、银行汇款）。在智能货币时代，现金已经过时，iPhone、其他品牌手机可能将变成 ATM 机直接转账。银行卡将无用武之地，互联网第三方支付工具足以担当重任，这也就是为什么支付宝与银联之间关系微妙的原因，支付宝事实上已具备网上清算的能力。

在互联网金融模式下的支付方式以移动支付为基础。移动支付是依靠移动通信技术和设备的发展，特别是智能手机和 iPad 的普及。JuniperResearch

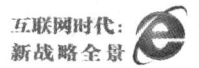

估计到2011年全球移动支付总金额为2400亿美元，预计未来五年将增长200%。

随着Wi-Fi、3G等技术的发展，互联网和移动通信网络的融合趋势非常明显，有线电话网络和广播电视网络也融合进来。移动支付将与银行卡、网上银行等电子支付方式进一步整合，真正做到随时、随地以任何方式进行支付。随着身份认证技术和数字签名技术等安全防范软件的发展，移动支付不仅能解决日常生活中的小额支付，也能解决企业间的大额支付，替代现在的现金、支票等银行结算支付手段。

在互联网金融模式下，支付系统具有以下特点：所有个人和机构都在中央银行的支付中心（超级网银）开账户（存款和证券登记）；证券、现金等金融资产的支付和转移通过移动互联网络进行（具体工具是手机和iPad）；支付清算完全电子化，社会中无现钞流通；二级商业银行账户体系可能不再存在。目前，社交网络内已自行发行货币，用于支付网民间数据商品购买，甚至实物商品购买，并建立了内部支付系统。据一项调查，在中国，35岁以下的城市青年，有60%的人使用网上银行支付，进行网上购物。

互联网经济正塑造出日新月异的经济版图和商业生态，银行、互联网企业、生活服务商等正在逐步融合业务边界。可以预见，在这场互联网金融的变革中，谁能率先觉醒，找准定位，率先彻底融入互联网商业生态圈，谁将抢占转型先机，赢得未来的竞争。

在互联网跨界金融领域，众多的商业模式正在探索中。有一些疑惑是所有人都渴望获得解答的：互联网到底会给传统金融带来多大的冲击？互联网跨界金融，究竟只是形成了与传统金融业态互补的新兴金融模式，还是以新手段替代传统金融的部分功能？是否会出现一种既不同于商业银行间接融资，也不同于资本市场直接融资的第三种金融融资模式，即"互联网金融直接融资市场"或"互联网金融模式"。

资料来源：新浪财经.银行业和互联网金融关系：主动脉和毛细血管. 2013-09-11日，http://finance.sina.com.cn/money/bank/dsfzf/20130911/111916730379.shtml.

孙继月，刘懿萍.互联网金融将影响货币政策，中国证券报，2014-05-30.

胡滨，郑联.互联网金融不是颠覆者，上海证券报，2014-07-03, http://finance.sina.com.cn/money/bank/dsfzf/20140703/021219590875.shtml.

滕斌圣.互联网改变中国金融，经济观察报，2013-09-18.

第一节 资源、价值、能力和核心竞争力

资源、价值、能力和核心竞争力是构成企业竞争优势的基础。企业应当将各项资源结合起来开发企业的组织能力，能力又是核心竞争力的来源，而核心竞争力则是企业竞争优势的根基所在。在对内部组织进行分析时，企业应当越来越多地利用一种互联网化的思维模式（Internetal Mind-set），指的是企业在对内部组织进行分析时，不应局限于地理位置、国家、文化，而是任意设置边界，对各种竞争环境下的战略行为做出适当的反应，对资源和能力进行有效的管理。图 5-1 是能带来竞争优势和战略竞争能力的组成部分。

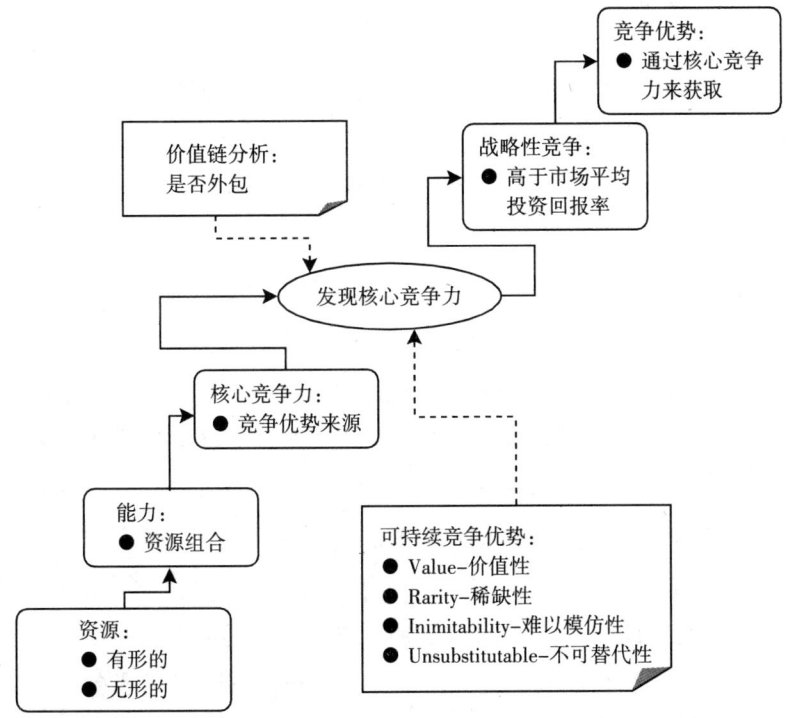

图 5-1　内部分析中能带来竞争优势和战略竞争能力的组成部分

资料来源：作者根据第 9 版《战略管理：竞争与全球化（概念）》第 59 页进行整理。Ireland, R. D., Hoskisson, R. E., & Hitt, M. A. [M]. The management of strategy. Mason, 2009.

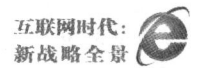

从广义上来说，资源（Resource）涵盖了一系列的个人、社会和组织现象。一般来说，仅仅是资源本身并不能够为企业带来竞争优势。事实上，一种竞争优势通常要以集中资源的独特组合为建立的基础。资源管理是一种动态能力，而动态能力决定了一个企业是否会拥有持续的竞争优势。核心能力（Core Competency）是企业建立于其专用性资产之上的能力，是集合了专用性资源的组合。核心竞争力是拥有四个标准（价值的、稀缺的、难以模仿的、不可替代的）的范式核心能力，是竞争优势的来源。

价值（Value），泛指客体对于主体表现出来的积极意义和有用性。可将其视为能够公正且适当反映商品、服务或金钱等值的总额。根据新古典主义经济学（比较流行的一种经济学理论），物体的价值就是该物体在一个开放和竞争的交易市场中的价格，价值主要决定于对于该物体的需求，而不是供给。因此，如何让自己的产品或服务被更多的用户需要，是提高产品或服务的价值的最根本途径。而如果做到这一点，企业就拥有了竞争优势。

从根本上来说，战略管理的目标是确定、建立并保持竞争优势。竞争优势（Competitive Advantage）这个概念指的是一个企业能够为顾客创造超出其他竞争者所提供的价值的能力。对企业来说，拥有竞争优势能够使其持续创造比竞争者更高的利润。

持续的竞争优势从哪里来？在管理学界有一个传统的分析范式，即要获得竞争优势，企业需要提供满足如下标准的产品或服务：①有价值（Value）：产品或服务能够提供更卓越的价值；②产品或服务是稀缺的（Rare）：无论是从质量还是数量上说，其他竞争者不能提供相似的产品或服务；③难以模仿（Inimitable）：本公司产品或服务是难以模仿的；④不可替代（Unsubstitutable）：本公司的产品或服务是没有任何一家其他企业的产品或服务可以替代的。举个例子，惠普公司是打印机市场的领先者。显然，这意味着惠普公司在这个市场中拥有竞争优势。惠普公司在打印机市场上提供的产品和服务满足了上述的四项标准。最近，惠普公司以12亿美元的价格收购了奔迈（Palm）公司，试图提高其在智能手机市场的竞争优势。但是，它在智能手机市场举步维艰，因为到现在，它的智能手机产品仍不能满足这四项标准。

在现在的互联网大潮下，这四个标准都发生了天翻地覆的变化。下面将具体分析这四个维度给企业获取持续的竞争优势带来了哪些新的挑战。

一、卓越价值

卓越价值从本质上来说就是竞争优势的一个方面。什么叫卓越价值？就是本企业提供的产品或服务的价值对顾客来说，高于其他竞争企业提供的产品或服务那部分价值。相比苹果公司，国内的手机生产厂商同样都可以生产手机，那么为何苹果的新品可以卖到五千元以上，而国内的手机厂商却始终将产品的价格定在二千至三千元？因为苹果手机可以带来其他手机所不能替代的操作体验和与各种第三方 APP 的紧密贴合。近几年，苹果公司推出了多个卓越的产品，如 iPad 等。苹果公司因为其能向顾客出售价值更高的视频、音频或其他可视化产品而具有竞争优势。卓越价值有时也指相对优势（Comparative Advantage），因为相对于其他企业，该企业能够提供更好的价值；有的时候也指独特能力（Distinctive Competence），因为品质更卓越的产品或服务是独特的竞争力的结果。

互联网时代的卓越价值从哪里来？企业和企业之间的比拼不再是简简单单的产品质量的比拼，拼得更多的是产品或服务定制化的程度、用户的细节体验感受等；企业不仅仅只满足用户的使用价值，还要对用户所潜在的、最人性化的、最根本的需求进行挖掘并满足。Nike+的跑步软件在苹果商店取得了巨大的成功，但是它的几个技术核心基本功能（定位和分享）实际上在之前的地图软件和社交软件上已经实现。但是 Nike+将这两个需求结合到一起，就人们乐于建立相同爱好的社交圈并交流的需求进行了满足。除此之外，同样的用户在不同的情境下也会显示出不同的价值：在上班的空闲时间，他可能对社交的需求比较高，更倾向于使用各类基于电脑或手机的社交软件；而在下班回家的路上，碎片化的时间较多，则会倾向于使用手机游戏打发时间；吃饭的时候需要定位和评价功能（大众点评）；睡觉的时候需要舒适和健康（身体指数监测和帮助睡眠的音乐）。谁能更精准地将产品送到需要的用户手上，让用户在需要的时间、需要的情境下使用，谁就能更快地占领更多比例的用户，谁就是赢家。2014 年春节期间的打车软件大战就是一个很好的例子。

由于价格围绕着价值波动，在互联网时代下，产品价格的制定既要考虑产品成本的补偿和企业利润的获取，又要考虑用户的心理承受能力。在互联网环境下，由于互联网的互动性，顾客可以和企业就产品价格进行协商。在互联网上实现对消费者进行价格测试，不需特殊的服务人员，只需系统软件导引即可，方法

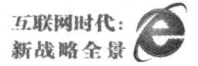

简单,实施起来非常容易。消费者首先在互联网上对产品提出基本要求,并确定可接受的价格,系统软件则可以根据价格的限制显示满足要求的产品以供消费者选择,甚至消费者还可以自己设计组装产品或对企业提供的产品进行适当的修改。因为消费者限定在先,所以企业最终生产的产品基本都能满足消费者对产品性能和价格的要求。由于互联网营造的全球市场环境,企业在制定产品和服务的价格时,要考虑国际化因素,针对国际市场的需求状况和价格情况,以确定本企业的价格策略。在 Web 环境下,企业借助于互联网使其产品开发和促销成本降低,因此,可以进一步降低产品价格。同时,由于信息环境的开放性和互动性,市场是开放和透明的,消费者可以就产品及价格进行充分的比较、选择,因此,要求企业以尽可能低的价格向消费者提供产品和服务。

战略聚焦:

用户体验价值是微信的根基

4月4日,微信面向公众账号发布公告,推出了新的"微信公众平台运营规范"。在这一规范中,对利用其他账号、工具或第三方平台进行公众账号推广,强制或诱导用户分享等行为进行了大量限制规定。

随着这一规定在多家自媒体及媒体平台的曝光,大量解读与争议也开始不断涌现。事后微博账号"@微信公众平台"于9日发布长微博对相关内容进行了解读,表示"规范"中相关的规定主要是针对非法、虚假、恶意营销等信息的传播,以及违规刷粉、恶意互推等公众账号进行管理和规范,而并非盛传的封杀类似行为。不过这也再一次让腾讯"限制公众账号"的举动进入了大众视线。

事实上,这并非腾讯第一次限制公众账号。早在 2013 年 6 月,腾讯微信产品总监曾鸣就曾公开表示过,微信公众平台不是营销工具,将执行"造精品化战略",着力解决公众账号信息泛滥的问题。而后微信 5.0 版本上线,订阅号信息被折叠,服务号收取审核费,以及此次"规范"的制定实施,都是这一策略的延续与推广。

在此次更新的"规范"中,腾讯将微信公众平台运营的基本原则归结为"建立良好的用户体验"与"值得信赖"。而这不仅是微信公众平台严格管理公共账号的原因，也是腾讯对于用户在自身价值体系中地位的维护。

创建十五余年以来，腾讯这个以 IM（即时通讯）软件起家的互联网企业，已经成为中国互联网行业的一个传奇，QQ 超过 8 亿的用户量让其在中国乃至世界范围内都是举足轻重的企业。而腾讯在移动互联网大潮来临之际的 2010 年，面对已经具有庞大用户数量的手机 QQ，仍然决定开发一款新的即时通信应用——微信，与自己展开"左右互搏"，这是其重新审视移动互联网时代用户需求的开始。

移动互联网的出现让网络生活整体向移动终端转移，无论是以触摸为主的交互方式还是小屏幕的展现形式都与 PC 端呈现出巨大的差异。而微信完全基于移动端的"永远在线"设计理念，以手机通信录及熟人关系为基础的强关系社交，语音留言、LBS 与移动推送机制等创新交互方式，都是针对移动互联网时代用户新增需求的设计，并最终使其借助智能手机与移动互联网在中国的普及获得了爆发性增长，成为同样具有数亿活跃用户的"超级应用"。

作为移动端的"另一个 QQ"，微信也在逐渐向平台化转变。然而不同于 QQ 在 PC 端曾经的一日千里，微信平台化却一直走得小心翼翼。一方面，由于智能手机等移动设备的屏幕较小，用户体验高度集中，移动端应用的任何商业化行为都极易影响到用户的使用体验；另一方面，移动设备的应用安装卸载难度相对较低，在大量同质应用可选时，用户忠诚度也明显不如 PC。因此，对于用户体验的维护，就成为微信生存与发展的第一要务。这也是此次微信几次三番限制公众账号的原因所在。

事实上，在设备与应用一起"爆炸"的移动互联网时代，"颠覆"正在越来越快地到来。创办 4 年的 IM 应用 Whatsapp 被 Facebook 以 190 亿美元收购，而 Facebook 自己的移动端桌面系统 Facebook Home 仅收获了可怜的安装量与大量的差评，让很多人认识到具备优秀的用户体验对于移动应用来说具有多么重要的意义。对于移动应用来说，失去了用户，也就失去了构建在应用之上任何商业链条的价值。马化腾说过："如果一款应用不能在 5~10 秒内吸引住用户，用户就很可能抛弃这个应用。"而这就是腾讯在对微信的不断调整中，一直将用户体验摆在最根本位置的原因。

资料来源：互联网周刊，http://www.ciweek.com/article/2014/0429/A20140429563385.shtml。

二、稀缺性

对于已经拥有竞争优势的企业来说，没有其他企业有能力提供更多数量或更好质量的产品或服务。如果其他企业有着相同的能力，就能提供给它相同价值的产品或服务。你可能会问："还有多少其他企业有着相同的能力？"如果这个回答是零或者企业能够相比于其他企业给顾客提供更高价值的产品或服务。显而易见，这个企业就拥有竞争优势。然而大多数的竞争优势都是暂时的，因为竞争者会不断地试图从市场领导者手中夺取竞争优势。特别地，竞争者会试图模仿市场领导者。

在互联网大潮下，产品或服务的稀缺性似乎很难保证。今天市场上，企业能够提供的产品的功能越来越接近，就像每一类产品都有它在不同公司的"胞弟胞妹"一样——微信和易信，滴滴打车和快的打车，小3传奇和2048。稀缺性再也不是建立在对生产的原材料和生产工具的占有上。中国台湾地区就有为国内手机厂商提供定制服务的企业，国内的厂商只需要设计好手机的功能，找准手机的用户定位，设计好独特的外观，剩下的只需要将制定好的规格发给台湾的制造商，会由他们将除了外壳之外的所有部件制造和组装出来。在这样的情况下，产品本身的使用价值趋于同质，用户的特定需求信息的获取，以及与产品相随的服务成为了建立持续竞争优势壁垒的来源。从根本上来说，信息成为了最重要的无形资产。在信息的基础上建立的稀缺性优势将是长久的。从这个角度上来说，滴滴和快的的超额补偿并不是表面上的赔本生意：实际上，花20元之内每人次的价格购买顾客的消费数据——家庭住址、上班地点、用车习惯、用车时间等，并在后期进行大数据挖掘分析，再销售给需要的广告商实际是一本万利。

此外，人力资源也成为稀缺性来源的重要方面。员工直接参与产品的设计，并为用户提供服务，同样的人在不同的激励条件和企业文化下会有不同的行为，导致服务等增值性价值质量有所不同。高技能、跨界的人才更加稀缺，特别是产品跟着人走的互联网市场，一个有着数年工作经验的产品经理带着团队出来，就可以立刻做出一个与原公司产品媲美的产品——如交友软件"陌陌"的诞生。这样的"嫡出"竞争者随着行业人才流动速度的加快出现得越来越快，因为他们有着核心的技术、概念甚至客户，其他的生产资料、原材料——只需要在网上购买和寻找就行了。

三、难以模仿性

拥有为顾客提供稀缺的卓越价值的能力仅仅只能带来短暂的优势。企业需要尝试避免竞争者对这种能力的模仿,也就是建立壁垒使其他企业通过模仿建立起竞争优势变得更困难。这些壁垒包括各种各样的障碍,从有形的(如规模)到无形的(如企业文化和公司声誉)。

腾讯有着无可厚非的竞争优势,是因为它有着强大的学习能力和吸收能力。当这些能力为腾讯创造了可见的卓越价值时,你可能会问,"其他公司真的很难复制这一特点吗?"如果仅仅是靠买断小型创业企业的开发技术团队、模仿其他公司的产品度日,腾讯的竞争优势可能会很快消失。但是在长时间内一直都能买到受欢迎的产品的开发技术团队并进行管理、维护和再创新吗?只要这件事对其他的企业是件难事,腾讯就拥有竞争优势并从中受益。

快速学习和不断创新显然已经成为腾讯的优势,但是其他方面的特征同样也会帮助腾讯建立优势。举例来说,腾讯强大的资源整合能力和基于QQ号的用户群的高黏性,这会让竞争者更加难以模仿。

此外,有些优势存在的时间比其他更长。法律保护就能延长存在的时间,如专利。许多科学专利授权时间达17~20年。微软、苹果、谷歌这类公司之所以能一直处于风口浪尖之上,就是因为它们的手中攥着大量的先进的技术专利,保护利润的同时对市场发展的控制力极强。类似于品牌识别这样的优势能够持续更长的时间,需要数年时间才会消失。例如,微软收购了曾经辉煌一时的NOKIA,一提到这个名字,人们对其昔年手机大佬的印象还历历在目。

在互联网时代,由于信息的高度开放和高速流动,模仿的速度越来越快,对企业提出的学习能力和吸收能力的要求也越来越高。在互联网企业工作的员工,一般都以2~3年为一个工作周期,时间到了就会选择伺机跳槽,以获得更高的待遇和头衔。如此高强度的人才流动带动的还有知识、专利和产品的迅速流动。例如,仅仅是去年一年,以《剑灵》为代表的新世纪大型多人在线网络游戏就一下在市场上出现了4~5款,人物造型风格相同,场景相似,甚至派别的设定和任务线都能找到共同之处,说明利用模仿的时间压缩不经济而建立起来的临时性壁垒存在的时间越来越短。然而,产品可以模仿,服务模式可以模仿,学习能力本身却是无法模仿的,企业之间的学习能力存在差异,这将是加大今后互联网企业和

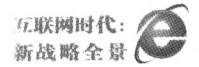

企业互联网化结果分化的重要因素之一。

四、不可替代性

除了之前提到的这些特点，能够随着时间持续的竞争优势还需要不太可能被替代。替代（Substitution）指的是利用其他方式满足顾客需求的能力。我们用如下的例子来区分替代和模仿：歌蒂梵（Godiva）巧克力以其质量和独特的口味闻名。它们的巧克力有着其他公司的巧克力所没有的口味和柔滑。歌蒂梵所拥有的专门知识，帮助其创造了独特的高品质的风味，使得其他公司难以复制或模仿歌蒂梵巧克力的口味和质地。然而，如果歌蒂梵要持续其竞争优势，顾客必须觉得难以找到能够和歌蒂梵巧克力一样满足他们对于甜蜜口味和柔滑质地的需求的替代品。然而替代品也分同质性的和异质性的。对于喜欢吃肉类食品且来者不拒的人来说，不仅来自于不同地区的牛肉互为替代品，牛肉和羊肉之间也互为替代品，因为食客的胃口有限，替代品是同本公司产品一样会消耗需求的。

在开放的互联网情境下，替代品，无论同质性的还是异质性的都越来越多，人们的可选择项越来越多，且比较成本成指数下降。举例来说，对于晚上下班后这段时间的消磨，在有一定的消费预算前提下，你既可以选择上团购网站挑选吃喝玩乐之处，也可以利用大众点评这样的平台来选择心仪之地；吃完晚饭之后，既可以去 Livehouse，也可以玩桌游密室，还可以看电影。这些需求都可以通过互联网进行导流，年轻人也乐意将夜生活的安排交由手机的各种客户端进行预约、计划和购买；但是如何让顾客将最终的消费放到自己的企业范围之内，这是每一个互联网企业、天生互联网化企业乃至最重要的、亟待互联网化的传统企业需要思考的重大问题。这就是为什么近期掀起了一波又一波的 O2O 模式浪潮。

甚至，意想不到的替代品可能成为终极杀手——因为它们能改变用户的习惯！在苹果推出的全触摸控制模式之后短短两年之内，风靡了全球十几年的全键盘手机很快就从市场上消失了，这颠覆了诺基亚、摩托罗拉、索爱等一系列手机大佬的市场份额，改写了整个时代；DOTA、英雄联盟等游戏出现之后，MOBA 游戏迅速取代 MMORPG 游戏在市场上的大佬地位，甚至撼动了暴雪、世嘉、EA 等一系列老牌游戏公司伫立多年的市场地位。

第二节 价值链分析

由于价值的不断被创新以及交易成本的改变，互联网打破了原有的价值分配结构，也就是打破了原来的价值链。迈克尔·波特将企业的内部价值链分为了五个主要活动和四个支持活动（如图5-2所示）。主要活动（Primary Activities）指的是直接与产品或服务创造相关的活动，这些活动将产品或服务带到顾客手中并将其留在顾客手中。支持活动（Support Activities）可以促进产品或服务的生产以及产品或服务向顾客的转移。管理者应该评估这些活动为产品或服务增加的价值，以理解企业竞争的能力。一件产品或一项服务的绝对价值是一个有多少顾客愿意购买这项产品或服务并为其付钱的函数。如果一件产品或一项服务的价值超过了其成本，企业就能获得利润。为了决定在公司内部价值链的哪个环节添加利润，管理者需要理解价值链的下述九项活动：进料物流、生产、发货物流、营销和销售、售后服务、采购、技术开发、人力资源管理、企业基础设施。每一项主要活动都与成本有关。如果做得好，顾客愿意花比它们的成本更多的钱，就能提高公司的行业地位和盈利能力。这些不同的活动的重要性随着顾客的偏好变化而变化。例如，在时尚行业，顾客总是想要最新生产的款式、颜色、面料。此处就需要重视进料物流和发货物流以确保产品能够更快地送到顾客手中。而每一项支持性活动都会影响主要活动的实施情况，从整体上影响企业内部的价值传递。

在企业内部供应链中，互联网全面和深刻地影响着每一个主要活动和支持活动。举例来说，技术开发围绕着专业知识和这项专业知识所需的工具、设备进行。互联网技术影响着企业内部技术开发的过程和结果，如云技术、大数据、远程技术等应用，在提高了工作效率的同时也实现了很多过去无法实现的产品或服务。尽管技术开发集中在产品开发或者流程创新，技术和企业如何使用这些技术也会影响五个主要活动。因此，技术能力在价值链中发挥了关键作用。此外，由于所有的活动都和人有关系（人还会设计和实施自动流程及设备），人力资源的获取、培训、评估、报酬和开发在五个主要活动中都有。有能力的而且有积极性的人力对于企业的所有活动都有着深远的影响，因此人力资源管理是一种关键的支持性活动。在互联网时代，人员的质量更加至关重要。他们的专业能力是提供

企业基础设施
● 以网络为基础的、分散式的财务和 ERP 系统
● 与在线投资者的关系（信息传递、实时通讯）

人力资源管理
● 自助式的员工薪酬管理
● 基于互联网的培训
● 基于互联网公司信息的传播和共享
● 电子化的时间和报酬报告

技术开发
● 在不同地点和不同价值系统参与者之间的集中式产品设计
● 共享组织中各个部门的知识
● 研发部门实时共享在线销售和服务方面的信息

采购
● 基于互联网的需求计划；实时可获得—承诺或生产能力—承诺以及订单履行
● 其他的购买联系，存货以及对供应系统进行预测
● 自动化的"支付申请"
● 通过市场、交换、拍卖以及买方和卖方相匹配的直接或间接采购

内部物流	运营	外部物流	营销和销售	售后服务
● 对企业及其供应商的生产计划、运输、仓储管理、需求管理、综合计划进行实时的集成 ● 输入和进行中的存货数据在公司内部进行实时传播	● 对交易、厂中厂的生产计划和决策制定、制造合同和各个供应商的信息进行集成 ● 将可获得—承诺或生产能力—承诺的信息实时传送给销售渠道	● 实时传输订单，无论该订单是由终端客户、销售人员还是渠道成员开拓的 ● 自动化的客户详细协议合同条款 ● 客户和渠道成员可以获得产品的开发与传送状态 ● 与顾客预测系统进行集成 ● 对渠道管理，包括信息交换、担保条款和合同管理（过程控制）进行集成	● 在线销售渠道，包括网站和市场实时获得内部和外部的客户信息、产品目录、动态价格、存货状况、在线提交的报价及订单 ● 在线产品的构成状况 ● 通过客户档案进行客户定制服务 ● 定制化的网站进入方式 ● 推式广告 通过网络调查进行的客户实时反馈，以及实时的营销和促销反馈	● 客户服务代表通过电子邮件响应管理、电子支付系统、共同浏览、聊天室、在线客服、网络电话等对客户进行在线支持 ● 客户通过网站和智能化的客户需求处理系统进行自助，包括对支付和货物传送情况的实时更新 ● 客户可实时获得的服务，包括客户账户的检查、采购计划的检查、零件的可获得性和订购、工作指令的更新和服务管理

网络化的供应链管理

图 5–2 互联网在价值链中的重要应用

资料来源：Competitive advantage: creating and sustaining superior performance by michae lE. porter. Copyright©1985, 1998 by MichaelE. Porter. All rights reserved. Robert M. Grant, contemporary strategy analysis. (Oxford, UK: Blackwell, 2002).

R.E.Hoskisson, M. A. Hitt & R. D. Ireland: competing for advantage (Mason, OH, Thomson-Southwestern, 2008).

Michael E. Porter: Strategy and the internet, March 2001, pp. 75.

《战略管理：竞争与全球化（概念）》(第9版)，第73页，Ireland, R. D., Hoskisson, R. E., & Hitt, M. A. (2009). The management of strategy. Mason, OH: South-Western Cengage Learning.

高品质产品和专业化服务的基础。因此，在价值链中的这项因素决定了一个服务类企业的存亡。互联网还有可能实现其中一些活动的替代，如雨后春笋般出现的大量的外包型企业，其设计、生产、销售、财务都是通过远程外包给其他专业公司进行，企业本身只有一个办公室、两三个人和一个非凡的创意（Idea）。所有的交流过程都可以通过远程通信来完成，甚至3D打印机可以活灵活现地展现出模型的样子给设计者看。

对于前文所述的三类企业来说，互联网核心企业的主要价值会集中在技术开发、销售和人力资源上；天生互联网化企业可能会根据自己的优势将价值集中在某一个环节上，但不一定是所有环节都会涉及；而传统行业则需要将自己的价值集中在技术开发和生产环节，因为互联网完全可以帮助其实现采购、物流、销售等环节。

除此之外，企业的外部价值链，也就是供应链、战略联盟乃至行业结构也随着互联网的进步而变化。本书的产业平台论一章将对此进行详细的阐述。甚至有一天，传统的价值链理论也要被重构，价值链图的形状都要有所改变。正如2014年年初的"小红马"大战，只是浏览器开放了区区一个用户自主视频快进功能，就引起整个视频行业的轩然大波，更让几大视频巨头强强联手对邀游这个小浏览器公司进行抵制，原因绝对不是这么简单。因为"小红马"们会彻底改变视频行业的价值链分配：以往的视频行业都是以流量来获得利润，前提是这些流量下的用户会在一定的时间段内较为有效地收看视频前以及中间的广告；一旦广告可以被快进，流量价值转换就毫无意义，视频企业在靠流量卖广告的行为就没有价值，广告主也不会买账，可谓断了视频公司的一大"米源"。难怪视频行业群起而攻之，非要将这个行为在引起更大范围的影响（如用户要求的体验革命）之前，扼杀在"襁褓"之中。对于前文所述的三类企业来说，互联网核心企业的主要价值会集中在技术开发、销售和人力资源上；天生互联网化企业可能会根据自己的优势将价值集中在某一个环节上，但不一定是所有环节都会涉及；而传统行业则需要将自己的价值集中在技术开发和生产环节，因为互联网完全可以帮助其实现采购、物流、销售等环节。

除企业的供应链之外，战略联盟乃至行业结构也在随着互联网的进步而变化。甚至有一天，传统的价值链理论也要被重构，价值链图的形状都要有所改变。

|第六章|
建立核心竞争力

第一节 内外部组织分析中的挑战

在完成内部环境分析的时候,企业必须找到并确定在资源、能力和核心竞争力方面的优势和不足。举个例子,如果企业在能力方面存在不足,或者无法找到有效的核心竞争力为企业的竞争优势提供来源,那么就必须尽量获得必要的资源,开发出必需的能力和核心竞争力。或者,企业也可以将自己不擅长的某个职能领域或者某项生产活动外包出去,以此来提高其能够为顾客提供的价值。

因此,企业需要拥有合适的资源和能力来制定合理的经营战略,并为顾客以及股东等其他利益相关者提供价值和回报。企业管理者应当理解,手中握有大量的资源并不等于掌握了"合适"的资源。此外,当企业的资源受到限制时,决策制定者有时甚至会更加投入,工作也更加有效。企业管理者应当帮助企业获取和使用这些资源、能力和核心竞争力,并充分加以利用,以为企业带来具有创造价值和能力的竞争优势。

一些类似于外包这样的管理工具能够帮助企业集中全部精力,令企业的核心竞争力成为竞争优势的来源。然而,经验和事实表明,企业绝对不能想当然地认为核心竞争力一定具有非凡的价值创造能力。而且,企业也不应当认为核心竞争力一定能够成为持久的竞争优势。企业之所以要在这些方面保持警惕,原因就在

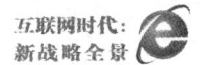

于所有的核心竞争力都有可能会造成核心刚性。因此，一种核心竞争力可能既是一种优势又是一种不足。之所以是优势，是因为它能够成为企业竞争优势的来源；但如果一种核心竞争力不再具有竞争优势，企业对其过分地强调反而会为企业的刚性埋下种子。

与企业文化有关的刚性可能就是福特汽车公司遇到的一个问题，因为有些人争论说，从本质上来看，福特公司的文化已经成为一种核心刚性，从而使福特公司为完善经营业绩而付出的努力受到了限制。用一位作家的话来说："无论通过哪种方式，福特汽车公司最终总会明白应当如何生产出更多令消费者满意的汽车。并且，为了达到这个目的，这家公司还需要解决一个最为根本的问题，那就是福特的公司文化早已失去效力。或者说，那更有可能是一种失败者的文化。"与此恰恰相反，丰田汽车公司一直都在反复地对产品设计、顾客服务、产品销售以及员工培训等活动进行认真检查，它并没有因为过去的成功而停滞不前。

企业外部环境中发生的事件会为核心竞争力成为核心刚性、造成惯性并抑制创新而创造条件。"在通常情况下，核心竞争力的另一面，也就是所谓的'黑暗面'，会因为外部环境中的时间而被揭示出来，例如，当新的竞争对手发现了一个更有效的方式为企业的顾客提供价值时，当新的技术出现时，或者当政治、社会事件导致外部发生根本变化时。"然而，在最后的分析中，外部环境中的变化并不会导致企业的核心竞争力成为核心刚性；相反，企业管理者在战略上短视和僵化才是真正的问题所在。

在外部环境分析中，企业确定了可能会选择做什么；在内部环境分析中，企业理解了自己能够做什么，在此之后，企业就掌握了选择业务层战略所需要的一切信息，而业务层战略则可以帮助企业实现战略远景和使命。

第二节　互联网时代的价值创新

在互联网情境下，企业价值创新的来源，无非有如下几种：①由于技术创新带来的突破性变革，带来从未见过的产品；②由于开发出更多客户需求带来的渐进性变革而与之而来的是新颖的服务；③由于在原有商品的重新组合上带来的模式变革而带来新颖的消费感受。有新价值的出现就可能出现利基点，可能诞生新企业甚至颠覆整个行业的面貌或者导致行业洗牌重构。2014年春节期间重磅推出的微信红包功能，从功能上乍一看和支付宝的账户转账功能没有什么区别，但是却在用户和业内引起了巨大的轰动，这个爆点就是它添加了一项"群红包"功能：只要你绑定银行账户并往红包里存入一定金额的钱，设定允许多少人（假定数值为N）抢这个红包，系统就会将这个金额以随机数额不平均的方式分配成N个红包。抢到红包的人在朋友圈晒"手气"的同时，吸引了更多的人加入到这个游戏中去。虽然这些红包的金额都只是几元、十几元，却实现了更多的价值：沟通、娱乐性。为了进一步加大微信支付的市场，微信前脚刚从红包大战中跨出来，后脚就加入了情境支付的打车大战中。在滴滴打车和快的打车诞生之前，人们习惯在路边等待或者拨打96103/96106预约车辆。在打车大战之后，几乎人人都在使用手机叫车，除非是特别短途需求。96103等电话叫车服务几乎已经在北京销声匿迹了。正如朗涛公司的CEO韦尔奇所言，只要改变客户体验，企业就不难转型；若要是转型，必须彻底地改变客户体验。

资产专用性、时间压缩不经济性导致经济租下降；资源随着人走；对于人才和资产的集中度要求更高；一步慢，步步慢，可怕的迭代；大企业是大而不倒，小企业需要先试再说（一将功成万骨枯，等不了不断论证），但是试错成本可能越来越低（因为出路变多了）；可持续竞争优势的来源是高黏度的客户群，所以，客户被一系列的TAG打开和定义；速度越来越重要。如果速度和创新是互联网时代下企业发展的核心，那么在这样的前提条件下，新的持续竞争优势（或者称壁垒）从哪里来？在传统的VRIO范式中，四个因素都受到了冲击：实体产品本身使用价值趋平，服务、增值性价值成为产品和服务差异化的基本方面；特殊资源，特别是人才资源的稀缺、无形资产的稀缺扼住咽喉；用户的特定需求信息的获取——用户行为信息是稀缺资源，需要项目保密和争取；信息成为最重要的生产资料之一；模仿速度越来越快、学习能力和吸收能力越来越高，人才流动带来知识、专利、产品的流动迅速；替代品，无论同质性的还是异质性的都越来越多，人们的可选择项越来越多，比较成本呈指数下降趋势。在这其中，用户才是王道，所以互联网时代的可持续竞争优势的来源，除了高灵活性的企业战略、动态的学习能力之外，还有对高黏度用户群的占有等。

对于核心企业来说，互联网思维可能需要企业把握好较为集中的技术资源和人才资源，控制创新步调，引领全行业发展。核心企业对已有模式的创造性破坏

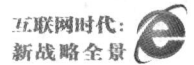

是尤为重要的,可能它们的比对标杆很少,需要企业不断地摸索和自我挑战。对于天生互联网化企业来说,由于其需要"寄生"在核心互联网企业上,可能要从两种发展方向中确定自身的发展方向,找出发展重点,建立发展壁垒:要么纵向做"深",也就是往专业型企业发展;要么横向做广,也就是为多个行业的传统企业服务,横跨多种业务模式,大而不倒。而对传统企业的启发将是更加深远的。"互联网思维"和"互联网化"并不仅仅是一句口号,更是思维模式的转变以及执行各个环节的转变,企业将面临"全方位的挑战":传统内部价值链的每个环节都可能发生变化、被粗暴快速地打破或重组;交易成本发生改变,传统建立的竞争优势由于壁垒的打破可能迅速失去;行业格局可能发生了天翻地覆的改变,与利益相关者之间的关系变得多元化、复杂化。这一切的变化可能是瞬息之间的,不留任何喘息和停歇的时间。传统企业如果学习能力、吸收能力不够高,柔性和创新能力不够强,很可能就不能在这次的互联网冲击中完成华丽的转身,最终被市场所淘汰。核心企业在互联网思维的大潮中,需要在业务模式方面不断突破自我。虽然企业发展各有侧重,但是不能忽略有增长潜力的市场。因为这再也不是一个抱着核心技术就能当作铁饭碗的时代。而天生互联网化企业也要随时跟上互联网核心企业的改变步伐。可以选择两种发展思路:纵向做深(专业型)和横向做广(建立全产品线模式)。对于传统企业来说,需要再次萃取企业的核心能力,并打破原有思路,乘上互联网的东风。

战略聚焦:

生存之战——网飞 vs 百视达

不论企业使用何种战略,都需要持续改进以维持竞争优势。以百视达(Blockbuster)为例,2010年,百视达挣扎求生,许多分析专家认为它可能会倒闭。这个曾经是电影租赁行业的领军者怎么了?我们可以用另一个问题来回答这个问题。还有人愿意开车去商店租电影,然后开车回家,看完之后的几天内再还回店里吗?答案是"几乎没有人",因为他们能够坐在家中通过邮件点播或者通过有线电视系统或者卫星电视系统点播电影。换句话说,百视达怎么能忽略网飞公司(Netflix)和视频点播系统呢?

经过多年的成功增长，世界最大的录像出租连锁店百视达从其母公司维亚康姆（Viacom）公司独立出来。录像和DVD租赁的销售额已显著减少，市场需求的包括数字电影在内的新技术，正威胁着百视达原本的核心业务。为了生存，百视达需要一个新战略。

大卫·P.库克是一个年轻的创业者，他建立了第一家百视达录像租赁店。为了和原有的录像带租赁夫妻店只能提供主题种类游戏、时间短的录像带和少得可怜的服务进行竞争，库克建立的现在被人们所熟悉的超级录像店形式：宽敞又明亮的百视达店面。他为顾客提供了一个可以从成百上千的录像带中挑选影片的环境，类型包括古典、外语片、音乐剧、西部片、连续剧和动画片。百视达通过收购和开设新店迅速而广泛地进行扩张。最终，其大约50%的门店是特许经营。

在数年间，百视达获得了巨大的成功，但娱乐行业和新技术的变革导致了竞争加剧（如卫星电视和数字点播技术）。TiVo和ReplayTV这样的产品使在家录制和观看自己选择的电影成为对顾客有吸引力的选项。如网飞（Netflix）这样的企业同样也带来强力的竞争。网飞并不会收取滞留金，而会按月收取订阅费，顾客能够想看多少电影就看多少。为了与网飞竞争，百视达建立了它自己的在线服务和固定收费服务。然而与网飞不同，公司因为有着8700家真砖实瓦的门店而担负着庞大的成本。

百视达最近显然陷入了麻烦。网飞的股票价格盘旋在70美元每股上下，而百视达每股价格只有30美分。百视达在2008年和2009年间失去了9.32亿美元的市值，并且其市值一直在蒸发。许多分析者预计在不久的将来，这家公司就会申请破产。

尽管有些亡羊补牢，但公司最近还是为应对竞争以试图重新夺回失去的市场份额而做出了很多举措。举例来说，公司最近与TiVo签订了一个协议，通过TiVo的机顶盒系统实现公司的网络在线订购服务。百视达也与主要的电影制作公司签订了协议，为店面和网上收集畅销电影。最后，百视达还推出了在SD卡上出租电影的服务。这是为了和大受欢迎的红盒子电影租售亭进行竞争。

百视达能否成功免于破产的威胁并有所转机？此处我们还不好说。从某

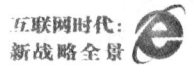

些方面来说,这是典型的熊彼得所说的创造性破坏。一些竞争者设计了更好的系统,其中有些能够使用独特的新技术来满足客户的需求。网飞公司是最初的"破坏者",但还有许多其他的竞争者用其他的新创意破坏原有市场,如"红盒子"(Redbox),而百视达却对此反应缓慢。

资料来源:R. Grover. The last picture show at blockbuster? business week,April 26, 2010, http: // www.businessweek.com.

Blockbuster makes payment deals with movie studios, forbes, April 7, 2010, http: //www.forbes.com.

K. Eaton. Blockbuster goes online with TiVo, appleto saveIts business, fast company, March 26, 2010, http: //www.fastcompany.com.

J. Tamny. What blockbuster video can teach us about economics, forbes, March 22, 2010, http: //www.forbes.com.

C. Dannen. Blockbuster to rent movies on SDCards, But why? fast company, November 9, 2009, http: //www.fastcompany.com.

S. G. Beatty. Viacom's Blockbuster rethinks strategy, wallStreet journal, November 20, 1995, A1.

C. Taylor. The movie Is in the mail, time Canada, March 18, 2002, 40.

S. Diaz. Digital video recorders challenge television advertisement makers, San Jose Mercury News, June 13, 2002.

R. A. Munarriz. Date netflix, marry amazon, kill blockbuster. The Motley Fool, February 14, 2007, http: //www.fool.com.

第三节 外 包

作为企业获得零部件、成品或者服务的一种方式,外包(Outsourcing)是指从外部供应商那里购买的一种可创造价值的服务。如今,很多营利组织和非营利组织都在积极地将外包作为一项决策。有效的外包可以使企业提高灵活性,降低风险,并减少资本投资量。全球范围内的多种行业,向外包趋势迈进的步伐正在不断加快。此外,在某些行业中,几乎所有的企业都在通过有效的外包方式来寻求更高的商业价值。汽车制造业和最近兴起的电子行业就是两个例子。同其他战略管理的决策程序一样,在企业决定是否进行外包之前,仔细又全面的研究是必不可少的。

外包之所以有效的一个主要原因是,极少有企业在所有的主要和辅助活动中一并拥有实现竞争优势所需要的一切资源和能力。比如,研究表明,极少有企业能够独自在内部开发出那些能够在将来为企业带来竞争优势的所有技术。通过对少数几种核心竞争力的开发，企业就可以提高其建立竞争优势的可能性，因为企业不会过度地分散自己的精力和资源。同样，通过将企业自身缺少竞争能力的一些业务活动外包出去，企业就可以完全专注于那些能够创造价值的核心竞争力。

在通常情况下，企业选择外包的只能是无法通过自身的力量从中创造价值的业务活动，或者是与竞争者相比具有明显劣势的业务活动。为了确定企业是否选择了合适的主要活动或辅助活动进行外包，管理者应当具备以下四种能力：战略思考能力、交易决策能力、关系管理能力和变化管理能力。管理者需要理解企业的外包活动能否以及如何为其创造竞争优势——他们必须能够从战略角度思考问题。首先，为了实现有效的外包交易，这些企业管理者必须成为明智而又果断的交易的决策者，要能够从外部供应商那里确保自己的权利，促使供应商尽全力为企业提供服务。其次，在外包活动中，企业会与接收外包活动的供应商达成合作关系，因此，企业管理者还需要对这一合作关系进行合理的监督和管理。最后，由于外包活动会对企业的运营方式产生巨大影响，因此，外包活动的管理者还需要处理外包活动对企业造成的变化，消除员工因改变而产生的抵触情绪。

除此之外，外包还会带来其他一些问题。在大多数情况下，这些问题都与企业创新能力的缺失和工作职位的减少有关，因为企业必须把原本由自身承担的一部分生产活动外包给其他企业。这样一来，创新和技术的不确定性就成为企业在制定外包决策时必须考虑的两个重要问题。不过，企业也能够从外包供应商那里学习到如何提升自身的创新能力。企业必须认识到这些问题，并且当面对各利益相关者（如企业员工）的不满和质疑时，要做好充分的准备以面对这些由外包活动带来的问题。班加罗尔的贝尔法斯特是技术外包的最新热门地区，与在中国和印度其他地区的业务展开竞争。然而，IBM最近决定将其外包业务保留在美国本土，而不是将其转移到国外。

与所有的战略管理工具和方法一样，企业必须建立一些标准来指导外包决策的进行。可以说，外包是一项规模庞大的业务活动，但并不是所有的外包决策都能够获得成功。我们可以考虑一个例子，由于各种延迟和成本的飞涨，美国电子数据系统公司（EDS）不得不放弃一个价值10亿美元的机会，那就是接管陶氏化学公司的电话和计算机网络。这些不尽如人意的结果都表明，企业应当对外包的可行性进行认真的研究和分析，以确定外包活动的执行为企业创造的价值的确会超过由此产生的成本。

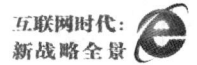

在互联网时代，企业分工加深，外包活动无论从深度还是广度都得到了进一步的加强。外包行为通过战略联盟等方式展开，既保证了企业在技术和用户上的壁垒受到保护，又造福了合作双方。

战略聚焦：

耐克：互联网思维下的成功转型

近日，耐克足球发布了"搏上一切"足球市场活动的第三部短片。在这部名叫《终极对决》的5分钟左右的动画影片中，足球这项运动被操纵在克隆球星的科学家手里，这些克隆人组成了一支"永不出错"的球队。但球队却因为丧失了真实球员的冒险、拼搏精神和人为失误后，失去了观赏性，而被观众抛弃。

在动画中，一些全球顶级球员被组织起来去完成一项任务：从邪恶的幕后操纵者手中拯救足球。他们要和不会出错的"克隆明星"们进行一场终极对决——结果当然是会犯错误的真人球星赢了。

耐克的这个动画短片在朋友圈里迅速传播，足球明星反攻时不断叨咕的"不敢冒险才是真正的冒险"引起了强大的共鸣，这个自我激励的主题盖过了阿迪达斯的宣传片，这显然是耐克品牌一贯宣传的个人拼搏与励志的主题的成功延续。

其实，对于耐克在互联网时代所做的数字化转型来说，我们可以把这个动画短片看做一个隐喻——耐克正在进行一场互联网时代与新老对手的"终极对决"。目前来看，耐克战绩不错。

最新的数据显示，在截至2014年2月底的12个月中，耐克营收增长了8.1%。

（一）耐克赢在了哪里？

耐克去年因两项技术上的创新——新的鞋面技术Flyknit以及运动数字化产品Nike＋FuelBand（一款智能手环），被Fast Company评为"2013年世界上最具创新力公司50强"第一名。在Millward Brown公司刚刚公布的2014年Brand全球百大品牌价值排行榜中，耐克超越Zara居服饰类榜首——具体为耐克公司（245.79亿美元）、Zara（231.40亿美元）、H&M（155

亿美元)、优衣库 (73 亿美元)、阿迪达斯 (71 亿美元)。耐克的品牌价值超过了直接对手阿迪达斯两倍。

在传统的技术指标上,耐克也保持领先。日本 Aastamuse 是一家收集日本国内外的专利信息等官方数据并分析企业知识产权实力的公司。该公司于 2014 年 6 月 10 日公开了专栏 "巴西世界杯备受关注的世界顶级球员足球鞋大揭秘",从知识产权综合实力来看,耐克居首。也就是说,相比阿迪达斯和其他竞争对手,耐克持有很多具有优势的新专利。

利用数字战略,耐克正在制定更加雄心勃勃的销售目标:耐克去年预计,截至 2017 年 5 月份一个财年,该公司营收将达到 360 亿美元,年均复合增长率为 9.2%。

耐克为什么能赢对手那么多?实际上,我们早就不能把耐克看作一个传统的运动品牌公司了,你可以把它当作一个贩卖运动时尚——从观念到生活方式再到配套产品的高科技的服务公司。

这整个改变的过程,可以看作耐克在互联网时代的自动发动的一场"终极对决",主要的对手是那些互联网新兴企业而非阿迪达斯这种老对手。对于耐克这家市值超过 600 多亿美元的巨型公司来说,这些新兴互联网公司的能力还很小,但耐克已经感受到了它们的潜在威胁,它们头脑灵活、步伐轻快。比如,受 Nike+ 启发做了运动类应用的 RunKeeper 和 Endomondo 很快便拿到千万美元的风投,汇聚其千万规模的用户,Endomondo 不但与 Fitbit 等公司合作推出便携设备,更是创立了自己运动服饰的品牌,直接跟耐克抢生意。

技术优势当然是取胜的重要因素,但比技术更重要的是视野。耐克这个半个世纪以来专做运动装备的公司,正用一种互联网和用户体验的思维去重塑运动品行业,把自己变为一家围绕爱好运动的用户的服务公司,卖衣服和鞋只是它提供的产品之一。

(二) 耐克的互联网布局经过了从硬件到软件,再到社区+大数据的过程

耐克的互联网转型可以追溯到 8 年前的 2006 年。那年 5 月,耐克与苹果公司在纽约联合发布了 Nike+iPod 运动系列组件。Nike+iPod 组件在鞋里加上传感器并给 iPod 装上接收器,使用户能够实时看到自己的步速、距离

等一系列跑步数据。这是耐克推出的第一款智能硬件，售价仅19美元，是个比成人拇指盖大一圈的芯片产品，用户可以把它收集的数据传输到 nikeplus.com 上面，就能和朋友分享自己的运动经验并得到一些建议。

自那以后，耐克发布了 Nike＋GPS 和 Nike＋Training 的 APP，还有一个叫 Nike＋SportWatch GPS 的设备和针对专门领域的 Nike＋Basketball 等。它们的功能与原始的 Nike＋芯片类似——追踪、记录和分享。

不了解耐克数字战略的人，会认为最近耐克宣布放弃 Nike＋FuelBand 是在收缩数字业务，其实耐克是把这部分交给了它的老伙伴苹果去做，而自己专心经营软件和其背后庞大的爱好运动的用户社区去了。

Nike＋Running 的跑步 APP 在运动人群中相当流行，更重要的是，与100多美元的 Fuelband 不同，它是免费的。仅在中国市场，去年 Nike＋Running 应用的下载量就超过300万次。而从全球来看，Nike＋的用户规模至少在2000万上下。换句话说，通过免费的 APP，耐克可以更好、更高效地接触到自己的核心用户人群。

在耐克的互联网战略中，更多有想象力的部分还来自大数据。这些 Nike＋系列收集运动爱好者的运动和身体数据，另一端就可以接通各类健康服务商。比如，苹果就联合耐克等第三方健康应用发布了一款名为"HealthKit"的数据整合应用程序，用户可以通过它将来自不同健康设备的信息进行汇总，以提升医疗服务。

（三）耐克互联网布局的战略支撑和组织支持

考虑到苹果 CEO 蒂姆·库克于9年前就加入了耐克董事会，耐克的数字之旅绝对是经过精心布局的。

耐克数字运动部门成立于2010年，整个团队有240人，最有名的产品是Nike＋，与耐克的研发、营销等部门属于同一个级别，在耐克全球的组织框架当中处于很高的位置，而在此之前，Nike＋的项目运营主要是由耐克营销部门下面负责跑步运动的数字营销团队完成的。这样的架构调整传递出的明确信息是运动数字化已经正式成为耐克的战略发展方向。

战略需要配套的组织和人才支持。耐克内部就有一个类似于谷歌实验室的部门——创新厨房，负责耐克内部前沿项目的开发与试验，而 Ben Shaffer

在耐克的角色类似乔纳森·伊夫之于苹果，燃料腕带 Nike+ FuelBand 就是这个部门研制出来的。2014 年 4 月，这个实验室的负责人 Ben Shaffer 被苹果挖走，去研究苹果智能手表 iwatch 了，他有可能是全世界可穿戴设备领域最尖端的人才之一———由此可见，耐克在智能硬件方面的技术所达到的水平。

耐克更大的变化在于对移动应用开发的开放：它不打算再自己单打独斗了。2014 年 4 月 11 日，耐克宣布在旧金山成立 Fuel Lab 实验室，将 Nike-Fuel 的平台开放给第三方开发者，以寻求更多创新应用的可能。耐克不久前还与美国第二大孵化器 TechStars 合作推出了 Nike+ Accelerator 项目，鼓励创业团队利用 Nike+ 的平台开发出更加创新的应用。

耐克发展智能硬件和软件实际上是搭建了一个传统营销渠道之外的渠道，它直接和每个用户或潜在用户时时相连。其结果是在过去的 3 年中，耐克用在传统媒体的广告预算下降了 40%（它的营销预算在 2011 年创纪录地达到了 24 亿美元）；此外，耐克在 2010 年的非传统营销预算已达 8 亿美元，所占总营销预算比例在美国广告主中名列第一，之后这个比例还在不断上升。

由于这些互联网平台上的用户之间时时交流分享体验，不断带入新客户，在创造和传播品牌忠诚度的同时，还带动了销售业绩。耐克北京的一位店长表示，就北京市场而言，大概有 40% 的 Nike+ 用户购买了耐克品牌的跑步鞋，并会持续购买其他装备。虽然没有关于 Nike+ 的财务细节，但分析师称，Nike+ 的会员数在 2011 年增加了 55%，而其跑步业务营收增长高达 30%，达到 28 亿美元，Nike+ 功不可没。

资料来源：今日非常事，品途网，2014-06-25，8:26http://www.pintu360.com/36329.html。

本篇知识点小结

● 在如今全球化的商业环境中，一些传统的生产要素（如劳动力成本、获取财务资源和原材料的能力）仍然能够为企业创造竞争优势。然而，这些因素能够带来竞争优势的可能性却在逐渐降低。在新的竞争格局中，企业内部组织中的资源、能力和核心竞争力与外部环境中的条件相比，可能会对企业的业绩产生更重大的影响。那些最成功的企业能够认识到：只有当核心竞争能力（在研究企业的内部组织时可以确定）与机遇相契合（在研究企业的外部环境时可以确定）的时候，企业才能够获得战略竞争能力和超额利润。

● 没有任何一种竞争优势可以持续永远。随着时间的推移，竞争对手会运用其独特的资源、能力和核心竞争力来形成完全不同的，但有效率的价值创造能力，凭借这种能力，竞争对手就可以复制企业的竞争优势。总的来说，互联网的能力正在使很多企业竞争优势的可持续性大大减弱。由于竞争优势不具有绝对的可持续性，因此，企业必须在发掘现有的竞争优势的同时，充分利用各种资源和能力形成新的核心竞争力，进而帮助企业在未来的竞争中取得成功。

●有效地管理核心竞争力要求企业对自己的资源（生产过程中的投入）和能力（为了实现某一项或某一些具体的任务而被专门整合在一起的各种资源）进行认真的分析。人力资本拥有的知识是企业手中掌握的最为重要的一种能力，并最终有可能成为企业所有竞争优势的根源。企业必须创造一种环境，使得所有的员工都能够将各自拥有的知识与其他人交流，从而使企业能够在整体上拥有更多的组织知识。

● 个人资源通常不是企业竞争优势的来源。相反，企业的能力则更有可能成为竞争优势的来源，尤其是可持续竞争优势的来源。

● 只有在企业的能力是有价值的、稀有的、难以模仿的和不可替代的情况下，它才可能成为企业核心竞争力和竞争优势的来源。随着时间的推移，企业必须对核心竞争力提供支持，而不能让它们成为核心刚性。只有在核心竞争力能够促使企业利用外部环境中的机会创造价值的情况下，核心竞争力才能够成为企业竞争优势的来源。如果情况不再是这样，企业就必须转移自己的注意力，认真选择并开发其他的企业能力。通过研究与主要和辅助活动相关的技能，企业可以了解其成本结构，并找到创造价值的行为方式。

● 如果企业的主要活动和辅助活动都不能创造价值，就必须考虑外包。在如今的全球经济中，外包得到了广泛的采用，它指的是从外部供应商那里购买一种能够创造价值的服务。企业只能选择那些在特定的主要活动和辅助活动方面具有竞争优势的企业进行外包。此外，企业还必须不断确定有没有把自身能够创造价值的业务活动外包出去。

本篇复习题

1. 为什么对于企业来说,研究和了解其内部环境是非常重要的?

2. 什么是价值?为什么说企业能否创造价值是很重要的,企业应当如何创造价值?

3. 有形资源和无形资源两者之间的差别是什么?为什么了解这些差别对于决策制定者来说是很重要的?相对于无形资源,有形资源是否与创造竞争优势之间的关系更加紧密?或者相反?为什么?

4. 什么是能力?企业如何创造自己的能力?

5. 企业用来衡量各种能力是否成为核心竞争力的四个标准是什么?为什么说这些标准的运用很重要?

6. 什么是价值链分析?当企业能够成功地运用这个工具时,企业能够获得哪些收益?

7. 什么是外包?企业为什么要进行外包?在21世纪,外包正在变得越来越重要吗?如果是,原因是什么?

8. 企业如何确定自己的内部优势和劣势?为什么说管理者清楚地了解企业的优势和劣势是非常重要的?

篇末案例和练习

案例1 是什么在改变游戏需求?游戏的时间争夺战(节选)

游戏市场每天都在变,玩家每天都在变,他们到底喜欢什么样的游戏?哪一天某个游戏突然火了,想不清楚为什么,我相信大多数游戏设计师都会或者曾经有这个感觉。到底是什么东西影响着玩家们的游戏需求?

一、重新定义游戏需求

什么是游戏需求?一看这个词我觉得很多人已经"呵呵"了,这不是很简单的一个概念吗?我这里提及这个概念是想从一种不一样的角度来进行分析,自信的读者们可以略过了。游戏需求这个词看上去很简单,却又有无数内涵蕴含其中,最后"只可意会不可言传"可能是最佳的解释。但其实,简单地说,游戏需求就是玩家想通过玩游戏获得什么。

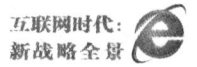

乔布斯曾经有一句最经典的话："用户永远不会知道自己的需求是什么。"所以就有了 iPhone 这种"告诉用户他们自己的需求是什么"的革命性产品。

如果一个游戏设计师去问一个玩家，他的游戏需求是什么，他或许能说出他喜欢玩什么游戏，但这并不能代表他内心最真实的需求。《刀塔传奇》出来之前有多少设计师能保证它会成功？又有多少玩家会说，"这就是我想要的游戏"？

玩家的游戏需求在不断影响着设计师们对游戏体验的设计，而游戏体验也在不断创造新的游戏需求。我不相信这会是单纯谁决定谁的关系，但我们可以尝试从另外一些维度来分析游戏需求因为什么而产生了变化。

我尝试从以下几个维度来对游戏需求进行分析：

Condition：玩家在什么状态下玩游戏？

Device：玩家用什么设备来玩游戏？

Time：玩家玩多久游戏？

Experience：玩家的游戏体验是怎样的？

第一，玩家在什么条件下玩游戏。这里的"状态"指的是 When（什么时机）和 Where（什么地方）。是在晚上下班回家呢，是工作中的休息时间呢，还是在上课途中呢，还是暑期放假呢等，这些都是玩家可能玩游戏的状态。玩游戏的状态千变万化，我们没有办法去准确猜测玩家会在什么时候和地点玩游戏。

所以，我们只需要肯定两件事情。一是无论什么时候玩游戏，玩家同一时间点只可能把注意力放在一款游戏上（因为人的眼球不能同时盯着两个屏幕）。二是状态可以归纳为"在家"和"外出"两种状态。

第二，玩家用什么设备玩游戏。这一点会受第一点的"条件"影响。如在户外，玩家只能通过移动设备来玩游戏；而在家里则可选择性很多，如 PC、电视主机。

第三，玩家玩多久游戏，即玩家的期待游戏时长是多少。区别于通常所讲的单次游戏时长，这个时间是玩家所期待的，而不像现在大多数手游一样，由游戏设计师硬生生设计出来强加于玩家的。这个期待的时间长度是一个难以捉摸的东西。如果游戏好玩，玩家会花更多的时间去玩这款游戏；反之，玩家会很快离开游戏。玩家离开游戏后，并不代表他就不进行游戏了，而是可能去玩别的游戏。这种情况就说明游戏体验没有办法达到玩家的期待游戏时长。

第四，玩家的游戏体验。这是老生常谈的话题了。游戏的核心玩法是什么、故事背景是什么、画面感觉怎样、游戏深度如何等都归为游戏体验。游戏体验是实实在在满足玩家需求的方式。玩家对游戏体验的需求各种各样：有喜欢探索未知世界的，于是就有了《上古卷轴：天际》；有喜欢打打杀杀获取成就感的，于是就有了《征途》；还有喜欢收集和建造的，于是就有了 Minecraft（我的世界）；有喜欢孤独终老的，于是就有了 Journey（风之旅人）；有喜欢恐怖解谜的，于是有了《生化危机》系列。每一种类型的游戏，都能够满足玩家某些特定的需求。

以上这四个维度是自上而下的，也就是说，根据上一级的状态不同，下一级将会受到影响。如根据玩家"期待游戏时长"不同，游戏体验就会产生变化。我个人认为，以上这四个维度基本上就可以完全解析玩家需求，从而定义一个玩家群体。

二、时间因素在改变

时间因素是如何影响游戏需求的？换句话说，玩家的"期待游戏时长"给游戏体验提出了什么样的要求？

昨天，蓝港互动的王峰前辈的内部邮件被"曝光"了。我看过了他的文章，认为他在内部文章中针对移动游戏提及两个关键的游戏设计理念，即"游戏节奏"和"连贯性"。而这正是我在本文想要分析的"时间"因素。

王峰说："一款好的手机游戏需要让玩家爽到停不下来。"

手机游戏从一开始到今天，基础的设计理念是没有改变过的，即"碎片化设计"。因为考虑到手机游戏的玩家可以在任何"状态"下利用移动设备玩游戏，所以，要求游戏的设计能够满足玩家哪怕只玩 1 分钟也能随时中断退出，因此流行单次游戏时长极短的关卡式设计。这种设计理念在传统的 PC 和主机游戏上都是没有的。

针对"碎片化设计"而同时又要让玩家玩了之后"停不下来"，这不是矛盾吗？是的，我个人认为，这在某种程度上的确是矛盾的。

如图 6-1 所示，2013 年 8 月，日本 MMD 分析机构针对日本手机游戏市场，得出的调查结果：近 80% 的手机用户平均每天玩手机游戏不超过 30 分钟。在日本这种手机游戏高度发达的国家，竟然有 8 成玩家每天玩手游的时间不是 30 分钟！

以这个为例，我们暂且把这个"时间"因素定义为 30 分钟，即玩家每天花在手机游戏上的期待游戏时长是 30 分钟。

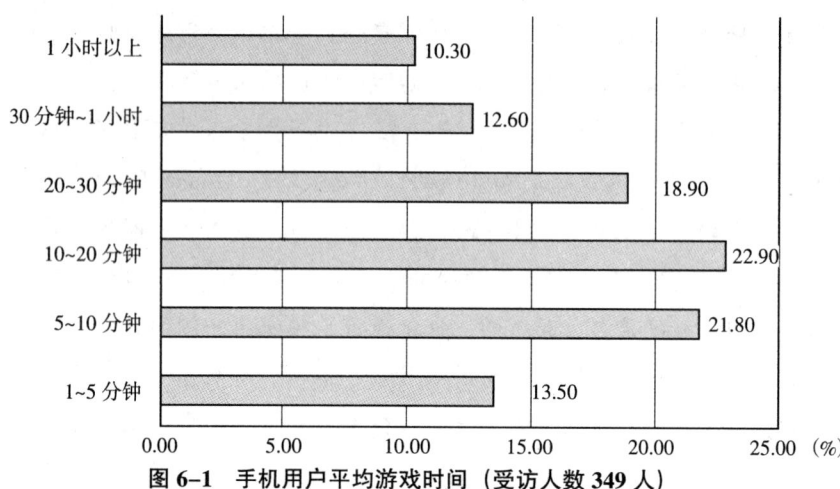

图 6-1　手机用户平均游戏时间（受访人数 349 人）

资料来源：MMD 研究所。

如果我们把这 30 分钟分配到 10 款游戏，也就是说，平均每款游戏只玩 3 分钟；然而，如果玩家这 30 分钟全部用在一款游戏，对于手游，这个时间其实已经很长了。因此，"停不下来"这个说法的道理显而易见，则是尽可能吸引玩家只玩你这一款游戏。

现在，我们让时间回归到 2011 年的中国。看看这三年来，中国手机游戏发生了什么样的变化？设备普及、用户暴增、支付渠道成熟等因素让市场规模一翻再翻。这里很多人只注意到，用户规模和付费习惯的改变，而很少人留意玩家的"期待游戏时长"也在不断延长。玩家每天花在手机游戏上的时间越来越多。手游的"每天游戏时间"这个指标，在我记忆中，2011 年中国玩家是不足 10 分钟的。

为什么当年《我叫 MT》会火，为什么现在变成了《刀塔传奇》？为什么前年和去年人们都在抄《时空猎人》的游戏循环，而现在都在抄《刀塔传奇》的循环？以前流行 120 点体力值（10~20 次关卡时间），而最新推出的游戏《影之刃》在充值后发现体力上限去到了 210 点（35 次关卡时间），Why？如果仔细去分析这些成功游戏的游戏节奏把控，以及循环设计的技巧，你会发现，现在的手机游戏越来越注重玩家的长时间连续游戏体验。这就是时间因素的改变让游戏需求产生了变化，而什么游戏能更好地迎合这种变化，就相对有更好的游戏体验。

三、"碎片化"与"逆碎片化"

不只是手机游戏在变，PC 端游戏也在变。

让我们回到 2005 年后《魔兽世界》等 MMO 游戏几乎一统 PC 游戏"江湖"的年代。在那个时候，MMO 是 PC 游戏最常见的形式，玩家一玩就是几个小时。

然而，看看今天。《英雄联盟》市场渗透率为 70% 以上，成为中国最受欢迎的网络游戏。2014 年 3 月正式推出的《炉石传说》也成为了大热门之一。而《魔兽世界》的玩家数量在不断地流失，腾讯推出的《斗战神》、《剑灵》成绩不佳，盛大最近推出的《最终幻想 14》成绩惨不忍睹，空中网《激战 2》也是在一大波声浪后隐去。

为什么会出现这种现象？我们来分析一下这些游戏的"单次游戏时长"。

英雄联盟：20~40 分钟；

炉石传说：5~20 分钟；

魔兽世界：没有 3~4 小时做不完所有日常任务；

斗战神：1~15 级的新手任务，仅自动寻路就用去了 2 个小时；

剑灵：每天练完经验值还要刷几小时副本拿狗粮；

最终幻想 14：十五级的副本，刷一次就用了 40 分钟，不计组队时间在内；

激战 2：每天只做日常也至少要 1 个小时。

我们发现，单次游戏时长较短的游戏在目前的市场占有明显的优势。我想很多人已经发现其中奥妙了。

我曾经在玩 MMO 的时候，发现游戏中有不少玩家会觉得自己是在被游戏"拖累"。每天不得不上线做几个小时的日常任务加活动，否则赶不上服务器大体的进度，连约会女朋友的时间都没有了。然而，《英雄联盟》这类型游戏就有天然的优势。它的单次游戏时间短，每次游戏之间的"传递效应"极低，玩家不用考虑他是否今天一定要进行多少次游戏，几个月不玩照样可以跟得上进度。

移动游戏的兴起，虽然很多人不相信，但我认为它给 PC 游戏市场同样带来了巨大的影响。

有人跟我说，"PC 游戏跟移动游戏无关"、"设计思路就不一样"之类的。当然，这句话放在几年前，我认为是对的；而放到现在，我觉得不太对了。

由于玩家同一时间点只可能把眼球注意力放在一个屏幕上，所以不存在一边打《英雄联盟》，一边玩《天天爱消除》。假设，一个玩家他每天的"期待游戏时长"是 3 个小时，从前他将 3 个小时都用来玩 PC 游戏；而在今天，他可能会腾出 30 分钟来玩移动游戏，那么，留给 PC 游戏的时间就只有 2.5 个小时。

时间少了!——这就是时间因素的变化所产生的玩家需求的改变,这就是所谓的"碎片化"与"逆碎片化"。

随着移动游戏的兴起,游戏体验不断提高,PC端游戏呈"碎片化"趋势,而移动游戏则呈现"逆碎片化"的趋势。

这两个市场的关系就像是一个天平,不断在争夺玩家的游戏时间,而到达某个平衡点暂时静止。

四、游戏节奏与连续游戏性

既然玩家的"期待游戏时长"在不断改变,那么我们应该顺应这种趋势来对游戏节奏进行严格把控,保证"单次游戏时长"不会超过玩家的最小"期待游戏时长"。一旦超过,一部分玩家会觉得没有时间玩这种游戏,进而流失玩家。而我们可以通过连续游戏性的设计来允许玩家在有时间的情况下多次进行游戏。

因此,我们的目标很明确:

(1)控制单次游戏时长,同时把每次游戏体验做到极致;

(2)低成本的游戏连续性设计。

针对手机游戏来说,控制单次游戏时长是每个设计师的常识,因为玩家很可能1分钟后就会开始工作。然而,对于单次时间内的极致体验就很考验功夫。对于连续性设计,也是手机游戏的一大挑战。通常为了控制安装包的大小,手机游戏内容都非常有限,而通过不同难度的重复游戏和硬生生的体力值机制来限制玩家。这样一来,对于需求强烈连续性体验的玩家将不能满足。

反之,针对PC游戏,单次游戏时长的缩短将使得很多类型的MMO难以设计,而单次游戏时间短的竞技类游戏则有天然优势。如果是我,我会把现有MMO中繁多的日常任务和在线活动大量削减,或减少它们对游戏成果带来的影响,让玩家更好地、自发性地进行游戏。而连续性设计则是PC游戏设计师的强项。

五、时间抢夺的时代,我们该做什么样的游戏?

变化并不可怕,因为它会不断带来新的机会。从现在开始,如果我们重新开发一款游戏,我们该做什么样的游戏?如何保证研发周期过后,我们的游戏是可以适应那个时候的玩家需求的?

通过对玩家需求分析的"C.D.T.E"四个点的切入,可以找准自己的游戏定位。而"Time"这个因素,则成为决定游戏Core Loop(核心循环)设计思路的基础。

在目前的时间点，我认为去做一款 PC 上的 MMO 是一种吃力不讨好的高风险行为。未来移动游戏是否会进一步"逆碎片化"，玩家是否会期待更长、更连续的游戏体验，这个是一个非常值得探讨的事情。

现在国内又有了一个新游戏细分市场来抢夺时间，那就是主机游戏。主机游戏以其在所有游戏中最高端的体验，已经占领了北美地区 53% 的市场份额。未来，中国的游戏细分市场之间的关系不再是天平，而是一个三个国家互相抢夺时间的战场。

在什么样的时间，做适合这个时间点的事情，是成功的关键，游戏设计也是如此。看清楚趋势是一个游戏设计师的必修课。但我坚信，好的游戏体验会让玩家更愿意在你这里花费时间。中国游戏市场正式进入一个时间抢夺的时代，我们准备好了吗？

资料来源：张翰荣. http://youxiputao.com/articles/3032，2014-09-25.

练习 1

阅读关于游戏时间的案例，组成 3~5 人的小组进行讨论，参考案例中给出的资料和网络、书籍上查找的内容，回答以下问题，并形成小组汇报在课堂上进行分享和讨论：

1. 在该段案例中，什么变成了稀缺资源？
2. 游戏开发商和运营商需要在哪些资源的基础上建立核心竞争力？列举游戏公司应当建立核心竞争力的四个要素。
3. 在上述案例的背景下，应当如何做以保证自己的游戏产品不被淘汰？

案例 2　潮 Wi-Fi：优势和劣势

互联网信奉"得入口者得天下"，这次卡位的东风吹到了底层需求的 Wi-Fi。"这里有 Wi-Fi 吗？"、"密码是多少？"不管是逛商场还是去餐厅，这种场景我们再熟悉不过。甚至有网友戏谑地把 Wi-Fi 需求列在马斯洛金字塔的最底层。

近期，腾讯阿里频频布局商用 Wi-Fi 角逐 O2O 新战场。而欲抢得一席之地的创业者，有的从"硬"处入手，瞄准巨头不在意的中小商户，快速铺设路由器；有的从"软"处着力，试图以一款软件通吃所有硬件。但 Wi-Fi 入口终究只是其产业链上的一个环节，正如梧桐树资本合伙人童玮亮在接受南都记者采访时分析，如何通过进一步的产品运营去黏住用户，实现规模化商业变现，值得创业者们思索。

一、商用Wi-Fi群雄入场

据了解，全国大大小小的Wi-Fi企业超过2000家，一直以来发展不温不火，直到今年以来接二连三的重磅消息，把Wi-Fi推向了互联网的风口浪尖：定位Wi-Fi开放平台的树熊网络靠上了阿里这棵"大树"，5月与支付宝钱包达成战略合作协议，共同为线下商家提供商用Wi-Fi产品和服务；腾讯麾下的团购网站高朋网，从4月开始通过微信向线下商户铺设yeah Wi-Fi商用路由器；而起步较早的Wi-Fi广告运营商迈外迪也没闲着，早早投入了小米的"怀抱"。

除了各自站队，资本也伸来橄榄枝。同享网络的"Wi-Fi共享精灵"应用在日活跃用户突破500万之际，获得了来自启明创投、知名投资人蔡文胜等共计1200万美元的A轮融资，紧接着初创企业"潮Wi-Fi"也宣布完成由华映资本出资的1500万元A轮融资。

不难发现，在这些投资案例中，商用Wi-Fi占了大部分。中国电子商务协会高级专家庄帅对南都记者分析，Wi-Fi的核心价值在于让线下的用户更容易地转到线上去，相比公共Wi-Fi、家庭Wi-Fi等应用场景，使用商用Wi-Fi来导流吸客、精准营销，正中商家痛点，后续商业化比较容易，大量创业者涌入正是看准其市场潜力。

而巨头们的介入，令商用Wi-Fi作为流量入口的价值愈加被重视。树熊网络联合创始人及CMO华璐珂则对南都记者表示，接下来的半年将是Wi-Fi市场的混战期，一大批中小Wi-Fi企业可能会被大公司干掉。"我们已经做好了烧钱的准备，浪潮退去，看谁能存活下来，挤进Wi-Fi企业的第一阵营。"

二、"地推"商户各显神通

南都记者梳理国内的商用Wi-Fi企业，发现基本上走的都是硬件路线，以极低的成本价给线下商户铺路由器。在潮Wi-Fi创始人卜凯军看来，在这场"Wi-Fi大战"来临之前，企业间更多比拼的是速度，看谁能在短时间内抢占到更多的商户资源。

巨头多把目光瞄向大型商场，而潮Wi-Fi从中小商户入手，零售企业、餐馆、咖啡店、酒店等都是它的目标。事实上，在三四线城市，很多地方都缺Wi-

Fi 热点。但这些商户很分散，不可能靠自己团队去"地推"，于是卜凯军用"区域代理"的方式，所招募的代理商小到个人站长、大到广告公司，都掌握了不少地方中小商户或者垂直行业资源。"我们做硬件支持，覆盖商户的方向和节奏取决于代理商，如他有本地旅游资源，那可能一下子就把这块全覆盖掉。"他告诉南都记者，到目前为止，500 多家直接和间接代理商为潮 Wi-Fi 带来了近万家商户的覆盖。

一旦把这些商户资源拿下来，就不容易被其他竞争对手撬走。卜凯军分析，推 Wi-Fi 硬件是个"重体力活"，哪怕是巨头也得一家家商户去打交道，与其重头累一遍，不如跟已经布局好的第三方企业合作；对于商户而言，如果 Wi-Fi 企业所提供的营销服务大同小异，那选定了某一家以后，再更换的几率不高。

对此，童玮亮认为有一定道理，但也不能太淡定，毕竟商户有自己的小算盘，如果有竞争者高举免费大旗，那商户也可能投向新怀抱，如高朋网就是以铺设免费商用 Wi-Fi 路由器吸引线下商户。"这阶段融资很重要，市场推广、获取商户，投入非常大。"

像背靠阿里的树熊网络更是不惜重金补贴商家，以提高产品的市场占有率。华璐坷告诉南都记者，他们的补贴总额达 1000 万元，其中面向代理商的 100 万元已经发出去了，接下来会直接给到终端商家。"Wi-Fi 市场看上去很火，其实商家对 Wi-Fi 营销的意识还没有完全开启，尤其是小商家，根本不愿意在 Wi-Fi 上花大成本，现阶段需要一个'烧钱'教育市场的过程。"

对于商户来说，考虑的还不仅仅是钱的问题，毕竟对用户最基础的需求是上网，要是这点没满足，用户宁可用回自己的数据流量，那原本设想的各种营销都无法施展。对此，华璐坷分析，Wi-Fi 硬件市场参差不齐，其中不乏找小厂家代工，直接对家用路由器进行改造；一般家用路由器带机量在 10~15 个，而商业场所少则几十个人使用网络，高峰的时候甚至过百人，用这种"伪商用路由器"，用户体验自然大打折扣。而如果研发高带机量的专业商用路由器，则成本不菲，如树熊网络的 witown 智能无线路由，据称最多能容纳 1500 人同时上网，但市场价格偏高，只有大中型商户能承受得起。

三、软件思路 PK 硬件思路

硬件派如此"烧钱"，另一拨同样看好 Wi-Fi 市场的创业公司则尝试"软着陆"。南都记者在安卓应用市场以"Wi-Fi"为关键词搜索，马上弹出数百款相关

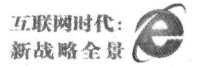

应用。这些应用几乎都以免费Wi-Fi为卖点，瞄准个人用户。

对此，在获得巨额融资之后，最近又推出移动端的"Wi-Fi上网精灵"同享网络联合创始人及CMO司新颖对Wi-Fi应用的前景信心十足，他对南都记者坦言，团队从一开始就坚定只专做软件，不会涉足硬件，这当中有运营成本的考虑，而从技术上分析，他觉得硬件能做到的软件也能实现，而且比硬件的用户体验要灵活些。

"在个人Wi-Fi方面，360去年推出随身Wi-Fi，虽然销售量一度突破1200万件，但现在已经放弃硬件了，改推应用360Wi-Fi伴侣；而做商用Wi-Fi的硬件企业，除了得投入大笔钱拓展市场外，还面临日活跃用户较低的行业通病，原因在于应用场景——用户不可能老是在某个商业场所待着，他们对商用Wi-Fi的使用是偶发性的，偶发环境能带来多大的商业价值？这值得商榷。"司新颖表达了自己的逻辑。

对此，坚定硬件路线的卜凯军有另一番思考，他认同Wi-Fi应用的用户增长比较快，但随着市场和技术发展，会不会轻易被迭代呢？相比之下，一家家商户去谈、建立自己的"地盘"似乎走得更稳健些。这点与庄帅的看法不谋而合，他认为做纯软件的Wi-Fi企业有一定风险，一旦智能手机将Wi-Fi共享功能内置到操作系统中，则这些软件的价值就不复存在了。"这绝不是杞人忧天，之前小米3就自带了Wi-Fi密码分享功能，尽管后来争议太大没做成，但小米4会不会再接再厉呢？难说！"

"如果小米真这么做，那也许不是风险而是机会。"司新颖说，术业有专攻，智能手机厂商并不擅长Wi-Fi应用，或许会直接找第三方合作，把共享功能内嵌到里面，而同享网络在这块一直是抱着开放的心态。他告诉南都记者，他们有面向企业端的"Wi-Fi商业精灵"，正是为企业提供Wi-Fi解决方案，目前已经合作的有腾讯电脑管家、世纪佳缘、途牛网，接下来跟华为等硬件厂商也会有合作机会。

对于Wi-Fi应用的发展，童玮亮认为，目前大多偏工具性，主要是积累用户，如何转化成长期的商业变现，现在还看不清。

四、哪种方式离钱最近

事实上，无论是硬件派还是软件派，在探索盈利模式上，或多或少都有些困惑——在登录界面弹出广告是最为集中的方式，但也无疑最影响用户体验。

也有 Wi-Fi 企业尝试充当应用分发渠道，把流量变现。比如，树熊网络就在它们的 Wi-Fi 开放平台上承载各种应用，然后把流量导入微信公众号、支付钱包等。至于效果，华璐珂对南都记者说，其中 70% 的用户都是纯粹上网的，只有 30% 的人会使用这些应用，不过这个转化率在同行里已经算高了。

对此，童玮亮分析，在开放访问的环境下，简单地分发应用很难形成比较好的价值闭环，包括有些 Wi-Fi 企业让用户关注商家微信公众号才能上网，以便在以后进行二次营销，其实不见得有多大价值。说到底，除了 Wi-Fi 这个入口，企业往往缺乏进一步的产品运营以黏住用户。在他看来，最好是联动 Wi-Fi 产业链上的其他环节，这样价值和变现能力才能提升得快些。举例来说，在用户登录 Wi-Fi 的时候，推荐能用于下次自动登录的 APP，这个 APP 能作为应用市场，分发用户有刚性需求的应用和游戏，那么除了上网，用户还会用它。

此外，朝看 O2O、大数据发展也是 Wi-Fi 企业探索的方向。卜凯军告诉南都记者，通过 Wi-Fi 技术可以为商户更立体地了解顾客，如根据用户在货架停留时间，对合理布局商品提出建议，提高店面销售额，而潮 Wi-Fi 也能从中获得收益。"只要带动了商户的销售量和品牌影响力，商家会愿意按效果付费。"卜凯军说。

对此，庄帅认为，愿意为后台运营、数据服务付费的多是大商家，对于中小商户而言，向它们推送优惠信息，然后按销售分成可能更实际一点。童玮亮说，无论是哪种模式，涉及产品、服务、运营，对于偏做硬件 Wi-Fi 企业来说不一定在行，适时引进战略投资者或许更有机会。

练习 2

阅读关于企业 Wi-Fi 的案例，组成 3~5 人的小组进行讨论，参考案例中给出的资料和网络、书籍查找的内容，回答以下问题，并形成小组汇报在课堂上进行分享和讨论：

1. 在该段案例中，潮 Wi-Fi 面对的竞争环境可以通过哪些方面来总结？
2. 潮 Wi-Fi 应当从哪些方面取长补短，确定自己的竞争战略？
3. 请给出潮 Wi-Fi 保证自己的优势壁垒的可能做法。

Part Four | 第四篇

互联网时代下的战略决策

第七章　互联网时代下的战略决策的特点
第八章　互联网思维

|第七章|
互联网时代下的战略决策的特点

章首案例：

傲游小红马的"原罪"与视频业的"救赎"

2014年年初，傲游与YOUKU之间的视频广告屏蔽战争是一场互联网行业内部的战争，引发了行业大讨论，各路媒体、评论都开始站队了，硝烟弥漫、杀声震天。傲游的老板陈明杰在傲游推出一个叫"马上看"的视频快进功能之后，与YOUKU进行了一场进行中的、早知会发生的、结果难预料的视频版"3Q大战"。

今年2月的某天上午，微博上有网友爆料有傲游粉丝在YOUKU办公楼抗议，照片中两人骑马踩踏含"60秒烂广告"字样的宣传页，他们为什么要骑马不得而知，驱动之家报道说这可能是用户对于傲游发起的保卫小红马活动做出的响应。如果带上YOUKU的slogan，还有一种搞笑的味道，"世界都在看"。

在2014年2月20日，傲游老板陈杰明在微博宣告了"傲游浏览器·马上看"的出炉，并表示自己对烂视频广告早就看不下去了，拯救常年被烂视频广告折磨的广大用户。

做了十年浏览器的陈杰明自然很了解浏览器领域的广告屏蔽的各种纠纷和声音，也一定很清楚国外广告屏蔽插件adblock使用量已经非常大了，更

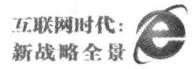

知道傲游浏览器的"马上看"的视频快进会带来视频网站的强烈反弹和对抗。

2月21日上午11点，傲游的官方微博兴高采烈地抽奖宣传自己的"马上看"功能，同一天16点41分傲游就收到YOUKU土豆集团的言辞激烈的抗议而陈杰明决定不妥协，坚持到底。

从这里开始，好戏开始，YOUKU开始防守，并且屏蔽了傲游浏览器，搜狐、爱奇艺等也采取了类似的策略。YOUKU不仅屏蔽了"马上看"版本，也屏蔽2.3版，甚至连YOUKU自己的付费用户都无法使用傲游浏览器观看。3Q大战的发起者360公司旗下的浏览器也很快推出类似视频快进类的广告屏蔽功能，不过这次360很快妥协了，战局变成傲游浏览器单挑YOUKU等，这无疑是3Q大战在视频网站领域的再现，这次的主角换成了傲游和YOUKU。傲游打的是用户牌，YOUKU用大棒思维是因为片头广告作为YOUKU等视频网站的最核心收入模式，一旦浏览器用户形成屏蔽片头等待广告的习惯，如果这种习惯被用户大规模采纳，那么，YOUKU的收入会出现塌陷，这是YOUKU的生死线。故YOUKU对傲游的广告快进插件反响剧烈在预料之中，媒体报道也很清晰地集中两点：①快进功能还用户选择权问题；②未来视频网站广告盈利模式问题。用户有没有选择浏览器插件的权利？当然有，弹窗、满屏浮动、超长片头广告让用户十分恼火。过去由于中国网民对电脑知识的了解程度低，广告屏蔽只有少数人会用，而现在网民很容易找到广告屏蔽的插件和使用方法，即便是傲游等浏览器厂商不出品，也有很多第三方广告屏蔽插件可供选择。

傲游打的就是用户体验牌，抓住了用户需求痛点，用户如果浏览体验痛苦，是很容易开启视频广告快进类的插件的。而YOUKU等1分钟超长片头广告投放系统很明显不够智能，很多UGC视频本身也就几分钟或十几分钟，如足球比赛的进球集锦等。傲游打用户牌的底气来自于此。YOUKU只看片头广告和网页右侧广告是太粗放的广告投放模式，破坏自己产品体验，也无法形成好的生态效应。事实上，youtube、hulu在片头广告和广告创新方面都很用心，片头广告最多30秒，youtube采用了视频字幕区域的可关闭图文广告来实现长尾内容广告的精准投放，而hupu也在切片广告方面控制得几乎没有什么侵入性。YOUKU必须面对广告模式创新问题和用户体验阈值的问题，要不然在傲游等浏览器厂商教育网民屏蔽广告的条件下，加之百度、腾讯、搜狐等传统巨头都巨资在此领域拼杀，以及乐视的异军突起，YOUKU已经不太可能像早期那样稳固地保持内容优势和流量优势了，最好的方式就是自我创新和变革，而不是等待竞争对手的"刺刀"。解决方案：美国人如何面对广告屏蔽类插件？先把傲游和YOUKU的战争放在一边，美国的广告巨头Google也遇到类似的烦恼，adblock作为在火狐和chrome上很流行的广告屏蔽插件一直很火，而且历史悠久，尽管很多内容网站很讨厌adblockplus，googleplay封杀这个插件好几次，但是最终双方还是和解了，adblockplus不再将Google广告放在默认的黑名单里。但是，如果用户自己设计屏蔽的元素和域名，就不能干预了，Google这样开放的公司又不会让chrome把这个插件放进黑名单。

不可忽视的一个事实是，2011年后，adb主要屏蔽侵入性广告，如那些弹窗广告、漂浮的flash广告等，事实上，傲游浏览器在六七年前是中国最棒的IE内核浏览器，其最受欢迎的功能就是屏蔽让网民崩溃的弹窗广告。即便是现在，傲游新的云浏览器也并非对任何广告都进行屏蔽，同样也是屏蔽对网民骚扰性强的侵入性广告，而YOUKU超长片头广告不幸被认定为一种视频侵入性强的广告形态。虽然YOUKU可以站在行业盈利方式的角度来指责傲游浏览器，但是，也应该反思一下自己，其团队要不断创新和自我变革，冲破用户体验来换取营收的方式是创新不足的表现。我个人认为，傲游和YOUKU的这场对决需要一个双向对等沟通，双方都站在用户的角度来审视和提出改进YOUKU广告模式的建议，双方都站在行业角度来看如何引导内容生产和营收走向非侵入式的生存模式，而傲游则可以更柔和地选择视频快进组件向用户推送的方式，让用户自己去主动发现和启动。现在已经步入移动互联网时代，我不敢想象在碎片化阅读主流化的移动互联网出现广告横飞或超长的情景，YOUKU在用户增值服务方面的努力也值得肯定，但是，无论是产品经理，还是背后的大老板们，都不应该用陈旧的广告理念和用户理念来思考。大家都应该记住一个事实：当中国互联网的用户，容忍某种糟糕体验的产品时，不代表你的产品有多好，只是代表暂时还没出现一夜之间颠覆你的那个产品。

一匹"小红马"，让视频行业炸开了锅，因为这直接动到了视频网站的"奶酪"，于是视频网站也推出了各种屏蔽傲游浏览器的反制功能，傲游也不忘记再反制，同时双方大打口水仗，一方是傲游以捍卫用户体验的用户利益的代言人所表现出的义正词严；另一方是以YOUKU为代表的视频网站以行业健康发展为由所表现出的晓之以理。傲游的此款广告快进功能的推出可以看出是有备而来：

2013年末，YOUKU起诉金山猎豹浏览器，最终以金山被认定构成不正当竞争并判赔30万元告终，而事件的起因也是猎豹浏览器提供了视频贴片广告的拦截功能而遭到视频大佬的起诉。傲游在推出该浏览器功能时，不可能不对该案进行深入的分析，以免重蹈覆辙。

视频广告越来越长，而用户们则怨声载道，这些都是不争的事实，傲游看准这一切入点推出广告快进功能，可谓一石三鸟：①提高产品及公司美誉度；②占领舆论制高点；③增加浏览器市场占有率。

大面积的分众传媒广告投放本身也表明了，这是一次有充分预案的事件营销。

傲游并未如猎豹浏览器一样对视频广告进行拦截，不构成不正当竞争：首先，广告快进影响广告展示效果，进而会影响或干扰视频网站的正常商业模式，因为已经有广告主要求视频网站对于被快进的广告进行统计，在最终的广告费用结算中将被快进广告数量从展示总量中进行扣除。其次，虽然快进广告这一动作本身是由用户来进行触发，但是傲游为干扰视频贴片广告播放提供了工具，如同某些软件的keygen，按下运算序列号等破解动作也是由用户来触发，但这种软件本身属于绕开保护措施的行为，同样构成侵权。最后，YOUKU诉金山猎豹案法院最终引用的是反不正当竞争法的第二条，即公平原则。换言之，由于该法过于老旧，法官一般会依据立法的基本原则来进行裁判；同理，对于目前傲游的行为，与猎豹浏览器的拦截属于同一性质，都是对正常贴片广告的一种干扰，而这种干扰本身让其他市场主体的商业利益受损，所以，依法仍然可以构成不正当竞争。

而以YOUKU为代表的视频行业也应当自此开始一场自我救赎的过程。因为网络广告完全处于视频网站自律的范围内，而自律往往也是最不靠谱的，来自于投资人、股东等各方面的盈利压力，让视频网站不得不将广告时长从之前的 10 秒一直延长到目前的 60 秒甚至更多，热播剧集还要在中间插播广告。此次，傲游事件可以被看作是这种用户意愿的强烈反弹，如何提高用户体验？如何提高广告的展示量？如何让广告主满意？视频行业将要思考如何采用大数据分析用户习惯，从而投放符合其偏好的广告，简单拉长广告时长已完全不符目前的大数据及提倡用户体验时代的特点，视频及广告业需要顺应这种改变。

综上所述，视频业有视频业的苦衷，用户有用户的怨气，浏览器也有自身的商业目标，以此事为契机，让视频行业在阵痛中进行改良，进而与世界接轨，或许才是傲游与 YOUKU 有关"小红马"之争的进步意义吧。

资料来源：胡占莉. 傲游回应优酷封杀其新版浏览器，称屏蔽行为违法. 搜狐传媒，2014-02-27，http://media.sohu.com/20140227/n395758866.shtml.
北京新浪网. 小红马死磕视频网站，到底谁才是真流氓. 2014-03-05，http://news.sina.com.tw/article/20140305/11903194.html.
周宾卿，傲游小红马的"原罪"与视频业的"救赎"，艾瑞网，2014-03-06，http://column.iresearch.cn/u/birkinjoe/670394.shtml.

在完成内外部环境分析之后，企业必须找到并确定在资源、能力和核心竞争力方面的优势（Strength）和不足（Weakness），与外部环境中的机会（Opportunity）和威胁（Treat）结合起来，制定出适当的战略。这就是传统 SWOT 分析的思路。例如，如果企业在能力方面存在不足，或者无法找到有效的核心竞争力为企业的竞争优势提供来源，那么就必须尽量获得必要的资源，开发出必需的能力和核心竞争力。或者，企业也可以将自己不擅长的某个领域或者某项生产活动外包出去，以此来提高其能够为顾客提供的价值。在外部环境分析中，企业确定了可能会选择做什么；在内部环境分析中，企业理解了自己能够做什么。在此之后，企业就掌握了选择公司层和业务层战略所需的一切信息，而这些战略则可以帮助企业实现战略愿景和使命。

但是在互联网时代下，情况还是一样吗？在当今社会，由于互联网的存在，你可以看到许多"独杆司令"——公司只有一个或者少数几个人，其他很多只能都采用外包的形式；相比于优势，公司拥有更多的不足，却安然无事地一直发展下去；越来越多的人靠数据说话，迅速纠错，快速学习，日夜兼程；第一次"吃螃蟹"时，拍脑袋——直觉性决策更多（Intended Strategy），涌现了一大批"天

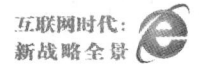

才型英雄";因为快速占领市场是重中之重,企业战略行为没办法慢慢地进行论证分析;企业不断试错,不会把事情做到完美,所以大胆进取与细心同在(Aggressive but Considerate);决策权越来越集中,而建议权却越来越分散,企业扁平化,老板和员工之间越来越像包干关系……这些在传统企业的战略行为中少见的"怪胎"越来越多,让人不禁蹙眉:SWOT分析失效了吗?

无论现在对互联网"狼来了"的分析耸人听闻到了何种地步,"网络公知"炮制的文章无非是包含了互联网的若干特点:一是资源,丰裕替代稀缺;二是行为,互动替代单向;三是渠道,平台替代管道。概括起来就是实现了所有人向所有人的传播,因而也就成为一种宽泛的信息产业的哲理。由于价值和交易成本的改变,业务模式不断推陈出新,唯一不变的就是"变化",所以对企业的战略决策提出了新的要求。接受新的商业意识形态,用以调整自身的管理理念,即互联网化,但是不能照搬互联网企业的做法,而是需要吸取互联网企业思维的精髓。总结下来,虽然"互联网思维"被一提再提,在众说纷纭的版本中,无论企业是何种类型、什么规模、生产的是什么产品或服务,无非逃不开以下几个方面:

第一节　快速度

在互联网时代,用户对产品的容忍度更低。而一款应用在推出的时候可能只是接近完成的状态,这就需要通过快速的迭代开发来更新产品,不断完善产品来留住用户。同时,通过更新产品也能唤醒一些沉默用户,让一些原本下载了应用但使用次数非常少的用户给该应用多一次机会。当然,快速迭代也要从产品的功能、交互等方面出发,产品的核心功能应该在第一次推出时就基本完成,这也是保证应用在推出时能获得用户的关键。在雷军的互联网思维的"七字诀"中,只有"快"这个概念是单独成词的。虽然只有这么一个字,却是涵盖了许多方面:

第一,企业的快速意识能力,也就是高敏感性。高敏感性是所有互联网思维的首要因素。在现在的商战中已经没有绝对的蓝海,企业想要获得超额利润必须迅速察觉到别人没有发现的事情。企业不仅仅需要主动地通过多方角度来获取信息,对市场上出现的机会快速察觉,还需要储备大量知识,以预测今后行业的发展动向。企业的信息触角的深度和广度都达到前所未有的程度:一个茶余饭后的聊天，一个地铁上的见闻都可能是发现新商机的契机。

第二，企业的快速反应能力，也就是高应激性。只有快速地对消费者需求做出反应，产品才更容易贴近消费者。Zynga游戏公司每周对游戏进行数次更新，小米MIUI系统坚持每周迭代，就连雕爷牛腩的菜单也是每月更新。这里涉及快速学习和创新的能力。企业能够快速觉察到新的机会只是第一步，最重要的是如何把这个机会中的价值真正地创造、发掘出来。互联网大佬们生活在一个与我们相同的世界中，但是他们可以从"互联网思维"中获益的根本原因在于，他们可以迅速地通过高执行力将想法变成现实。这里面，非凡的创新能力和学习能力是不可或缺的。"敏捷开发"是互联网产品开发的典型方法论，是一种以人为核心、迭代、循序渐进的开发方法，允许有所不足，不断试错，在持续迭代中完善产品。互联网产品能够做到迭代主要有两个原因：一是产品供应到消费的环节非常短，二是消费者意见反馈成本非常低。

第三，企业的容错性，因为现在的市场不可能有时间把决策所需要的所有信息都收集到。因为没办法慢慢地进行论证，直觉性决策更多，造成了市场上涌现了一大批天才型英雄：马化腾、马云、李彦宏、周鸿祎、雷军……快速占领市场成为企业的重中之重；在干得快的同时，企业会不断试错，不会一次性把事情做到完美。移动互联网的开发成本较低，这就意味着较低的试错成本。一款失败的产品并不意味着世界末日，公司还可以尽快开发下一款产品，甚至转型。很多移动互联网公司在成功之前都有过无数次的失败。Rovio在开发出《愤怒的小鸟》之前有过51款游戏，这些游戏都没有获得巨大的市场反响，但是保证了Rovio能够活下来并且从过去的游戏中吸取经验——做游戏的经验和团队合作的经验。另一个例子是Instagram，这款应用一开始并非拍照分享，而是其创始人发现原来的模式行不通。但是通过之前的尝试，他发现了用户拍照分享的需求，成功推出了Instagram。

第二节　可靠性

《数据化决策》一书的作者道格拉斯·W.哈伯德认为，"数据无孔不入，大数据时代，谁掌握了数据，谁就能把握成功"。"一切皆可量化"，道格拉斯这个大

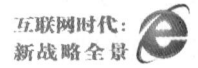

胆的宣言是解决诸多生活和商业问题的关键所在。中国的领先企业，尤其是互联网公司，已经开始将大数据运用到自己的战略决策中。

阿里巴巴的创始人马云在2012年秋宣布公司应关注未来业务的三大支柱：电子商务、金融（向中国的中小企业提供贷款）和数据挖掘技术。2013年1月，阿里巴巴经历了重组，成立了一个拥有约800名员工的数据平台部门。开始对通过其B2B电子商务站点和淘宝网生成的大量用户数据进行初步分析。在中国，只有部分拥有大量用户生成数据的公司，如阿里巴巴和百度，掌握着主导权并有可能将那种有价值的信息卖给其他供应商以从中获利。大多数中国公司没有足够的数据，更不用说知道如何利用、分析数据或将其货币化。从这个方面来说，企业需要用数据化确保商业模式创新决策的可靠性。

第三节 用户至上

用户至上，就是抓住人性最根本的东西，抓住用户的"痛点"，也就是社会化思维。社会化商业的核心是网，公司面对的客户以网的形式存在，这将改变企业生产、销售、营销等整个形态。在社会化思维的指导之下，可以总结出以下实践：

1. 利用社会化思维，抓住需求"痛点"

这意味着产品要抓住客户需求的重点，做到几项客户最"痛"的地方，争取让客户"尖叫"，持续地"专注"，从而走向"极致"的境界。极致讲的是品质，而且是超出预期的品质。因此，跳出原有角色的换位思考非常重要。

2. 利用社会化网络，众包协作

众包是以"蜂群思维"和层级架构为核心的互联网协作模式，意味着群体创造，不同于外包、威客，它更强调协作。维基百科就是典型的众包产品。InnoCentive网站创立于2001年，已经成为化学和生物领域的重要研发供求网络平台。"创新中心"聚集了9万多名科研人才，宝洁公司是"创新中心"最早的企业用户之一。该公司引入"创新中心"的模式，把公司外部的创新比例从原来的15%提高到50%，研发能力提高了60%。宝洁目前有9000多名研发员工，而外围网络的研发人员达到150万人。而小米手机的产品研发，让用户深度参与，实际上也是一种众包模式。

3. 利用社会化媒体，口碑营销

社会化媒体应该是品牌营销的主战场，口碑营销的链式传播速度非常之快。以微博为例，小米公司有 30 多名微博客服人员，每天处理私信 2000 多条，提及、评论等 4 万~5 万条。通过在微博上互动和服务让小米手机深入人心。但有一点要记住，不是用了社会化媒体就是口碑营销，口碑营销不是自说自话，一定是站在用户的角度、以用户的方式和用户沟通。"米粉"的支持更是现在小米进行跨界发展的最重要的资本。

战略聚焦：

星巴克：跑步进入互联网时代

在互联网大潮下，很多的传统企业需要做互联网或者通过互联网来传输业务，但并不是所有的企业都能转型成功。

星巴克的经验或许说明，传统企业的互联网化转型，疾风劲雨并非最佳，循序渐进也是好办法。

1999 年 6 月 30 日，对星巴克 CEO 兼董事长 Howard Schultz 来说是一生中最难堪的时间。

当时这位公司创始人兴冲冲地向外界宣告这家销售咖啡饮料的公司正变成一家互联网公司——推出门户网站，在线销售咖啡和厨房用品，向一家在线聊天公司投资 2000 万美元等。

结果星巴克股价当天应声下跌 15%。投资者不能理解一家卖咖啡饮料的公司为什么要如此积极地使用互联网技术，不菲的投入也把他们吓坏了。

Schultz 对媒体承认："我在这件事上摔了跟头。"

直到 2012 年 8 月，Schultz 掏出 2500 万美元坐进移动支付公司 Square 的董事会，外界才发现，Schultz 从未放弃过为自己的公司注入科技基因的努力。

经历过当年的难堪之后，他学会小心翼翼地低调推行星巴克的改造。这家总部位于西雅图的公司除了建立起电子商务体系外，还非常积极地拥抱移动互联网。

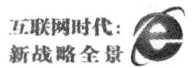

星巴克在 2009 年就推出了手机应用客户端。2013 年 1 月在美国市场推出手机支付后，截至 2014 年 7 月，交易数量已达 6000 万笔，每周通过手机支付的订单超过 100 万笔。Schultz 希望让消费者在潜移默化中接受一个与过去大不相同的星巴克。

时至今日，已经很难找到一家不提供手机应用或缺少社交媒体战略的大型公司，但星巴克在这方面的投入和营销已经领先于零售业的同行。如今星巴克不仅成为美国移动支付规模最大的零售公司，其在 Facebook、Twitter、Pinterest 等社交媒体也是最受欢迎的食品公司。

Schultz 如此迫切地向电子商务、手机支付和社交网络营销转移，原因很简单——顾客在哪儿，星巴克就去哪儿。更何况新技术能把咖啡店内外的顾客关系紧密联系在一起，以前星巴克可做不到这些。

根据星巴克的数据，其消费人群大部分都在使用智能手机，不论是苹果的 iPhone，还是各种款式的安卓手机。吸引越来越多的顾客使用移动互联网在星巴克消费，这意味着能追踪他们，以他们为核心用户创建一个在线社区。

较之以往，新方式让星巴克得以与自己的顾客们建立前所未有的牢固关系。掌握了顾客的消费习惯、口味喜好等数据，将使这家以兜售用户体验闻名的公司获得非比寻常的优势。Schultz 正努力将星巴克的大量营销举措迅速采用新时代的数码方式加以实现，移动支付只是这个庞大计划中的一部分。

事实上，近来星巴克这些巨大的变化，并非因为自己的董事长 Schultz 是一个技术狂人，也并非因为这家公司与科技巨头微软和亚马逊同处一地。事实上，这位创始人回归之后，并没有研发出什么新口味的咖啡饮料，而是带领星巴克这家传统的咖啡连锁公司，悄然掀起一场营销革命。

长期以来，星巴克的咖啡连锁店之所以大受很多城市的消费者青睐，原因在于它提供的不仅仅是咖啡或面包，而是一种生活方式。商家与顾客之间原本冷冰冰的买卖关系，被星巴克赋予了很多附加值在其中。

Schultz 只是敏锐地预判到这个时代最大的变化就是互联网和手机对人们生活状态的影响，他意识到必须把这个时代特征迅速融入星巴克的产品和服务之中。

于是星巴克开始为了跟随上时代而转变的行动。星巴克中国区副总裁 Marie Han Silloway 说:"数字化营销完善了星巴克体验,让顾客感受到'星巴克就在身边'。"

最近一个病毒式传播的在线视频极好地诠释了星巴克的理念——在一款名为 Early Bird 的星巴克手机服务中,当设定好的起床闹钟响起,只要用户点一下"马上起床",而且在一小时内赶到任何一家星巴克门店,凭手机应用就能够喝到一杯打折的咖啡。这是一个将自己产品和用户的日常生活建立联系的好点子,它并没有强行向用户推销什么,而是提供了幽默、能打动人的服务。不过目前 Early Bird 还只是一个动人的故事,星巴克总部表示,公司并没有发布这样一款独立的手机应用,但未来会考虑提供类似的服务。

资料来源:比特网, http: //info.chinabyte.com/447/13044447.shtm, 2014-08-12。

第四节　跨界和平台合作

全球化、技术变革、新创意的纪念意义以及跨越逐渐消失的边界的合作,诞生了有如潮涌的新事物。跨界的一项重要进程是确保组织中不同部门、社会中不同组织的人员可以有效地合作。这需要组织中不同科室、部门以及不同单位之间的沟通交流。2013 年,在复星的年会上,周鸿祎说高速、互动和免费就是互联网的经营思想。也见马云对媒体介绍平台、互动、开放之类。还有雷军在和董明珠同台打擂的时候说到,互联网思维的核心不外乎是平台、互动、多元。

在之前的部门"边界"下的合作跨越了这些边界,甚至跨越了组织本身的边界。如今,公司必须激发和投资于组织外部人员的创意。一个公司怎么可能穷尽它的咨询服务、广告代理商和供应商的能力?为了获得支持制造和设计之间合作的产品开发软件,丰田公司与一家软件开发商——美国参数技术公司(Parametric Technology Corporation, PTC)进行了合作。丰田公司和 PTC 一起决定了这款软件如何支持公司"依靠产品开发"的战略,并且,这段管理一直以例会的形式保持着,用以改进软件系统。此合作不仅帮助丰田公司得到了更高的软件,同时也帮助 PTC 改进它提供给客户的产品。

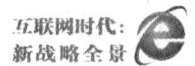

与投资者的合作使得一部分创业者能在如今风险巨大的游戏市场中设立其新公司。当理查德·泰特（Richard Tait）和惠特·亚历山大（Whit Alexander）开发了不寻常的棋盘游戏"头脑测试"（Cranium）后，他们觉得这款集合了表演、歌唱、雕刻和倒序拼写的游戏肯定不仅仅能够带来欢笑，更能带来销量。他们在还没有获得任何零售商的订货之前，就自信地在一家中国制造商那里订做了20000套这款游戏。泰特和亚历山大确实对他们的游戏很有信心，但是零售商却不太情愿冒险尝试一下这个新产品。解决这个问题的方法就是与一个不同的分销商进行合作。"头脑测试"游戏的启动基金来自于一个投资集团，这个集团的成员包括有星巴克（Starbucks）咖啡连锁店的董事长霍华德·舒尔茨（Howard Schultz）。舒尔茨认为这款游戏棒极了，所以他允许泰特和亚历山大在星巴克的门店放置"头脑测试"的样品以供顾客试玩。那些喜欢这款游戏的顾客可以自己买一套，许多顾客非常喜欢这款游戏。多亏了在星巴克的这段销售经历，"头脑测试"不仅仅成为第一款在星巴克销售的游戏，同时也是第一款在亚马逊网（Amazon.com）销售的棋盘游戏，而之前亚马逊曾将它拒之门外。这份成功使得"头脑测试"公司能够开发更多的新游戏，目前在全世界30个国家销售。

顾客同样也能成为合作者。虽然公司仍旧需要关注产品配送和产销平衡，但首要的是，他们需要认识到，服务顾客才是决定一切的。最好的客户服务可以开始于让顾客参与公司的决策。宝洁公司（Procter & Gamble，P&G）已经着手让它的顾客天马行空地想象，并将想法在网上向其他顾客表达，以此来碰撞出新的产品和服务的创意。宝洁不仅打入当今最受欢迎的社交网络——Facebook和Twitter，还在上面设立了两个网站，将它的顾客聚到一起。其中的一个网站，叫做"大众之选社区"（People's Choice Community），它刊登了每年"大众之选"奖项的获奖信息，并为参与了这些评选的人提供了一个参与"社区"和交流信息的平台。另一个网站叫美丽说，是专为女性而设的讨论群，大家可以在此网站上讨论关于时尚搭配等话题。尽管两个网站都可以投放广告，但是宝洁仍旧打算将其主要用于了解顾客的想法与态度。

不论是前文分析中的哪一类企业，都要主动拥抱变化，大胆地进行颠覆式创新，这是时代背景的必然要求。一个真正厉害的企业，一定是手握用户和数据资源、能够纵横捭阖、敢于跨界创新的组织。互联网和新科技的发展，纯物理经济与纯虚拟经济开始融合，很多产业的边界变得模糊，互联网企业的触角已经无孔不入，如零售、制造、图书、金融、电信、娱乐、交通、媒体等。互联网企业的跨界颠覆，本质是高效率整合低效率，包括结构效率和运营效率。这些互联网企业，为什么能够参与乃至赢得跨界竞争？答案就是用户。它们一方面掌握用户数据，另一方面又具备用户思维，自然能够携"用户"以令"诸侯"。阿里巴巴、腾讯相继申办银行，小米做手机、做电视，都是这样的道理。

　　李彦宏曾指出："互联网和传统企业正在加速融合，互联网产业最大的机会在于发挥自身的网络优势、技术优势、管理优势等，去提升、改造线下的传统产业，改变原有的产业发展节奏、建立起新的游戏规则。"在这个过程中，互联网企业的"跨界"，将是其获取持续成长的最大动力源。另一个互联网时代的重要思维就是平台思维，即开放、共享、共赢的思维。平台模式最有可能成就产业巨头。在全球最大的 100 家企业里，有 60 家企业的主要收入来自平台商业模式，包括苹果、谷歌等。平台盈利模式分为以下几个要点：①打造多方共赢的生态圈：平台模式的精髓，在于打造一个多主体共赢互利的生态圈。将来的平台之争，一定是生态圈之间的竞争，单一的平台是不具备系统性竞争力的。BAT（百度、阿里、腾讯）三大互联网巨头围绕搜索、电商、社交各自构筑了强大的产业生态，所以后来者如 360 其实是很难撼动。②善用现有平台：传统企业转型互联网，或者新的互联网公司创业，当你不具备构建生态型平台实力的时候，那就要思考怎样利用现有的平台。马云说："假设我今天是"90 后"重新创业，前面有个阿里巴巴，有个腾讯，我怎么办？第一点，我如何利用好腾讯和阿里巴巴，我想都不会想我会跟它去挑战，因为今天我的能力不具备，心不能太大。"③让企业成为员工的平台：互联网巨头的组织变革，都是围绕着如何打造内部"平台型组织"。内部平台化，对组织要求就是要变成自组织而不是他组织。他组织永远听命于别人，自组织是自己去创新。包括阿里巴巴 25 个事业部的分拆、腾讯 6 大事业群的调整，都旨在发挥内部组织的平台化作用。海尔公司近年来一直在开展"人单合一"，将 8 万多人分为 2000 个自主经营体，让员工成为真正的"创业者"，在海尔的大平台上自己寻找创业机会，同时配合内部的风投机制，或者员工自己到社会上组织力量，成立小微公司，发挥每个人的创造力，让每个人成为自己的 CEO。

　　从互联网平台的角度分析互联网市场，是明显的双边市场和多边市场。以移动应用商店涉及的终端用户和移动应用为例，移动应用的种类越丰富，就能吸引越多的终端用户；而终端用户越多，移动应用提供商（开发者）也就越有动力，因为同一个应用的下载量会更多，获取的收益当然就更大。上述双边市场的情景可进一步扩展到三边市场：移动应用平台接入的终端用户、移动应用越多，则会吸引更多的广告商家接入，而广告商家的增加，可能会影响终端用户接入平台和使用移动应用的兴趣，同时广告的增加给移动应用带来收入，但也可能会降低应用的易用性。所谓"平台"（Platform），指的是当某种产品或服务的使用者越来越多时，每一位用户所得到的消费价值都会呈跳跃式增加。如电话、传真机、QQ、网上社区、微博——通过使用者之间关系网络的建立，能够实现价值激增。平台模式的战略本质是，企业自己并不做全部内容，只是作为一个载体，进而成为综合服务平台，通过一种服务去维系一个顾客群体，变成这个顾客群体的综合服务提供商。所谓"平台领导"（Platform Leadership）是指公司力图构建一种基础，令其他公司可以在这个基础上推出产品或提供服务。平台领导者的愿景是促进整个产业的创新，在创新的工具和知识广为传播的今天，凭借一己之力很难做到这一点，所以，它需要同其他创新性的公司紧密合作，创造出最初的应用，然后再不断提供更多的互补性产品。平台领导者和互补性的创新者有着很强的合作动力，因为他们的协同工作会把整个"蛋糕"做大。

从平台领导者的角度来看，互补者是一把"双刃剑"。当平台领导者依赖于外部开发的互补性产品，却又无法及时得到这种产品，或是产品的质量和数量都难以满足公司要求的时候，它的业务会受到很大的打击；此外，互补性产品往往会带来新的客户，促使他们购买平台领导者的核心产品。

在以平台为中心的产业中，平台的价值随着互补者的增多而增加。使用互补性产品的用户越多，互补者就越有动力开发更多的产品，这又会促使更多的人使用平台公司的核心产品和服务，创新就这样进入了良性循环。所以，促进和扩散互补性产品的不断创新，是平台领导者的利益所系。

这种游戏不是没有风险的，因为平台公司也许无力做到掌控互补性公司的合作与创新，这会导致平台所有参与者的利益受损。平台领导者必须把握好四个要素：①公司范围，即决定哪些事情由公司自己做，哪些事情鼓励外部力量去做。两者之间有没有合适的均衡点？②框架、界面和知识产权，即决定平台的架构体系，平台由哪些模块构成，平台界面的开放度，有关平台及其界面的信息在多大程度上披露给互补者，等等。③与外部互补者的关系，即决定自身同互补者关系的合作度和竞争度，怎样同合作伙伴达成共识，如何处理潜在的利益冲突。例如，当平台公司决定直接进入互补性产品市场的时候，这种冲突就会浮现。④内部组织，即利用内部的组织结构更有效地管理内外的利益冲突。它也牵涉文化和流程的问题。例如，如何在内部鼓励自由探讨，以便在战略需要重构的时候能够加快这一进程；如何保持内部沟通的顺畅，使上面一旦做出战略决策，下面就能够迅速行动。

在以平台为中心的产业当中，平台的参与者越多，平台越具有价值。换句话说，上网的企业越多，百度越有价值；上网交易的公司和个人越多，阿里巴巴越有价值；用QQ的人越多，腾讯越有价值……在一份《中国十大成功商业模式》的调查报告中，位居前列的分别是腾讯、阿里巴巴、百度、携程、苏宁……这些成功的商业模式特点各一，但都是平台型企业。在过去的一二十年中，它们以令人咋舌的速度横扫互联网及传统产业，形成极具统治力和强大盈利能力的商业模式。可以说，平台思维正在带来全球企业的一场战略革命。总结来说，平台企业实现有效盈利的主要方式主要有如下几种：

（1）平台企业必须先聚合人气。选择平台战略的企业首先需要有能力累积巨大规模的用户。至少需要获得同行中规模第一的用户。聚合人气的第一要素是低价甚至免费，这是互联网时代的第一竞争法则。易趣向商家收费，淘宝以免费的方式快速崛起。2002年，全中国用户规模最大的263邮箱开始收费，结果，现在还有多少人记得263邮箱呢？

众所周知，几家知名的电商门户，其实并不指望靠卖书挣钱。尽管它们可能因单品类的图书销量较高，进而取得相对低的进货折扣，但图书动辄六折、五折的销售价格，再加上活动促销，出价常常低于进价。其中，京东商城的刘强东曾在其微博上公开表示："今天第一次向我的团队发出威胁！我告诉图书音像部门：如果你们三年内给公司赚了一分钱的毛利，或者五年内赚了一分钱的净利，我都会把你们整个部门人员开除！要打就要来狠的！"很显然，电商的做法不仅仅是为了纯粹赔钱赚吆喝，免费游戏也得有人来埋单。其根本目的在于吸引顾客，聚集尽可能多的注意力，诱导客户购买其他种类，可以为其贡献利润的商品。

补贴就是平台企业对于某一方群体提供免费（或者普遍低于市场价格）的服务，借以吸引该群体的成员入驻自己的生态圈，并以此为筹码，转而吸引另一群体。消费者被低价图书吸引过来，电商企业为此埋单。而通过大量顾客的涌入，

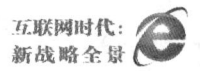

又吸引了大量其他商户的进入，进而扩大了消费，它们与消费者一起为电商企业埋单。

（2）找到双方需求引力之间的"关键环节"，设置获利关卡。平台商业模式的根基来自于多边群体的互补需求所激发出来的网络效应。平台战略的模式之一，就是客户价值链的系统化和体现规模效应。将客户的价值系统化，就要深刻挖掘出客户的系列价值诉求点，找出客户价值链的薄弱环节，为客户带来最大的效用。扩大客户概念的外延，将客户的范围扩大，实现规模效应，包括最终消费者或中间消费者等，并且需要达到一定的主体规模。

（3）平台企业必须进行价值链的整合，连接多边群体，主导生态圈。通过挖掘多方数据拟定多层次的价值主张，推动盈利。

（4）打造一个多方共赢的生态圈，选择平台战略的企业需要有合作共赢、先人后己的商业模式。

所谓"平台"，是为别人搭建的，让别人来赚钱的。只有在平台上经营的合作伙伴良性成长，平台才能生存和壮大；只有让合作伙伴赚大头、自己赚小头，才能做成所有合作伙伴的平台。

战略聚焦：

车库咖啡——创业者的圣地

在位于中关村的车库咖啡，你只要花一杯咖啡的价格就能享受一整天的办公环境，这里为创业人员提供免费的iPhone、Android手机、平板电脑测试机、投影、Pad等设备。800平方米的布局，容纳150人的咖啡库，由自由交谈区、读书区、办公区等组成。

"让创业者以一天一杯咖啡的成本办公。我们也在努力整合更多办公资源和条件，尽可能降低创业者办公场地和设备投入。"车库咖啡的老板苏菂说："创业团队初期需要什么？资金+社交+资源+人。对于创业者来说，一方面降低了办公成本，另一方面降低了社交成本。晚上在这里经常会举办创业投资活动、技术交流活动，节省了创业者从办公室到活动现场的时间、交通成本；团队之间也可以相互交流、探讨技术问题，增强团队的社交能力。"

苏菂坦言，如果是靠咖啡厅的模式运转，一位创业者一天约20元的支出，而对于车库咖啡而言，由于水电、房租成本，车库咖啡第一个月处于亏损状态。"但后面的投资价值会很大。也希望给行业做一个扁平的创投渠道。"

所谓的"后面的价值"，是指车库咖啡仿佛一个坐落在民间巷口的创业孵化器，其定位于创业合作俱乐部，经营者构建了投资方与创业者的见面平台，召集大量的有好项目的创业团队进驻店内办公，再以项目吸引风投公司、投资人的介入。车库咖啡定期组织有影响力的投资人进行融资方面的课程介绍，吸引大量的优秀项目与投资人。车库咖啡的盈利是正常的经营利润，并且收取项目投资资本佣金来作为门店利润。

不仅如此，2013年5月，北京银行中关村分行还与车库咖啡签署战略合作协议，发布了针对车库咖啡创业企业的金融服务方案，并推出"创业贷"专属信贷产品，为创业企业发展搭建更好的金融服务平台。

总结来说，在互联网时代，资源、信息流动速度上升，企业面临的迭代效应越来越严苛：对人才和资产的控制能力要求更高，因为知识、信息成为独特资源的核心；速度的重要性越来越凸显，"一步慢，步步慢"再也不仅仅是一句耸人听闻的告诫，而是发生在身边的血淋淋的现实。试错成本可能会变低，因为出路可能变多了，但是试错行为的频度却大大上升：大企业可以通过强大的资本、现金流能力来不断地论证新产品、新服务；小企业呈现出一股前仆后继、争先恐后的"无脑冲锋陷阵"景象——因为留给他们缜密思考的时间越来越少，经常是"一边干，一边想"，等不到充分思考的结果出来，别的企业就已经抢先行动并占领大部分的市场了。因此，我们可以看到，互联网的发展呈典型的周期性趋势，且每一个周期围绕着不同的核心问题，每一个周期的时长都在缩短——前几年曾经有"网游潮"、"电商潮"、"团购潮"、"页游潮"、"视频潮"，现在有"移动应用潮"、"手游潮"。大企业挥动着冲锋的旗号，无数的小微公司在一波又一波的热潮中崛起又消失。在这其中，用户才是王道，所以互联网时代的可持续竞争优势的来源，除了高灵活性的企业战略、动态的学习能力之外，还有对高黏度用户群的占有。

|第八章|
互联网思维

第一节　互联网思维：推翻SWOT？

曾经，战略管理的过程主要关注于理解企业所在行业的特征，并且鉴于行业的特征来决定企业应当如何确定自己相对于竞争对手的地位。这种对行业特征和竞争战略的强调会低估企业的资源和能力在形成竞争优势时发挥的作用。事实上，核心竞争力与产品的市场定位都是企业最重要的竞争优势来源。企业具备的核心竞争力，再加上企业对总体环境、行业环境和竞争者环境的分析结果，会对企业经营战略的选择产生重大的影响。在制定战略的过程中，企业拥有的资源以及它们所处的背景都是极其重要的因素。正如克莱顿·克里斯滕森（Clayton Christensen）所说的："成功的战略家需要对竞争的过程和取得的进步有着深入的理解，并对那些能够强化竞争优势的各项因素拥有深刻的认识。只有这样，我们才能明白过时的优势应当何时被放弃，以及应当如何建立新的优势来替代旧的优势。"通过在战略制定的过程中强调核心竞争力，企业就能够学会如何重点利用企业独特的差异性进行竞争，但是与此同时也应当对外部环境的变化时刻保持警惕。

管理者针对企业内部环境的组成部分所制定的决策是非例行性的，具有伦理意义，而且对于企业能否获取超额回报有着极其重要的影响。这些决策涉及企业需要聚集的各种资产类型的选择，以及企业应当如何最佳地利用这些资产。"企业的管理者能够做出非常正确的选择，因为他们相信这些资产能够对企业的经营业绩和生产能力做出重大的贡献。"

从表面上看来，针对企业资产做出决策——识别、发展、分配并保护企业的资源、能力和核心竞争力——可能是相当容易的一件事。但实际上，这些工作同管理者所从事的其他工作一样充满了挑战和苦难；而且更重要的是，这一决策任务的国际化程度也在逐步加深。有人认为，企业的管理者往往面临巨大的压力，他们制定的决策必须要满足市场分析师所预期的企业季度收入额，这些压力使得他们更加难以对企业内部组织进行准确的分析和考察。

初步证据表明，几乎有一半的组织决策都毫无价值，这就反映出做出有效决策的确是一件充满挑战和困难的工作。有时，企业在对内部组织的具体情况进行分析时可能会犯下一些错误。比如，管理者可能会把那些不能带来竞争优势的能力视为企业的核心竞争力。宝丽来公司的决策制定者就出现过这种识别上的失误，他们曾一直认为宝丽来在生产一次成像相机时使用的技术是非常适用的，而当时竞争者却正在马不停蹄地开发数码成像技术，并迅速将其应用到数码相机的生产中。当失误确实已经出现，就像宝丽来公司所面对的状况那样，决策制定者必须有足够的信心和勇气去承认错误，并马上采取正确的措施进行补救。一个公司，犯了错误仍然可以成长，出现错误并改正错误的学习过程，对于创造新的竞争优势来说是非常重要的。此外，从由决策失误导致的失败当中，企业及其管理者可以学到更多东西，那就是，在寻求竞争优势过程中，知道哪些错误是应当避免的。所以说，企业在制定与资源、能力及核心竞争力相关的决策时，可能遭遇的困难主要包括三个方面：不确定性、复杂性以及组织内部的冲突。如图8-1所示。

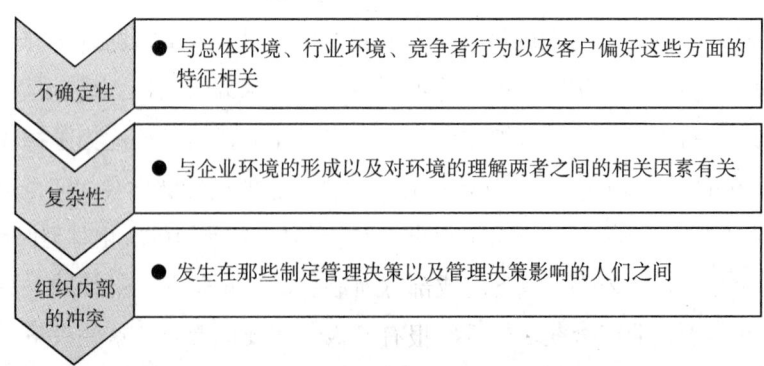

图8-1 影响关于资源、能力及核心竞争力的管理决策的一些情形

企业经理人面对的不确定性主要涉及新的专利技术、瞬息万变的经济和政治趋势、社会价值的转变，以及顾客需求的转移等。环境的不确定性会使经理人对企业内部环境的研究变得更为复杂，也会为他们带来更多的问题。我们可以考虑格雷戈里·博伊斯（Gregory H. Boyce）在美国煤炭生产商皮博迪能源公司（Peabody Energy Corp.）担任 CEO 时，在制定公司决策时需要面对的复杂状况。当时煤炭一直都被认为是一种"不洁净的燃料"，这就意味着由"洁净的"燃煤发电厂来生产能源，这种做法也显示了对其严格排放标准的支持。很显然，这些决策的复杂性是不容忽视的。如果在应对不确定时出现了偏差，企业在针对资源和能力做出决策时就会受到很大的影响，而这些决策又是企业竞争优势的根基所在。举个例子，博伊斯对煤炭的前景持有强烈的信念，他认为汽车领域应当制造出能够用煤炭作为燃料的汽车。最终，当企业决定开发什么样的核心竞争力以及如何开发的时候，组织内部的冲突也会出现。

由于企业在制定决策时可能会受上述三个方面的影响，因此管理者必须能够进行合理的判断。判断是指在没有必然正确的模型或规则可参照，或者相关数据不完全、不可靠的情况下，做出正确决策的能力。在这种情况下，决策制定者必须意识到认知偏差存在的可能性。例如，当正确的决策不是很明显时，过于自信常常会低估价值，这在判断一项内部资源究竟属于企业的优势还是劣势时就会常常出现。

在进行判断的时候，决策制定者往往要承担才智上的风险。在如今的竞争格局中，高层管理人员的判断能力已经成为一种尤其重要的竞争优势来源。原因之一就是，从长期来看，有效的判断会帮助企业赢得极高的声誉，并使利益相关者始终保持对企业的忠诚，因为他们对企业的支持与企业最终能否获得超额回报是紧密相关的。

战略聚焦：

"冰桶挑战"：一次成功的策划和传播

如果你还没有听说过"冰桶挑战"，那么说明你有些落伍了，这可是最近火得一塌糊涂的一个词。"冰桶挑战"终于"浇"到了中国。过去两天，包括雷军、罗永浩等国内知名 IT 大佬纷纷加入其行列。虽然有部分网友质疑有作秀嫌疑，但不少挑战成功者依然向美国的 ALS 协会或是国内罕见病

公益组织"瓷娃娃"进行捐款。(《南方都市报》2014年8月19日)

"冰桶挑战"的规则很简单:参与者只有两个选择,要么将一桶冰水从头浇下,要么向ALS协会捐赠100美元;挑战者成功完成后,可以公开点名3人参与挑战,点名者要么在24小时内完成,要么向ALS协会捐款100美元。而ALS是一种渐进性的神经退行性疾病,初期的症状包括肌肉无力或行动僵硬等,中文俗称"渐冻人症"。

"冰桶挑战"可是红得很。在过去的半个多月中,微软创始人比尔·盖茨、Facebook创始人扎克伯格和苹果CEO库克等名流,不惜湿身出镜,加入这项公益接力游戏之中。而从8月17日起,"冰桶挑战"来到中国,在国内率先参与此挑战的是IT界人士。

简单的一个游戏,取得了巨大的效果。统计数据显示,从7月29日至8月18日,"冰桶挑战"为ALS协会增加了307598名新的捐赠者,连同之前的捐赠者,一共为协会带来1560万美元的捐款,远超去年同时段的180万美元。在这个创意无价的社会,创意再一次证明了自己的价值,而且还把触角延伸到了公益领域。

很显然,"冰桶挑战"是一次成功的公益创新。不管如何,这个创意能够吸引那么多人的关注和参与,能够吸引那么多的捐款,就充分证明了它的成功。这从一个侧面表明,在这个被贴上消费主义标签的社会,慈善依然具有强大的号召力和生命力。只是要将人们的慈善之心激发出来,取得最大的效果,并不是一件容易的事。

"冰桶挑战"之所以能够成功,特别是得到IT界人士率先响应,与其流淌着创新的力量和互联网思维的血液密不可分。从"冰桶挑战"可以看到有趣性、互动性、共享性、颠覆性等特征,而这正是互联网思维的特性。公益事业是一种道德事业,但是道德并不意味着要板着面孔,公益行为虽然高大上,但也同样可以放下身段,娱乐大众。在现代社会背景下,公益不是没有空间,而是关键看能不能走进人心。

"冰桶挑战",就这么一个小小的策划,引起了这么多的关注,获得了这么大的成功,充分启发我们从事公益事业,也必须发挥创新的力量,注重互联网思维。

资料来源:毛建国 "冰桶挑战":一个成功的策划 [N]. 中国青年报,2014-08-20.

"冰桶挑战"的成功，说明"互联网思维"的春风已经吹到了非营利部门（Non-for-profit sector）。既然互联网已经彻底改变了战略管理的全景（Landscape），那么对于战略过程也会提出严苛的挑战。企业的优势和劣势的划分变得模糊了，产品、服务甚至技术的短板甚至不复存在，因为市场上总是有便宜的、专业的替代产品；企业的优势会不断地循环和自我强化，并更加精练并集中于无形资源和知识类能力，如学习能力、创新能力、吸收能力、概念化能力、资源整合能力等；机会和威胁的判定也变得模棱两可，甚至可能互换，并且可能互换得很频繁；企业的关键是找非常规和波动，找机会和将威胁转换成机会。SWOT分析这种简单的匹配可能已经满足不了现在的战略管理需求，互联网思维就是在这样的大背景下诞生的。

如今，互联网思维已经不再局限于互联网，与当初人类史上的"文艺复兴"一样，这种思维在逐渐扩散，开始对整个大时代带来深远的影响。不止产品经理或程序员，所有传统商业都会被这场互联网思维浪潮所影响、重塑乃至颠覆，这笔宝贵的思想财富将会造福各行各业。

互联网思维是怎么产生的？生产力决定生产关系，互联网技术特征在一定程度上会影响其在商业层面的逻辑。当今时代正处于第三次工业革命的"后工业化时代"，意味着工业时代正在过渡为互联网时代。工业时代是以大规模生产、大规模销售和大规模传播为标志的，企业和商家合伙向消费者倾销自己的产品和服务，尽管也会根据市场回馈进行调整，但是一个非常缓慢的周期。而在互联网时代，传统销售与传播环节已经变得不再重要，企业将直接面对消费者，消费者反客为主，拥有了消费主权，企业必须以更廉价的方式、更快的速度以及更好的产品与服务满足消费者需求，"顾客是上帝"不仅仅是一种终端服务概念，而是整个设计生产销售链条的原则。互联网时代的商业思维还是一种民主化的思维。消费者同时成为媒介信息和内容的生产者与传播者，通过买通媒体单向广播、制造热门商品诱导消费行为的模式不成立了，生产者和消费者的权力发生了转变，消费者主权时代真正到来。

从本质上来说互联网思维是一种商业模式创新。当这三类企业提到互联网思维的时候，实际上是立足于各自企业的本身，看如何能够运用互联网的特性，让企业更快、更好地发展。本质上来说，就是借用互联网进行价值创造、再创造。换句话说，互联网思维大潮就是一种商业模式创新大潮。互联网的内外部环境

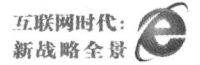

的匹配——商业模式的选择尤为重要。

何谓好的互联网商业模式？互联网商业模式没有一个固定的模式，只要能给顾客提供长期价值的，就是一个好的模式。简单来说，就一个长线来说，收入大于付出，能细水长流，能很清楚地预见接下来的发展模式就是好的模式。反过来说，若长线发展是一个未知数的模式，就不是一个好的互联网商业模式。例如，你的企业官方网站能顺应网络的发展需求，如你所锁定的顾客群所需要的是短信服务，又或是只能沟通的平台等，就应该去研究这群人所能享受到的服务，这方面的例子，在过去很多的主流网站都可以看到。但是有很多公司就想颠覆这个想法。创新固然很好，但是要创新就要在顾客群的需求方面创造。

今天有很多的门户，垂直型网站、电商、游戏，都是顺应这方面的需求而成功的。而我们也可以看看有很多的所谓的企业网站，给人的感觉就是自己做给自己观赏的一个网站。近年来比较流行"病毒式的营销"，这种营销方式的基本概念就是能让顾客群相互之间很愿意去介绍相关的服务及网站。要充分地发挥出这种病毒式的威力，就必须要有给顾客群认同的服务产品内容等。让顾客不断地享受到相关的服务及所带来的便利等。这样的模式才能细水长流。

门户网站模式是互联网最早的商业模式，曾经辉煌一时。随着互联网宽带化、大众化、个性化、移动化的不断发展，新应用层出不穷。带有Web2.0和Web3.0特征的服务已经越来越多地进入网民的视野：RSS、SNS、Tag、Blog、P2P、LBS、C2B、O2O、APP……这些一度只在专业人士的小圈子里出现的概念已经成为众多网络用户的应用。那么，这些纷繁复杂的业务模式的背后，支持互联网企业选择的标准是什么？是跳不出商业模式的基本核心——价值。

战略聚焦：

美国现在玩什么？17个新兴商业模式

在美国，有2300万家小企业，每个月还会新增54.3万家小企业。所以，如果想要脱颖而出，并取得成功，不仅需要一个独一无二的价值主张，还要有多元化的收入流，以及充足、强大的创造能力。其中有17家独特的公司，他们的商业模式已经得到了市场的验证，这些公司的产品范围很广，从零售APP应用，到时尚新贵，当然，这些公司也正在重新思索它们的收入模式,并且不断为交易双方创造令人信服的价值。

1. Skillshare

成立时间:2011 年

公司创始人:Malcolm Ong,Michael Karnjanaprakorn

创新视角:一个能学到任何东西的平台。

之前,Skillshare 推出的是一个类似"点餐"式的教育平台,教学专家可以按照任何学科教授一个班级,任何人都能参加这个课程,只需支付 20 美元或 25 美元即可。不过在去年三月,Skillshare 转型了,他们推出了一个每月 10 美元的自助式套餐,这种商业模式可以让用户每月只支付 10 美元,就学习平台上的全部课程。和绝大多数教育初创公司不同,Skillshare 的授课老师不是来自顶尖大学的专业教授,也就是说,如果你想当老师,给大家传授知识,完全没有必要拥有一个博士头衔。而在学生这边,事情就更加简单了,因为学习知识的成本一点儿都不贵,而且这个平台可以让你"活到老,学到老"。

经验:依靠拥有专业知识和聪明智慧的普通人,开发出了一个可人人参与的教育平台。

2. Stitch Fix

成立时间:2011 年

公司创始人:Katrina Lake

创新视角:依靠数据和兼职时尚界人士提供的趋势,提供更智能的个性化造型。

Stitch Fix 公司创始人兼首席执行官 Katrina Lake 表示,他们公司探索到了零售行业中他人没有发现的一块"处女地",更是艺术和科学的结合。她的初创公司拥有专门的算法以处理新用户时尚造型的调研,然后根据收到的信息提供反馈,帮助 Stitch Fix 在加州和得克萨斯州 300 多位兼职时尚师开发出最适合用户的时尚服饰,他们会给订购用户寄送出装有五件时尚商品的礼盒,而且保证会得到用户的喜爱。Lake 表示:"没有任何一家服务商,可以提供真正个性化的零售体验,而且价格还如此优惠,只有 Stitch Fix 做到了。"

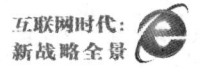

Stitch Fix最初的用户定位在25岁左右的都市白领阶层,因为她们工作非常繁忙,而且没有太多时间去购物,但是这帮人又非常喜欢时尚,希望能把自己打扮得漂漂亮亮。随着公司的发展,Lake非常明确,她知道,"没有时间打扮自己的女人非常多",不管是待在家里的家庭主妇,还是在职场上的女性高管,都对Stitch Fix好评如潮。"我们可以专注在一件事上,然后为用户提供一个有趣和愉快的零售体验,为她们带来真正的个性化服务。"Lake说道。

经验:通过智能数据开发产品,给消费者带来惊喜和快乐,还节省了消费者的时间。

3. Warby Parker

成立时间:2010年

公司创始人:David Gilboa、Neil Blumenthal、Andrew Hunt、Jeffrey Raider

创新视角:绕过中介商,特别是那些巨头中介商,并把一个医学设备转型成为了一个时尚饰件。

Warby Parker的影响力是不可否认的,现在圈子里的科技记者们都拿Warby Parker做例子,一提到某个传统行业,就会说,"要做××行业的Warby Parker"。一直以来,眼镜行业都是由Luxottica集团所统治,但是Warby Parker却从价格这一点上闯出了一片天,他们改变了奢侈的眼镜购物方式,现在反而有些类似线上买鞋。消费者评论说,"嘿,真的,一副眼镜只要95美元,那我也来一副蓝色的吧。"Warby Parker是从电子商务起步的,现在他们也开设了实体店,而且是和Tiffany这样的奢侈品店开在了同一位置。Warby Parker的眼镜款式很多,如"The Standard"、"Alchemy Works"等。它不仅去掉了中间环节,还增加了许多很酷的元素和社交功能。超低的价格,时尚的感觉,还有什么能比这两点更能吸引消费者的呢?

经验:改变了人们看待一个行业的眼光。

4. Paperless Post

成立时间:2008年

公司创始人:James Hirschfeld、Alexa Hirschfeld

创新视角：彻底改变了信函世界，从线上起步，又回到线下。

Paperless Post 成立于 2008 年，它是美国邮政服务公司的最大竞争对手，该公司鼓励人们通过电子邮件发布通告和邀请，而且他们拥有数百个设计模板。这个网站是免费的，不过，如果用户需要使用高级模板和信封，只需要预付"Coins"。在 2012 年末，他们又开创了另一个收入模式，推出纸质的 Paperless Post 服务，允许用户在 PaperlessPost.com 网站上面设计一张卡片，然后可以通过电子方式，或是纸质邮政方式发送给对方。Alexa Hirschfeld 向媒体透露，60% 的 Paperless Post 用户希望可以通过纸质邮政寄送卡片。"他们告诉我，他们喜欢 Paperless Post，但是在某些时候，他们也需要用纸张来寄送东西，因为毕竟纸张还是具有质感的，而且还可以保存很久。"同时，该公司数字化的创新速度并没有减缓，为了提升美学设计，他们和许多设计师进行了合作，分享收入，这些知名设计师包括 J.Crew、Oscar de la Renta，以及 Kate Spade，他们都负责为 Paperless Post 网站进行模板设计工作。

经验：重视设计美学。

5. Zady

成立时间：2013 年

公司创始人：Soraya Darabi，Maxine Bedat

创新视角：透明化销售，强调告知购买者衣服的制造地以及设计的相关背景信息。

Zady 旨在改变人们看待时尚产品的方式，特别是快销时尚行业。该公司创始人 Soraya Darabi 和 Maxine Bedat 非常专注于提供高品质、纯手工制造的商品，而且这些商品都是在美国本土生产——"Made in America"，并极具环保意识，在她们眼里，少即是多。

经验：讲述产品故事是非常重要的，也是人们愿意花钱购买产品的一个重要原因。

6. Handybook

成立时间：2012 年

公司创始人：Umang Dua，Oisin Hanrahan，Ignacio Leonhardt，Weina

创新视角：定制化家务服务，如打扫房间、维修家电，所有服务都可以通过移动 APP 轻松搞定。

我们生活在一个定制化的时代，如果我们想要某种东西，就恨不得马上得到。Handybook 在此时出现了，他们在全美 26 个城市提供服务，最近募集到了 3000 万美元资金，帮助提升团队，特别是公司的移动工程开发团队。Hanrahan 表示:"我们成立 Handybook，就是想帮助你解决家务服务的难题，而且我们可以提供远程服务，管理这些服务。"每周 Handybook 的预订数量都超过 1 万，据该公司透露他们的增长率保持在 20%。

经验：方便才是关键。

7. Popsugar

成立时间：2006 年

公司创始人：Brian Sugar，Lisa Sugar，Andy Moss，Jason Rhee，Arthur Cinader，Krista Moatz

创新视角：多元化共生的收入流，为 Popsugar 女性用户提供服务。

Popsugar 的服务内容涵盖的都是人们感兴趣的，娱乐、名人、时装、美容、健身、食品以及育儿等，而且以多种形式提供服务，包括线上、APP 应用、电视等。2007 年，该公司收购了购物搜索引擎公司 ShopStyle，同时，他们与 Birchbox 公司合作，推出了 Popsugar Must Have，它是一个由 Popsugar 编辑推荐的订购时尚包。Popsugar 现在已经成为一个全球生活方式品牌，网站每月有 4100 万独立访问量，以及 2.34 亿页面访问量。

经验：内容驱动商务，人们都喜欢一站式服务。

8. NatureBox

成立时间：2012 年

公司创始人：Gautam Gupta，Kenneth Chen

创新视角：一种全新的订购服务，Naturebox 按月订购健康零食。

Naturebox 已经获得了 6400 万美元融资，提供健康的零食，到目前为止，他们已经在控制食品科学和不健康添加剂方面有所建树。而且，Naturebox 已经开发出了 120 多种小吃，可以装载 100 万个集装箱。他们一半的订购用户集中在美国中西部地区，在那里有丰富的有机市场，而且 Whole Foods 超市也不多，竞争并不激烈。"我们解决了一个难题，把更好的零食直接送到了人们家门口。"Amanda Natividad 说道："我们让那些爱吃零食的人感到无比幸福。"2013 年，该公司出现了 20 倍的增长，公司网站博客流量也在稳定地增长，这表明，越来越多的人开始对健康饮食感兴趣。

经验：让你自己的产品和竞争对手不同，帮助企业获得竞争力。

9. Hukkster

成立时间：2011 年

公司创始人：Erica Bell，Katie Finnegan

创新视角：通过库存量跟踪你想要的商品，通过一个类似 Tinder 应用的界面，让顾客的购物更加愉快。

Hukkster 可以为消费者提供最大限度的折扣信息。这家初创公司开发的 Hukk It Chrome 插件为消费者提供了一键体验，轻松跟踪顾客想购买的商品优惠打折码（实时），这些商品包括了服装、配件、家用器皿（市场上 70% 的打折都是通过优惠打折码来提供的）。Hukkster 跟踪优惠码，然后按照库存量水平进行销售，之后给购物者发送实时提醒。该公司创始人介绍，Hukkster 发送的提醒邮件，阅读率达到了 70%，他认为对买卖双方来说，这都是一种双赢的模式。Hukkster 直接和品牌合作，帮助驱动流量和效率；而消费者则可以通过优惠码获得自己感兴趣的商品。"目前，Hukkster 的付费会员可以直接在我们的平台上购物（合作伙伴通过支付更多的佣金，可以发送更好、更具个性化的销售提醒电子邮件）。"Bell 说道："Hukkster 非常兴奋，因为目前我们正在和许多品牌商进行直接洽谈。"Hukkster 通过自己的 APP 应用收集数据，这款应用的界面和 Tinder 应用很像，消费者可以向左滑动屏幕选定一个心仪的商品，向右滑动屏幕就删掉该商品。

经验：购物者都喜欢省钱，帮助他们实现这一目标，将会实现双赢。

10. Zola

成立时间：2013 年

公司创始人：Shan-Lyn Ma，Nobu Nakaguchi，Kevin Ryan

创新视角：一家在线选购婚礼礼物的网站，非常个性化的婚礼注册，可以支持群组购买大型礼品和"现金基金"。

该公司创始人 Kevin Ryan 是一个创业老兵，之前在纽约创始 Gilt 公司

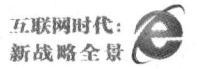

和其他初创公司,他觉得婚礼注册非常过时,而且缺乏想象力,随着Pinterest帮助情侣想象出了许多有创意的婚礼想法。Zola是一个包含图片、婚礼建议等内容的网站,里面还包含了未婚服务意愿礼品清单,希望情侣通过这个网站讲述专属于自己的婚礼故事。根据公司另一位创始人Ma透露,公司成立第一年就有3000对夫妇使用了他们的服务,而且在刚成立七个月时间里,就有1.6万对新人注册,Ma表示Zola主要通过口碑相传的。

未婚夫妇通过Zola可以创建自己的个性化网站,在这个网站上可以添加照片,也可以罗列希望收到的婚礼礼物,如厨具、食物、家具等。Ma表示,Zola上面最畅销的是洛奇铸铁煎锅、华夫饼干和面条盘。未婚夫妇可以自己选择礼物寄送时间,这样就避免了礼物到达太早落灰或是太晚没有派上用场的情况。Zola的目标是发展成一个更大、包含类目更多的O2O购物平台。为了这个目标,Zola也在逐渐增加自己的服务范围,例如,在Zola上,你可以发现很多在传统商店根本找不到的商品。

经验:具备提供个性化服务的能力,能帮助企业走更长的路,而且重塑了婚礼的传统形式。

11. Oyster

成立时间:2013年

公式创始人:Eric Stromberg,Andrew Brown,Willem Van Lancker

创新视角:电子书,搭配华丽的用户界面。

订购电子书已经成为了一种趋势,但是在过去的几年里,Oyster已经获得了成功。在2012年,这家社交阅读初创公司就获得了Founders Fund公司的300万美元投资,之后他们又获得了1400万美元的融资。目前,他们已经拥有50万本书籍内容,包括新闻发布、纽约时报最佳销量书籍,以及美国国家图书奖的获奖作家作品。其平台上的发行商数量更是达到了1600家。Oyster的每月订购费为9.95美元,这个价格比买一本书便宜多了。

经验:要保持媒体消费习惯这一趋势,再提供一个让人无法拒绝的价格。

12. Uber

成立时间:2009年

公司创始人:Travis Kalanick,Garrett Camp

创新视角：利用按需服务的驾驶员和动态的价格，颠覆了传统出租车/交通运输生态系统。

尽管面临法律方面的困境，以及定价方面的问题，Uber 还是成为了世界上一些大城市中最受欢迎的打车工具。截至目前，该公司已经募集了 15 亿美元资金，而且他们也暗示会继续扩张到物流市场，比如提供当日送达的快递服务，或是其他"跑腿"服务。

经验：创新是一场艰苦的战斗，但也是一场非常值得的战斗。

13. Serengetee

成立时间：2012 年

公司创始人：Jeff Steitz，Ryan Westberg，Nate Holterman

创新视角：自筹资金，动机导向的服装，而且有一批校园销售代表支持。

每个衣服口袋上都有一个 Serengetee tee 的图案，这源于公司创始人曾经与某一地区的社会事业相联系。客户个性化的衬衫，标准颜色和口袋样式，代表着你正在支持一项事业，而且为解决一些全球性的问题做出了贡献。

"我们传递的信息，不是要去挽救世界，但是我们通过可持续性的商业模式，可以改变这个世界。"公司联合创始人 Ryan Westberg 说道。他们利用校园代表项目，发动了"校园里的年轻人"活动，预计在 2014 年夏天会有 2500 人加入。

经验：把自己打造成为一个个性化，并且关注社会的企业，周围人会为你传播"福音"。

14. StyleSaint

成立时间：2010 年

公司创始人：Allison Beal，Brian Garrett

创新视角：在一个时尚标签下，时尚与媒体相结合，从客户的兴趣中激发设计灵感。

StyleSaint 公司位于洛杉矶，图片分享网站受到越来越多人的青睐。而 StyleSaint 更是将图片分享与电子商务完美结合，用户可以将自己搜集的图片在线制作成个人"时尚手册"，StyleSaint 会选择其中一部分投入实际生产，销售给用户。公司创始人 Allison Beal 开发了一个社区模型，她自称为"创造者的壁橱",公司获得了 101 万美元的风险投资。这种直接与消费者建立联系的方式,有助于减少库存,对快销时尚行业非常有利。

经验:客户是对的,特别是当你提供的服务对上了他们的口味。

15. Airbnb

成立时间:2008 年

公司创始人:Brian Chesky、Joe Gebbia、Nathan Blecharczyk

创新视角:创造一个分享经济,利用空置房屋、公寓,甚至是自己的家,颠覆了酒店服务行业。

像 Uber、Airbnb 这些公司,都在受到法律问题的困扰,但是,整个市场价值高达 100 亿美元,而 Airbnb 已经成为共享经济的一个典范,当然还有 Rent the Runway、Lyft、Neighborgoods 等公司。消费者这种行为被称为"协同消费",该网站帮助了 400 万旅行者预订到了住所。

经验:分享就是关怀,P2P 模式帮助消费者省了一笔钱,也帮助业主赚到了钱,为旅行者创造了一个更加真实的本地体验。

16. Rent the Runway

成立时间:2009 年

公司创始人:Jennifer Hyman、Jenny Fleiss

创新视角:出租高端服装,为他人创造一个"灰姑娘时刻",为女性提供一些尝试体验自己不常穿的服装品牌机会。

随着 Instagram 和 Facebook 上的照片越来越多,这意味着女人将更喜欢穿不重复的衣服。Rent the Runway 让用户以名牌服装售价 10%~15% 的价格,租赁衣服出席重要场合,从而解决大多数女性一直以来所面临的"满柜子衣服却发现无衣可穿"的难题。

经验:让用户穿上梦寐以求的服装,另外在购买之前先试穿也是一种有效的销售手段。

17. Birchbox

成立时间:2010 年

公司创始人:Katia Beauchamp、Hayley Barna

创新视角:订购化妆品盒,满足你内心美容"小恶魔"的欲望。

> Birchbox 是一家化妆品初创公司，但是它却震撼了整个行业。Birchbox 为用户带来了专家精选的化妆品，而且经常会给消费者带来惊喜。这家公司的增长，已经证明了他们的商业模式非常有效果，而且目前也获得了 7190 万美元的融资。"我们仍然觉得自己刚刚起步，但是在这个时刻，却是一个转折点，在我们看来，这个行业充满了竞争力，也很有动力，十分令人兴奋。"该公司创始人 Katia Beauchamp 说道。
>
> 经验：在一个充满竞争的行业，通过精选服务走出了属于自己的道路，当然，这条路还很长。
>
> 资料来源：BWchinese 中文网，http://www.bwchinese.com/article/1061186.html，2014-09-05.

想一想：上述的商业模式之中，你有找到它们在中国的"孪生兄妹"吗？

第二节 互联网思维：商业模式创新

商业模式的选择对于互联网时代下企业的发展至关重要，甚至可以说，互联网思维就是一种商业模式创新、一种思维模式（Mindset）。商业模式涵盖了企业从资源获取、生产组织、产品营销、售后服务、收入方式、合作关系等几乎企业的一切活动。不同的学者对商业模式的定义并不一致。笔者对商业模式的定义是，商业模式是随着互联网经济的兴起而出现的一个全新的企业研究视角，其内涵是企业选择经营对象、经营方式、实现收益的一系列商业规则，通俗地讲，就是指企业从何赚钱和如何赚钱。"商业模式"这一概念是随着网络企业的兴起而产生的一个全新的企业研究视角。虽然任何企业都面临选择经营对象、经营方式以及实现收益等一系列问题，但是，"商业模式"是随着网络企业的出现和兴起才被大量引用和研究的一个概念。在网络企业出现之前，对企业的研究不是从商业模式的角度进行的。随着商业模式理论体系的发展，这一视角完全可以发展成为一种综合的企业管理理论体系，并适用于对所有企业的分析、研究。

明确其内涵是企业选择经营对象、经营模式和实现收益等的前提。根据这一定义，企业商业模式可以分解为经营模式、客户模式和收入模式三个方面。其中，经营模式是指企业的经营业态和方式，即是提供产品还是提供服务以及如何提供产品服务的问题；客户模式是指企业所服务目标对象的定位，即为谁服务的问题；收入模式是指企业获取经营收入的方式。从逻辑上看，经营模式、客户模式和收入模式这三个模式是互相依存、互相制约、互为补充的关系，共同组成完整的商业模式，缺一不可。企业正是依靠这种整体性结构的创新和优化来实现企业发展和盈利的。这一定义提供了商业模式创新方法研究的框架模型。商业模式概念内涵丰富、头绪繁多，商业模式分解为三个核心环节之后，为研究商业模式创新方法、创新实现路径等商业模式创新领域的关键问题提供了一个全新的研究框架。本书对商业模式创新方法研究也主要基于这个框架进行的。

商业模式创新，是指企业家创办新企业而采用不同于以往企业的商业模式或者企业根据经营环境和内部资源的变化而改变，以及丰富其现有商业模式的实践活动。本书研究网络企业商业模式创新方法，需要明确界定网络企业商业模式创新的一些相关概念。

互联网的兴起对所有企业的商业模式都是一种崭新的机遇和挑战。在新的网络环境下，传统企业的商业模式会发生一些改变，也有全新的商业模式被创造出来。具体说来，网络时代的商业模式创新可以分为三类：一是传统企业的商业模式被改造，即传统的商业运作模式可以通过网络技术提供的方法和手段进行改造，形成商业模式创新；二是产生新的商业模式，与传统的商业模式进行竞争；三是新经济所提供的全新的商业机会形成新的商业模式，即传统企业无法企及的领域，用传统商业模式无法实现的手段向消费者提供全新的产品和服务。从广义来说，这些变化都被称为网络时代的商业模式创新。

研究网络企业商业模式创新问题，与广义的网络时代的商业模式创新的概念并不完全一致。网络时代的商业模式创新是指在网络背景下以所有企业为主体的商业模式创新。网络企业商业模式创新是以中国网络企业为主体的狭义的商业模式创新。

Applegate（2001）将商业模式视作复杂商业活动的结构、结构中基本元素的联系以对真实世界的响应方式。他从对59个来自各行各业的企业的研究中得出，商业模式的本质就是创造价值的系统逻辑。他认为，从结构上看，任何企业的商业模式都可以归纳为三个基本要素：价值、概念和能力，如图8-2所示。

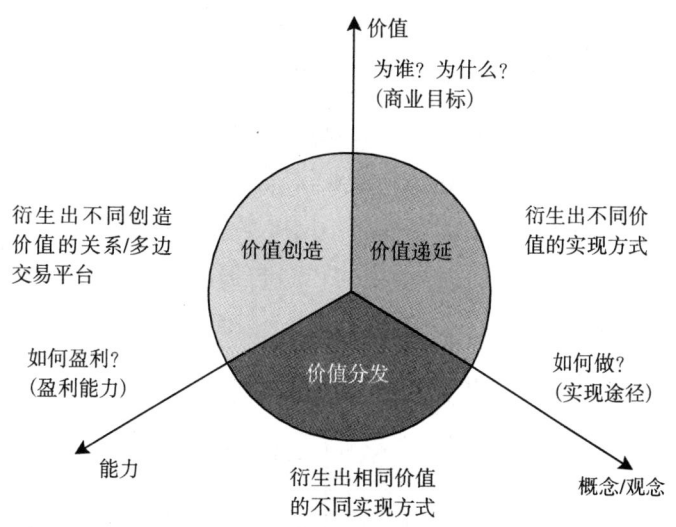

图 8-2　商业模式要素解析

这个模型对于互联网思维来说也颇为适合。

第一，价值要素讨论的是企业的价值从何而来，也就是企业为谁服务、满足这些人的什么需求，为什么要提供这类产品或服务。互联网思维在价值维度上的含义是企业商业目标的确定。企业要在互联网的大环境下，重新审视现有客户定位和客户需求。新的技术可能会使客户定位发生转移，也可能会使新的客户需求暴露无遗。例如，在没有互联网技术的时候，人们寻找饭店可能仅仅是依靠口碑和已知饭店的远近；在互联网定位技术被大众点评这类的网站成熟使用之后，人们会依托商圈来进行基本定位，再综合多种因素进行最后目标商家的确定：口味、服务、特色、是否提供上网服务、是否有停车位等。而这后者中的多种因素是只有依托于互联网的技术才能显现出来的。

第二，概念要素讨论的是企业如何向客户/用户提供产品或服务，也就是企业如何满足上述人群的需求、如何形成价值。互联网思维在概念维度上的含义是企业的实现途径，通过什么样的互联网技术、模式能够把想法变成价值。同样一个想法或者点子，通过传统的途径实现和通过互联网的途径实现会出现截然不同的两种效果。马路上随处可见的路边摊的煎饼果子和黄太吉的煎饼果子就是很典型的对比的例子。

第三，能力要素讨论的是企业如何保持盈利，也就是企业的盈利能力。互联网思维在能力维度上的含义是企业如何通过互联网平台、互联网工具进行价值兑现的过程，也就是价值兑现过程的设计和壁垒的建立。现在，第三方支付工具和支付体系逐渐成熟，互联网金融业愈演愈烈，企业可以足不出户通过多种在线交易方式进行资金的回收，因此，企业可以把业务做得更远、更快、更及时。

当然，这三个要素只是解析任何商业模式的基本维度，要想进行商业模式创新，也就是进行互联网思维，是需要将不同要素结合起来看的。这样，维度与维度之间交叉的区间就形成了三个企业可以进行创新的思维扇面：价值—概念扇面，概念—能力扇面和能力—价值扇面。三个扇面分别代表了企业进行互联网思维的三种思路，如图8-3所示。

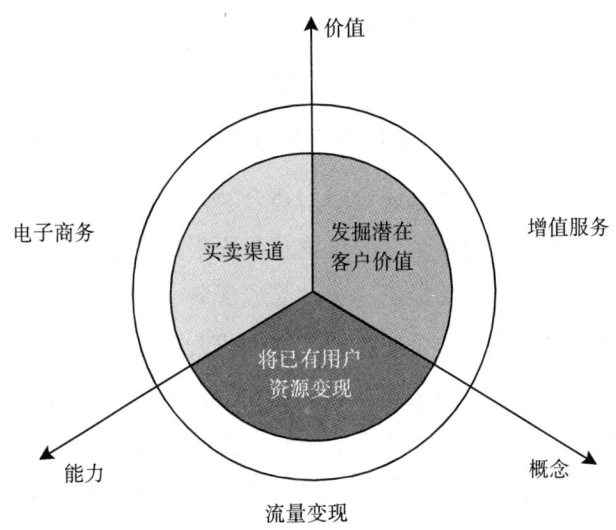

图8-3 互联网商业模式要素解析

第一种思路，以价值为出发点，寻找不同的概念。也就是在现有的用户群体基础上衍生出不同的价值实现方式。用户不变，用户身上的价值点也不变，不同的只是有些已经被开发出来而有些没有；客户的价值是永远不会被穷尽的，技术越先进、沟通越充分，暴露出来的和能够被实现的价值越多。那些没有被开发出来的潜在价值，会为企业带来新的创新增长极；企业通过对这些没有开发出来的价值进行开发，可以保持企业创新的动力来源。举例来说，当我们刚刚开始使用博客的时候，大家用的是一样的界面结构和一样的颜色。但是渐渐地，一些用户对于页面个性化装饰的需求就显现出来，这就出现了后来的会员服务：会员可以通过定期缴纳一定的费用，获得装饰页面的特权。企业可以通过提供这种特权进行收费,这样的商业模式,在互联网思维中,可以被称为增值服务。如果商家能提供增值服务,则会以尽可能合算的成本吸引尽可能多的潜在消费者,让他们付费使用商家提供的服务,然后商家再让这些消费者尽可能久地继续付费。这个类别中的大多数初创企业都采取了"免费增值"策略,即免费提供一些基本内容或服务,希望能将一小部分免费用户转化为付费用户。"免费增值"绝不是获取客户唯一的方式,但它通常是最符合成本效益的手段,当服务是建立在成本低廉的媒体或第三方基础设施供应商(如 Amazon 的 S3)上时,为一个新用户提供服务的可变成本微乎其微。支付和金融服务公司就属于这一类别,因为他们提供一些免费或收费服务,并按比例对每笔交易收取佣金。提供收费订阅服务的公司、新银行或投资公司,以及支付服务公司是这个类别中的典型。与媒体公司相比,它们通常需要更多的资金来创办公司,但扩大规模的成本可能不会很昂贵,因为他们有消费者支付的现金可以利用。

第二种思路,以概念为出发点,诉求不同的能力。也就是在企业实现价值途径相同的前提下,衍生出不同的价值兑现方式。即使做的事情一样,获取利润的方式也有所不同。举例来说,腾讯有 8 亿 QQ 用户,如何将这 8 亿个 QQ 号转化成商业利益,通过 QQ 的电脑客户端的右下角弹出窗口进行广告插入或者发直邮给 QQ 邮箱,这可能是最没有效果(因为用户可能连看都不看就关掉或删除,甚至采取忽略或不理睬对策)的一种方式,能够收取的费用也相对较低,但是通过用 QQ 号进行在线有奖活动的注册,并在活动中用一种较为趣味性的方式将产品的特性传递给用户,这可能就是一种高效的宣传方式,能够收取较高的费用。例如,平时通过 QQ 给出的链接进行的对于某产品的有奖问答就是很好的一种广告形式。企业可以通过将已有的用户、已有用户价值的实现兑现成或多或少的实际利益,这样的商业模式,在互联网思维中,可以被称为(用户)流量兑现。媒体公司提供免费内容,收集购买意愿,这样它们就可以出售广告,提供受众可能会感兴趣的产品或服务的销售线索(Lead),或者追加销售订阅服务或数字商品。大量的互联网初创公司都属于这个类别,因为这类公司的启动成本通常是最低的,不过它们扩张规模的成本却不低。在搜索、游戏、社交网络、新媒体、视频和音频,以及销路拓展(Leadgeneration)领域中创建应用程序的公司是典型的媒体公司。

第三种思路,以能力为出发点,开发不同的价值。企业已经搭建好兑现商业利益的基于互联网的平台,但是需要在现有平台上尽可能地实现最大的开发平台的利用率,让多种价值在此平台上得以兑现。电商就是典型的例子。从最初淘宝网只有C2C的小型的交易平台,到现在淘宝—天猫王国汇聚了众多C2C和B2C商家,在这个巨大的交易平台上进行交易的产品也从最初的实物产品变成了琳琅满目的各种类型产品(包括有形的和无形的)和服务。这种为了促成买卖双方在互联网上进行交易而收取服务费用的商业模式,在互联网思维中,可以被称为电子商务。如果销售的是装在仓库里的、可通过快递公司发送的产品,或者是可以在现实世界中购买商品和服务的优惠券,那么运作的就是一个商务公司(Commercecompany)。这类初创公司从每笔交易中获取收入,它们需要做的是在仓储、退货和客户服务,以及销售和市场营销方面提高效率。

综上所述,正如商业模式离不开三个基本的要素——价值、概念和能力,实际上"互联网思维"也离不开这三种类型的商业模式——增值服务、流量变现和电子商务。然而这三种类型的商业模式却有着纷繁多变的面孔。它们并不相互排斥,一家公司可以利用它们中的一个或多个获取营收。举例来说,流量变现中的广告服务,就包括了硬广、软文、植入性广告、炒作、线上线下活动等不同的操作模式。而电子商务现在也形成了多种方式的组合:买卖的可能有有形产品,也可能有无形产品(在线金融超市);使用的可以是实际货币的电子账户(支付宝),也可以是虚拟货币(Q币、Q点系统)。

从前文可以得知,互联网思维对于三种类型的企业来说,从价值视角来看无非是三种思路:要么提高用户对企业的黏性,扩大用户群,延伸出不同的用户价值,通过手中的用户后向收费模式进行流量变现(用户就等于价值);要么从为用户提供超越其他用户的特殊体验来进行收费,如会员服务,这需要企业不断深挖已知客户的未知需求;要么直接在互联网上进行买卖并从为买卖双方提供交易平台而收取建设和服务费用。三种类型的企业围绕三个商业模式的维度,将所有层次的企业都分为三种区间,不同区间的企业的互联网思维有不同侧重,是结合不同商业模式基本要素产生的思考结果,如图8-4所示。最终形成一个三相和由内向外三圈的模型,作者称之为"企业互联网思维定位图"。企业可以根据已知的自身类型和进行基于互联网的商业模式创新——也就是进行互联网思维的主要要素,确定自己进行互联网思维的模式和方向。

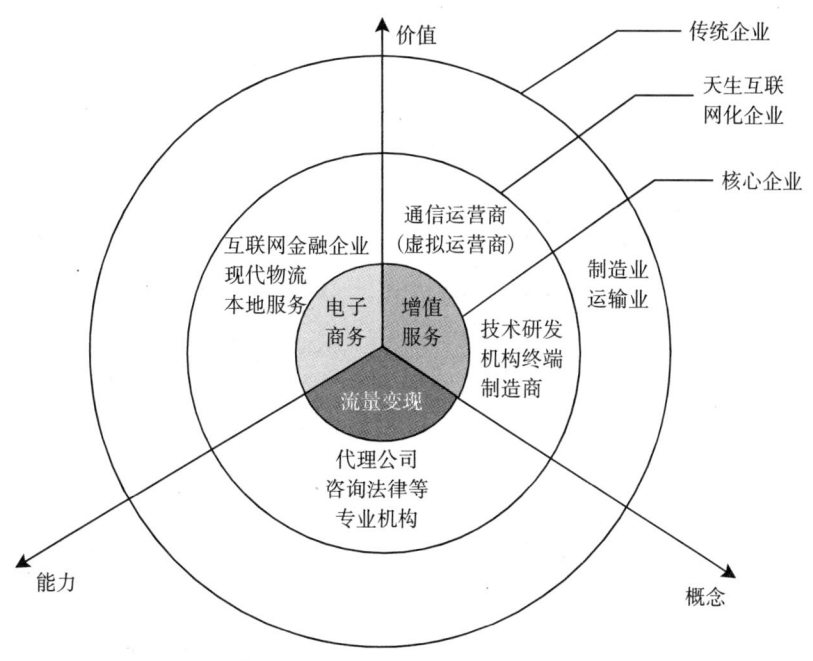

图 8-4 企业互联网思维定位

对于互联网日益强大的影响力，企业战略管理并不像大多数人所认为的那样由于互联网的出现而过时，恰恰相反，互联网的出现使竞争战略管理比以前任何时候都更加重要。竞争战略管理适用于所有的企业，不管是互联网出现前已经存在的企业，还是随着互联网的出现而出现的互联网企业。因而，产业结构分析、价值链分析、战略管理选择和创造持久的竞争优势仍然是战略管理分析的必要环节。同时，互联网改变了产业结构和价值链，从而在一定程度上改变了竞争优势的来源。首先，互联网使企业竞争更加激烈，许多行业的长期利润潜力面临更大的压力。其次，企业的竞争优势来源于两方面：一是企业经营的有效性；二是企业的战略管理位置。最后，以互联网为标志的新经济逐渐融合到传统经济中，企业也只有把互联网应用融合到战略管理中才能发掘互联网的竞争优势来源。建议所有的企业都应当回归基本面，即要获得持续的盈利性，必须创造价格与成本的差额——经济价值；将基本论点与原有理论体系相结合，提出决定盈利性的两个基本因素是产业结构与持续竞争优势，而产业结构仍然由在传统经济中起作用的五种竞争力决定，就像竞争优势仍然由运营效率和企业战略管理定位决定一样。图 8-5 为互联网时代下的商业模式创新。

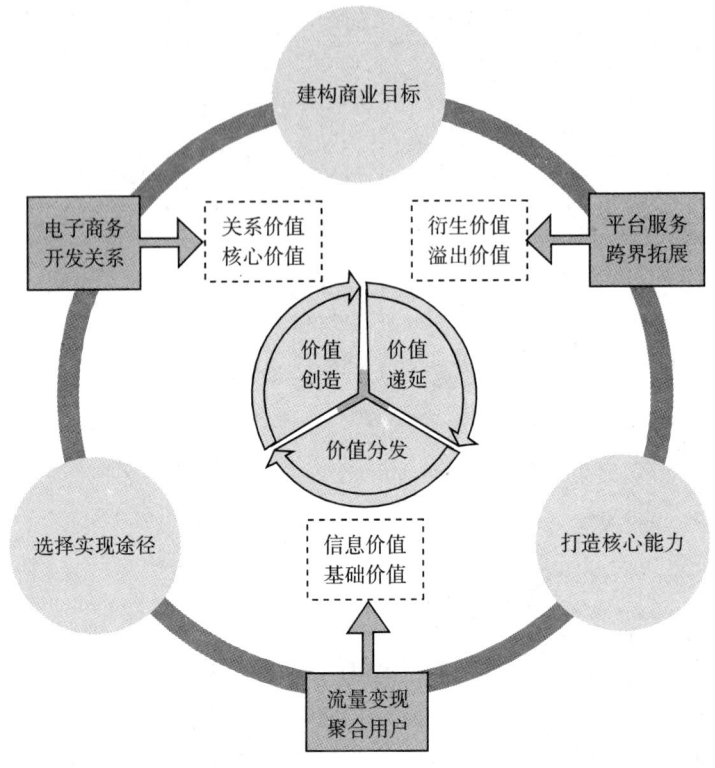

图 8-5 互联网时代下的商业模式创新

第三节 互联网思维与三类企业

在前文中，我们谈了很多什么是"互联网思维"。但是企业更关心的，可能是互联网思维在不同类型企业的管理应用。但是，在探讨互联网思维在传统企业的管理应用之前，我们还需要搞清楚一个问题：互联网思维对企业的经营有哪些主要影响？明白了这个问题，也就明白了互联网思维为什么可以制胜传统后工业时代，在运用互联网思维管理传统企业的时候才能找准改造方向、找对评判标准。

在中国，阿里巴巴（淘宝）、小米等成功改变了传统的销售渠道和营销方式，这在一定程度上是因为中国的销售成本太高。图书出版与金融业正在遭遇相同的挑战，尤其是以数据为载体的金融业，以传统银行的低效服务与过高成本，最容易被互联网颠覆。在中国，这种颠覆如此激烈，是因为传统模式非常低效，成本过高，产品和服务缺乏以人为本等。而在美国，由于传统行业本身效率比较高，服务比较好，所以，很多行业并没有出现中国如此的剧烈冲击。也正因为如此，在中国，互联网对传统行业的影响，首先体现在边际成本的快速下降。

相对极低的边际成本是最早从互联网渗透入传统行业中的特征思维，最大的体现就是多年前就明确的"轻模式"，真正那些在服装、电子、商贸、金融等传统行业中具有互联网思维颠覆性的企业，其首要的表现都在于产品与客户开发上，相对于传统极低的边际成本，以及由此相伴的目标客户群覆盖面与接待能力的扩增红利。

这是互联网思维能够带给传统企业的第一个关键影响：相对极低的边际成本。

传统企业最大的特征是信息被动提供导致的信息不对称，甚至某些商业模式更是依赖于信息不对称。而互联网带来的最大改变则是将一切信息以关联性逻辑为标准，并将标准精简，最终通过程序化主动提供，让用户可自助式体验。这一点从网络购物、网络金融服务等的发展上可直接看到。

另一个最佳体现在于企业客服工作的载体的演变。我们在分析互联网的时候常提到的"参与感"，其实是对传统的客服工作以一种更具互联网思维的自助式信息体验方式加以体现。

通讯业的发展，给客服工作带来从传统网点到 Call Centre 的改变，典型的例子就是运营商从营业厅到呼叫中心的变化。然而，这依然是传统的信息被动式提供，互联网才给大部分客服工作提供了自助式的可能性。

这是互联网思维能够带给传统企业的第二个关键影响：相对极简的标准程序化自助式信息体验。

互联网思维能够带给传统企业的两个关键影响：一是相对极低的边际成本，二是相对极简的标准程序化自助式信息体验。也就是说，互联网思维体现在传统企业经营上，应该是围绕着这两点去下工夫做文章。真正要把互联网思维落实到企业经营中，又是一个系统工程。这个系统工程，我们可以从战略—业务—运营—管理这四个维度去解构。因为真正的互联网思维是对传统企业经营的重新审视，体现在战略、业务、运营及管理各个层面。

第一个层面是将互联网思维用于战略层面的创新，相对于产品创新来说，它具有较高的壁垒，但是并非难以实现，更重要的是战略层面、商业模式领域的创

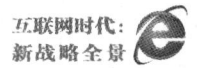

新，对旧的管理体系有一定的冲击，传统的管理体系也容易成为战略创新的障碍，所以使用互联网思维在战略上的创新往往产生于新型企业，而且战略需要判断的勇气。

互联网思维创新的第二个层面在于改变产品、服务或者体验。在产品上的创新能够快速成为闪亮的新星，但是如果单单靠产品、体验或者服务，创造持久的产业领先地位，是比较困难的事情。

第三个层面是将互联网思维运用于企业运营。在互联网的时代，如果企业运营层面都不使用互联网工具，那么根本无法谈及互联网思维。

用互联网思维创新的最高层面是将变革和创新的精神深深植入管理系统中，让竞争对手很难复制。一个菜品能够模仿、一个秘方能够研究、一个装修能够抄袭，但是如果竞争对手独到的、深入企业每一个环节、深入企业骨髓的管理系统实践是有限的、片面的、皮毛的观察所不能复制的。正如哈默所说的：正如很难用几根线织出一块美丽的波斯地毯。

一、核心企业和天生互联网化企业：布道者

具体来说，对于互联网核心企业和天生互联网化企业，主要可以看要素之间两两结合的方面，也就是互联网已知业务模式的组合。已知社交网站、垂直网站、门户网站、游戏、电商、通信、工具、智能电视等是互联网的常见业态，如果将本书的"企业互联网思维定位图"加以应用，这些业态基本上也是三种类型商业模式的一种或多种的综合，无论是基于互联网还是移动互联网，如表8-1、表8-2所示。

表 8-1 影响关于资源、能力及核心竞争力的管理决策的一些情形

基本商业模式	社交网站	垂直网站	搜索平台	门户/综合性网站	电子商务平台	游戏	工具	通信
流量变现（客户价值变现）	√（广告）	√（广告）	√（竞价排名）	√（广告）	√（首页广告）	√（客户端广告）	√（广告）	√（弹出广告）
增值服务	√（VIP特权）	√（会员特权）			√（运费险）		√（人工翻译）	√（红钻、蓝钻特权）
电子商务	√（卖皮肤）	√（付费点播）	√（文库付费下载）		√	√（道具买卖）	√（积分换奖品）	√（QQ秀商城）

续表

基本商业模式	社交网站	垂直网站	搜索平台	门户/综合性网站	电子商务平台	游戏	工具	通信
举例	Facebook,人人	YOUKU,威锋网	百度	网易门户	天猫,京东	英雄联盟	杀毒,字典,下载	QQ,MSN,邮箱
交叉举例	LOFTER,威客网,天使汇（众筹众包平台）							

表 8-2 商业模式要素解析

基本商业模式	社交	垂直	门户	游戏	电商	通信	工具
流量变现（客户价值变现）	√（广告）	√（编辑推荐）	√（广告）	√（广告插入）	√（首页广告）		√（广告）
增值服务	√（VIP特权）			√（免广告）	√（运费险）	√（公共账号）	√（公共账号）
电子商务	√（皮肤商城）	√	√（金币商城）	√（买道具）	√	√（微信支付）	√
举例	手机微博,微视	豆瓣荚	新闻客户端	手游	淘宝客户端,彩票	微信	支付宝,手机管家
交叉举例	音乐客户端		91手机游戏		微信商城		

二、传统行业：变冲击为机会

互联网企业进军传统行业，正逐渐成为业界共识。传统行业正在以裂变的速度接受着新一轮互联网浪潮的冲击。已经或即将显著受到互联网冲击的传统行业可以拉出一长串名单：零售业、制造业、通信业、金融业、教育行业、出版业、广告业、新闻业、物流业、酒店与旅游行业、餐饮业、保险业、医疗业、电视节目行业、电影行业等。可以说，互联网浪潮正在改变与颠覆着当下的经济与生活。无论是旅游、租车、零售等典型消费经济，还是电信、金融、传媒、房产、医疗等传统高壁垒行业，在互联网的冲击下都开始思考变革。

互联网最有价值之处不在于本身生产很多新东西，而是对已有行业的潜力再次挖掘，用互联网的思维去重新提升传统行业。正如百度李彦宏指出："互联网和传统企业正在加速融合，互联网产业最大的机会在于发挥自身的网络优势、技术优势、管理优势等，去提升、改造线下的传统产业，改变原有的产业发展节奏、建立起新的游戏规则。"

也有越来越多的创业成功者开始认为作为 IT 精英的创业者应该"降级"去传统行业发现机会。比如，一个国际化高端大气的跨国公司 IT 工程师，"利用他在 IT 界训练出来的高效工作方式和逻辑思维能力，他可以掀起一场养猪行业的革命，使得 20 年后才会出现的人性、高效、开放、协作、健康的养殖方式提前到达"。

当大量的 IT 创业青年还在为网站的转化率、为 APP 的活跃度而辗转反侧的时候，可能更需要沐浴互联网阳光的是按摩店、餐饮店、烧烤店、早餐店、美容美发店、花店、纺织店、成人用品店、个人护理店、汽车修理店……这些与个人生活息息相关却又信息化程度很低的行业，假如能够与互联网相结合，一定能够迸发出最接地气的应用，为消费者奉献最智慧的产品、最优质的服务。

对于传统企业来说，它们有已有的技术核心，这个是不能够也是不需要抛弃的，需要改变的是对现有商业模式的创造性破坏。互联网化是一种企业变革，是企业管理创新（Managerial Entrepreneurship）的一种。这就要求传统企业直接通过核心企业或者间接通过天生互联网化企业进行互联网化。引领传统企业寻找合适伙伴的力量，正是本书"企业互联网思维定位图"的三种力量，企业应该顺着这三种力量，厘清互联网化的思路，找寻自己最需要的那个商业伙伴。

具体来说，传统企业从价值力量上可以确定自己的互联网化是重新定位给哪些用户，或者是这些用户的哪些需求。传统企业可以通过互联网找到新的消费者群体，或者发掘现有消费者身上的、在互联网上体现出的新价值。例如，餐厅传统的外卖业务原本主要针对距离本店 1 公里范围之内的消费者，通过与互联网本地服务商淘点点或生活半径的服务，将点餐和送餐环节交给合作伙伴进行，能够波及的消费者群体可能覆盖整个大型社区（如北京的回龙观地区或天通苑地区），除此之外，还能够提供"隔天送"、在线付款和多商家会员共享积分服务。

而传统企业从概念力量上可以重新设计价值实现的方式，要么为了互联网上呈现出的新价值设计新的产品或服务，要么将互联网作为新的产品或服务的渠道，总之找出新的价值结合点。例如，苏宁大卖场已经拥有了对供应商的强大的议价能力，当它建立起苏宁易购网站之后，客户不仅可以足不出户挑选产品，在网络上完成在苏宁卖场能够完成的一切行为：进行多种产品、服务的组合，让产品以最方便的形式送货到家，并且自主选择三包套餐；还可以通过苏宁向供应商进行订购或者团购活动,这种消费行为是传统的大卖场难以做到的。

传统企业可以结合多方利益相关者,形成多边合作,找到新的利润分配方法,整合多种利益兑现模式。例如,近来竞争激烈的两大叫车软件滴滴打车和快的打车之战,这两家企业在整合出租车公司和第三方支付平台两个类型的利益相关者之外,还整合了出租车司机和乘客这两个利益相关者,最终每个相关者都从平台上得到了自己的既得利益:滴滴、快的争取了市场份额;支付宝和微信在增加了用户绑定的同时也获取了用户的用车出行方面的行为数据;出租车司机和乘客得到了补贴和实惠。

除了以上三种力量引导传统企业寻找不同的互联网核心企业或者天生互联网化企业进行互联网化,传统企业在与上述两种企业的合作强度上也有所不同。根据与互联网核心企业或者天生互联网化企业合作的强度不同,可以分为以下四种合作模式:最初地,将互联网作为一种除传统渠道之外销售更多产品或服务的渠道;进一步地,与上述两类企业形成委托代理关系,通过合同让上述两类企业帮助自身完成互联网化的部分工作;再进一步地,与上述两类企业进行战略联盟,形成长期的合作关系;最后,也是最紧密的合作方式,是与互联网企业利益共生,如互相持股或兼并等。表 8-3 对传统企业的不同行业和上述两种企业的不同合作类型进行了举例。

表 8-3 传统企业作业与互联网核心企业、天生互联网化企业的合作举例

与互联网企业合作模式	合作传统企业行业(举例)					
	物流运输	银行	快消品制造业	汽车	数码产品制造商	专业咨询服务行业
将互联网作为一种渠道	自建官网和客户端,在线下单	网上银行	自建官网商城(M18)	自建官网商城	自建官网商城(节操手机)	在线人工服务
委托代理	电商平台/卖家	互联网金融(在线金融超市)	虚拟专卖店(天猫,尚品,乐蜂)	专业汽车网站(易车网)	虚拟专卖店(天猫手机卖场)	分类门户;垂直门户
战略联盟	电商	互联网金融(余额宝)	共同开发(九阳—小米)	产品—渠道—服务三方合作(车—卖车—购险一步到位打包价)	共同开发(Nike+和苹果;梅赛德斯奔驰与Carplay)	社交网站圈子(强关系型;弱关系型)
利益共生/相互持股	本地化服务	互联网金融(北京银行—小米)	再工业化	车厂/4S 店与在线销售平台	M&A(微软和诺基亚)	客户增值价值

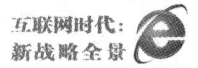

应当说,"互联网思维"所涵盖的一切,都是对传统的工业化思维的颠覆。工业时代是以大规模生产、大规模销售和大规模传播为标志的。尽管企业也会根据市场反馈进行调整,但是有一个比较缓慢的周期。而互联网时代,传统销售与传播环节已经变得不再重要,企业将直接面对消费者,消费者反客为主,拥有了消费主权,企业必须以更廉价的方式、更快的速度以及更好的产品与服务满足消费者需求,"顾客是上帝"不仅仅是一种服务概念,更是整个设计生产销售链条的原则。

本篇知识点小结

● 互联网的若干特点:一是资源,丰裕替代稀缺;二是行为,互动替代单向;三是渠道,平台替代管道。概括就是实现了所有人向所有人的传播,因而也就成为一种宽泛的信息产业的哲理。总结下来,"互联网思维"包括几个方面:一是快速度。首先是企业的快速意识能力;其次是企业的快速反应能力,也就是高应激性;最后是企业的容错性。二是可靠性。三是用户至上,就是抓住人性最根本的东西,抓住用户的"痛点"。四是跨界和平台合作。

● 互联网给企业战略发展带来的关键影响有两个方面:相对极低的边际成本和相对极简的标准程序化自助式信息体验。

● Applegate(2001)将商业模式视作复杂商业活动的结构、结构中基本元素的联系以对真实世界的响应方式。他得出,商业模式的本质就是创造价值的系统逻辑。他认为,从结构上来看,任何企业的商业模式都可以归纳为三个基本要素:价值、概念和能力。

● 互联网的兴起对所有企业的商业模式都是一种崭新的机遇和挑战。在新的网络环境下,传统企业的商业模式会发生一些改变,也有全新的商业模式被创造出来。具体来说,网络时代的商业模式创新可以分为三类:一是传统企业的商业模式被改造,即传统的商业运作模式可以通过网络技术提供的方法和手段进行改造,形成商业模式创新;二是产生新的商业模式,与传统的商业模式进行竞争;三是新经济所提供的全新的商业机会形成新的商业模式,即传统企业无法企及的领域,用传统商业模式无法实现的手段向消费者提供全新的产品和服务。从广义来说,这些变化都被称为网络时代的商业模式创新。

● 对于互联网核心企业和天生互联网化企业,主要可以看要素之间两两结合的方面，也就是互联网已知业务模式的组合。已知社交网站、垂直网站、门户网站、游戏、电商、通信、工具、智能电视等是互联网的常见业态，如果将本书的"企业互联网思维定位图"加以应用，这些业态基本上也是三种类型商业模式的一种或多种的综合，无论是基于互联网还是移动互联网。

● 传统企业可以结合多方利益相关者，形成多边合作，找到新的利润分配方法，整合多种利益兑现模式。传统企业在与上述两种企业的合作强度上也有所不同。根据与互联网核心企业或者天生互联网化企业合作的强度不同，可以将合作分为以下四种类型：最初地，将互联网作为一种除传统渠道之外销售更多产品或服务的渠道；进一步的地，与上述两类企业形成委托代理关系，通过合同让上述两类企业帮助自身完成互联网化的部分工作；再进一步地，与上述两类企业进行战略联盟，形成长期的合作关系；最后，最紧密的合作方式是与互联网企业利益共生，如互相持股或兼并等。

本篇复习题

1. "互联网思维"包括哪几个方面，对企业的启示分别是什么？
2. 互联网给企业战略发展带来的关键影响有哪些方面？
3. 什么是商业模式？商业模式和互联网思维的关系是什么？
4. 互联网时代的商业模式创新有哪几条路径？
5. 三种类型的企业在进行互联网思维时分别需要注意什么？

篇末案例和练习

腾讯帝国：企业互联网思维定位

腾讯作为国内市值最大的互联网公司，其非常规高速发展以及高效的市场反应能力引起了外界广泛的研究。在成文之际，腾讯已形成了即时通信业务、网络媒体、无线互联网增值业务、互动娱乐业务、互联网增值业务、电子商务和广告业务七大业务体系，并初步形成了"一站式"在线生活的战略布局。

腾讯公司成立于1998年11月，是目前中国最大的互联网综合服务提供商之一，也是中国服务用户最多的互联网企业之一。成立十多年以来，腾讯一直秉承"一切以用户价值为依归"的经营理念，始终处于稳健发展的状态。2004年6月

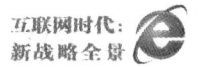

16 日，腾讯公司在香港联交所主板公开上市（股票代号 700）。

通过互联网服务提升人们的生活品质是腾讯公司的使命。目前，腾讯把为用户提供"一站式在线生活服务"作为战略目标，提供互联网增值服务、移动及电信增值服务和网络广告服务。通过即时通信 QQ、腾讯网（QQ.com）、腾讯游戏、QQ 空间、无线门户、搜搜、拍拍、财付通等中国领先的网络平台，腾讯打造了中国最大的网络社区，满足互联网用户沟通、资讯、娱乐和电子商务等方面的需求。截至 2010 年 9 月 30 日，QQ 即时通信的活跃账户数达到 6.366 亿，最高同时在线账户数达到 1.187 亿。腾讯的发展深刻地影响和改变了数以亿计网民的沟通方式和生活习惯，并为中国互联网行业开创了更加广阔的应用前景。

三相之一：价值

一、目标顾客

腾讯的典型用户群体是年轻且追求时尚的用户，他们有向别人展示自我以及自我娱乐的需求。通过腾讯，用户能够展现自己个性的一面；同时腾讯提供了大量的娱乐内容，用户能够在娱乐中打发时间以及交友；大量的新闻类内容源也是用户群获取知识以及了解信息的一个重要渠道；此外，腾讯的在线商城也能够满足用户群体的在线生活渴求。

二、价值内容

1. 顾客价值

腾讯 QQ 作为一个即时聊天通信软件，客户的重要性是不言而喻的。将青年群体作为即时通信软件的主要群体，在腾讯眼中就显得尤为重要，所以腾讯往后推出的绝大部分业务就是面向青年群体的。找到了自己的目标客户，就应该思考怎样去吸引客户了。在 1999 年，腾讯实行了免费注册战略以及以客户为中心的企业战略，首先腾讯将 QICQ 软件挂在网上供大家免费下载，而 QICQ 解决了 ICQ 信息只能保存在单机上的问题。在这样的环境下，腾讯在不到两年的时间里就使用户达到了 3000 万。到 2004 年，注册用户已经达到惊人的 3 亿，这时的腾讯俨然已经成为了拥有中国最大即时通信客户群的企业。

既然已经得到了如此多的客户，在一个以客户为中心的企业应该考虑的便是怎样提高客户忠诚，这就需要更多地了解客户需求。于是腾讯在研究与学习之后推出了一系列的互联网服务。如 QQ 秀、QQ 邮箱、QQ 空间、腾讯网、搜搜等，尽自己最大努力以满足客户的上网需求，以便最大限度地提高客户忠诚度。

2. 伙伴价值

腾讯在掌握庞大客户群的同时，应该开展更多的盈利模式从而为企业获得利润。在这样的思考下，适合的合作伙伴变得不可缺少。要寻找适合的合作伙伴首先要做的是明确自己的企业优势。

（1）拥有庞大而活跃的客户群体。庞大而活跃的用户群是腾讯业务的成功要素之一，不但为腾讯的用户提供可通过即时通信及其他增值服务而互相交流的庞大社区，在保留现有用户的同时亦可吸引新用户加入。

（2）独特的网络社区。通过QQ平台，用户可以自行设立个性化形象，并与其他用户在自主的互动环境中保持联系及交流。各用户均以QQ号码、用户名称及用户资料作为识别。本集团用户登录QQ网络后，可利用自己的好友选单侦测其他在线用户（即［在线状态］），并可通过文本信息、图像、视频、语音、声音及图片等各种媒介互相进行即时通信。

（3）极具吸引力的创新增值业务。不断开发创新的增值服务，以扩展及丰富本集团用户的体验，并提高用户对QQ社区的忠诚度。除基本即时通信服务外，本集团其他增值服务包括移动QQ、移动电话聊天、QQ交友、QQ秀、QQ邮箱及在线游戏。本集团的服务可发挥QQ客户软件的特点，将各式各样的增值服务与QQ接口结合。通过不断开发新增值服务及内容（尤其是信息及娱乐领域）以应付中国不断增加并日趋成熟的互联网及移动电话消费者需求。

（4）强大的品牌知名度。马化腾建造的"QQ"就是以"玩"、以"聊天"为产品定位，牢牢抓住了16~30岁年龄段的网络用户。只要架起网线，就可以对着电脑屏幕和天南海北、认识或不认识的朋友进行点对点实时交流，发送信息，互换礼物，畅游在虚拟的网络世界，不亦乐乎。这是绝妙的网络产品创意，绝妙的产品带来的绝妙生活享受。他改变了现代人的交流方式，为现代人的娱乐休闲开辟了崭新的领域，而创意这个网络产品并借此开创新的盈利模式，实现网络经济财富神话的就是腾讯。

那么，马化腾何以凭一只小小的企鹅，小脚跑天下，创出大品牌？从1998年"QQ"诞生到现在，腾讯及其旗下子品牌已经成为当今最有品牌知名度和价值空间的网络产品。仰仗这个"玩"字，腾讯推出广告业务、移动业务及付费会员制，并成功将品牌外包，延伸打造知名度和美誉度，由此获得代理费。QQ走进入人的生活,成为"一类人"的酷好,并深刻改变着他们的交流、交友、休闲、娱乐方式,整整影响一代中国青少年。就像马化腾说的那样,"所谓的玩,是想知道这个东西为什么好,用户为什么会喜欢它,是用一种研究的心态去尝试"。正是这种用心执着和专注,马化腾抓住"玩"背后的商机,成功实现"玩也是生产力"的网络事业,将腾讯打造成一个无价的品牌。

三相之二:概念

腾讯的价值体系是立体多维的,如图 8-6 所示,用户可能会接触到腾讯的价值体系的不同等级,但是不影响框架的定位,底层的基础服务和金融体系主要作用在于支撑体系,盈利目前不是关注的重点,更多的强调可用性和灵活性。

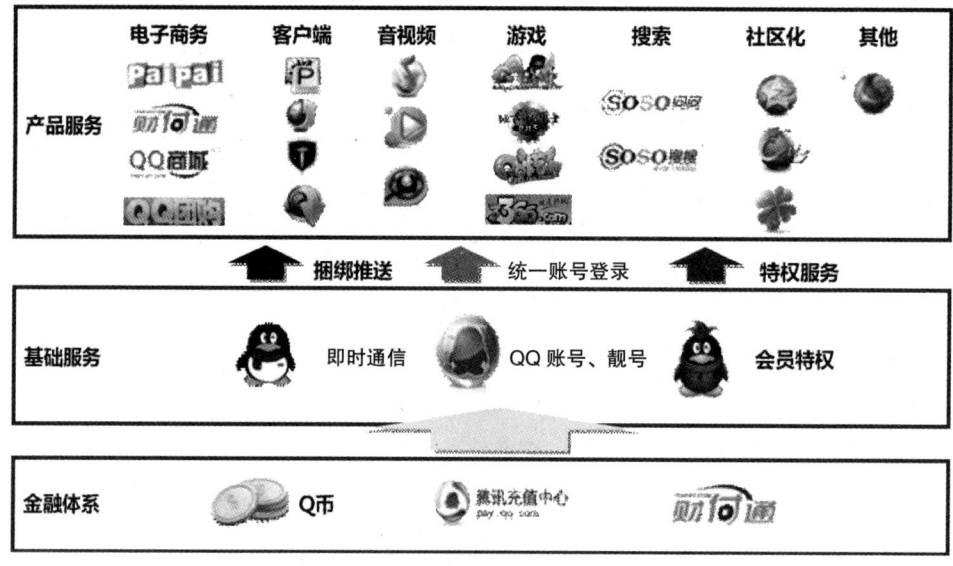

图 8-6 腾讯的价值体系

用户和产品之间的交互是现金流的主要切割点,用户通过腾讯的产品服务将金融系统中存储的钱或者其他第三方账户的钱消费,给腾讯带来了滚滚财源,而且在使用过程中还能够充实基础服务的数据库,方便有针对性地进行商品和业务的精准营销。

整个互联网的产业链是极其庞大而且冗长的,但是腾讯在整个环节里面紧紧抓住业务运营这一关键点,做互联网上的内容运营商,精确的定位加上庞大的用户量确保了稳定的增长。腾讯基本上还是瞄准主要业务在做,花精力做好研发,提高技术竞争力；对于外部的业务也有一些合作，目前主要集中在游戏的联合运营；考虑到腾讯是一家互联网公司，销售没有传统行业那么强势和明显，所以在整体的业务流程或者组织架构中，销售线的人员都不是很突出。

腾讯的价值体系是立体多维的，用户可能会接触到腾讯的价值体系的不同等级，但是不影响框架的定位，底层的基础服务和金融体系主要在于做支撑体系，盈利目前不是关注的重点，更多地强调可用性和灵活性。

腾讯会在熟悉自己优势的情况下寻找到自己的优秀合作伙伴。腾讯的一系列并购、合作活动，都是紧紧围绕其战略布局进行的。例如，2005年2月4日，腾讯与Google业务合作，启用Google提供的网页搜索服务。2010年4月，腾讯向俄罗斯互联网公司Digital Sky Technologies投资3亿美元，后者拥有美国社交网站Facebook和游戏公司Zynga的股票。此外，该公司还在印度和东南亚市场进行了投资。2010年7月，腾讯联手风投基金公司Capstone Partners在韩国投资7家游戏公司，总额达到184亿韩元（约1亿元人民币）。这7家网友公司分别是Stdio Hon、Reloaded Studios、Topping、Nextplay、Eyedentity Games、GH Hope Island等。其中，韩国Evedentity Games公司开发了《龙之谷》，目前是由国内最大的游戏运营商盛大游戏所代理，似有打造网游"围城"之势。2010年8月，腾讯并购康盛创想科技有限公司，为搜索广告联盟的发展铺路，更加社区化。同时，QQ账号与论坛ID捆绑，这无疑让QQ打通了腾讯内部与外部的壁垒，大大增加腾讯产品黏性。同阿里一样，打造一个庞大的电子商务帝国，将拍拍和财付通与discuz完美对接。2011年投资了鞋类产品电子商务网站好乐买，亦与总部位于美国的全球最大团购网站Groupon在中国成立合资公司——高朋网。Foxmail客户端是最成功的国产软件之一，在2005年加入了腾讯公司后，持续进行优化和发展，目前除基础的邮件管理功能外，新增了全文检索、邮件档案、支持IMAP4协议、待办事项等特色功能，为邮件用户不断提供更好的体验。腾讯公司还与广东东利行合作，推出了Q-Gen品牌服饰系列。如今，Q-Gen已有200多家品牌连锁店，每月营业额超过3000万元。腾讯公司更与巨无霸中国移动密切合作，在中国移动推出移动梦网的情况下积极响应，在中国移动的二八原则下（企业占两成，中国移动占八成）获得丰厚的回报。2010年，腾讯亦收购了美国知名网游开发商和发行商Riot Games，成就了今天红遍大江南北的MOBA游戏"英雄联盟"。

三相之三：能力

从盈利能力来看，腾讯的收入模式还是多样的，通过图 8-7 我们能够简单地看到现存的一些收费渠道以及占比。

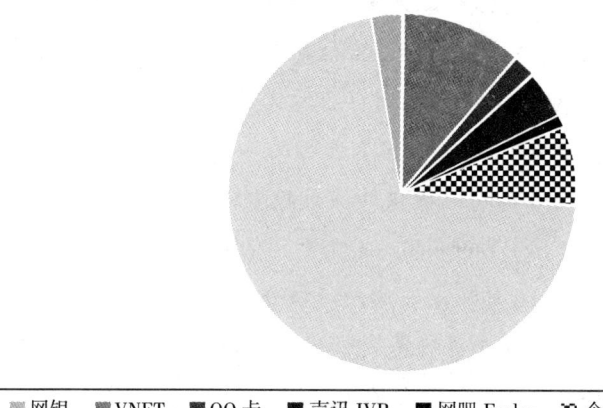

图 8-7　腾讯的各种收费渠道

现有的商业模式已经出现了增长"瓶颈"，同时行业内已经有很多企业为腾讯做好了榜样，腾讯可以考虑在合适的时候做一个转型，紧紧抓住 QQ 平台这个基础，敞开胸怀，做开放平台，靠行业的力量把平台上的业务做大，拉动整体收入的提升。

现在腾讯收入的主要来源是互娱、无线以及广告部门，我们都可以将其简单地归结为增值业务部门，充分利用上述 QQ 基础服务来实现盈利。

除此之外，腾讯还拥有一系列的建立利润壁垒、保护收入的能力，包括以下几方面：

1. 伙伴关系

目前，腾讯自己的研发速度跟不上用户的需求，而且特定的业务都有自己的生命周期，故合作伙伴这一块集中在互娱部门的内容供应。联合运营游戏一方面带动了整个产业链的发展，另一方面也为自己节约了宝贵的研发时间，能够快速占领市场。此外，腾讯还有大量的运营类内容，需要上游供应商提供，例如，媒体或者音乐类的业务，通过腾讯的平台，很多传统业务在互联网平台上又得到了量的变化。

2. 隔绝机制

为什么腾讯在短期内的霸主地位很难撼动呢？

（1）稳定的关系链。通过10多年的积累，用户的关系链就是自己的社会联系纽带，QQ在一定程度上充当了通信录和名片的功能。

（2）海量用户的运营经验。大家往往都揪住腾讯的用户关系链不放，认为是有了关系链用户才不走。其实有一个较容易被忽略的原因就是稳定的基础服务，首先，需要做到能够接纳海量用户的同时在线，这一块的技术积累是很多公司不具备的；其次，在服务受到影响的时候要做到有损服务，如QQ秀坏了不能影响用户QQ正常聊天；最后，备份容灾机制，在出现机器损坏的时候要保证数据业务的安全性和一致性。通过这些机制保证了用户在腾讯的线上生活不受影响。

（3）快速复制能力。用户流失的一个原因是有更吸引人的内容，但是腾讯内容的快速反应和技术储备确保了能够在最短的时间做到产品复制。同时在做的过程中充分结合QQ业务以及用户群的特点，开发一些新特性，做到模仿并且创新。

腾讯的互联网思维总结

互联网市场变化非常快，从一个没有商业模式的产品，逐渐成长为丰富的商业模式。很多企业觉得互联网是虚拟经济，但实际上互联网已经不再是新经济，而是主体经济不可分割的一部分。腾讯作为中国互联网的领军者，虽然没有总结一个寥寥数字、便于记忆的互联网思维口诀出来，却在其灵魂人物马化腾的多次公开演讲中体现了如下的几个方面：

1. 连接：一切人、物、钱、服务

这两年移动互联网手机成为人的一个电子器官的延伸，这个特征越来越明显，摄像头、感应器，人的器官延伸增强了，而且通过互联网连在一起了，这是前所未有的。不仅是人和人之间连接，未来将会看到人和设备、设备和设备之间，甚至人和服务之间都有可能产生连接（微信的公众号是人和服务连接的一个尝试）。所以说，PC互联网、无线互联网，甚至物联网等，都是不同阶段、不同侧面的一种看法，这也是我们未来谈论一切变化的基础。统计移动互联网的人均使用时间，除了睡觉，几乎其余时间都跟它在一块，比PC端多数十倍以上的使用时间，这里面空间无比巨大。从2013年7月，PC互联网的服务增长已经开始低于手机上的服务增长，不管是QQ，还是门户网站、微博、搜索引擎等，这一年来已是十倍的增长了，现在甚至70%多的流量来自移动互联终端。但来自移动互联终端的收入，从全行业看，应该不超过10%~20%，它的商业模式还不清晰。因此，"互联网+"创新涌现，"+"是各种传统行业。"+通信业"是最直接的，"+媒体"已经开始颠覆，未来是"+网络游戏、零售行业"。过去认为网购是电商很小的份额，现在已经是不可逆转地走向零售行业，还有现在最热的互联网金融。为什么一定要加上你？传统行业每一个细分领域的力量仍然是无比强大的，每个行业都可以把它变成为工具，也会衍生出很多新的机会，这是理所当然的。

2. 颠覆：产品、服务乃至整个行业

颠覆是让之前的产品和服务受到很大的挑战，这个产品几乎都是一样的东西，看过去很多失败的案例，如搜索，腾讯的团队就完全照着百度，没有想到别的路径。

《第三次工业革命》中提到，未来的各大组织架构将会走向一个分散合作的模式，有人说："大公司应该不存在了吧，中小企业不是更有效率？"现在大公司的形态一定要转型，聚焦核心模块，其他的模块和更有效率的中小企业分享合作。

未来互联网会对金融产生什么变化？前不久，平安马明哲的预测，让人印象深刻：①金融机构将小型化、社区化、智能化、多元化，因为大的网点已经很难经营了。②未来五到十年现金和信用卡会消失一半。③再大胆一点预测，二十年内，银行或者是大部分的银行营业网点的前台将消失，后台也将消失，保留中台（即服务，因为服务的核心是中台），前后都可以外包出去。就像苹果，它自己不生产手机，委托富士康做，成本只有68%。所以，金融机构要生存下去，在逆差很低时，不得不把很多业务外包。

3. 试错：每个企业要给自己多一个准备

坦白讲，微信这个产品出来，如果说不在腾讯，而是在另外一个公司，腾讯可能现在根本就挡不住。回过头来看，生死关头其实就是一两个月，那时候腾讯的几个核心的高管天天泡在上面，说这个怎么改，那个怎么改，在产品里调整。这再一次说明，移动互联网时代，一个企业看似好像牢不可破，其实都有大的危机，稍微把握不住这个趋势，则非常危险，之前积累的东西就很快失去。

近期观察各行业和互联网的结合，有很多人问潮流来了，知道该怎么变，但是好像做不到。因为有时候会跟自己的既得利益竞争。可能十年以后再回头看，到底能做什么，不能做什么，或者说现在应该改变什么，可能会有更清晰的认识，但现在往往是在没有切肤之痛时很难放弃自己的一些利益。

怎么样能够给自己多一些准备？如果你不做，对手一定会做。像当时微信推出时，手机QQ部门反对，甚至也有一个团队已经在做类似的产品，只是依最后谁受欢迎而定，最后手机QQ的团队失败了，做出来的东西不好用。

现在的通信行业从过去PC、手机相对分隔的状况走向统一。最近，腾讯把手机安全和PC安全整合在一块，放在移动互联网事业群（MIG）。在MIG做几次"手术"背后，腾讯开始重塑其核心使命，管理干部重新规划职责。在安全方面，整个防御都放在MIG，也是为整个腾讯下一个十年移动互联网商业模式的保驾护航。

4. 用户至上：搞不懂年轻人，就不搞定产品服务

互联网把传统渠道不必要的环节、损耗效率的环节都拿掉了，让服务商和消费者、让生产制造商和消费者更加直接地对接在一起。消费者的喜好、反馈是快速地通过网络反馈，同时还代表互联网精神，就是追求极致的产品体验和极致的用户口碑。国内的小米手机、"雕爷牛腩"打造的就是一种SKU种数不多，但很精，有大量的用户反馈，有自己的粉丝。消费者参与决策，对竞争力是如此重要。

腾讯内部看到团队有什么想法，都是加以鼓励，因为没准就抓住了未来的一个机会。有时候，创新层出不穷，各行业都搞不清楚到底哪一个会冒出来。马化腾说他最大的担忧是"我越来越看不懂年轻人的喜好"，"虽然我们干这行，却不理解以后互联网主流用户的使用习惯是什么。包括微信，没有人保证一个东西是永久不变的，因为人性就是要更新，即使你什么错都没有，就错在太老了，一定要换。怎么样顺应潮流？是不是没事把自己品牌刷新一次。现在有时候要问小孩，测试一下，你们会喜欢吗，你们的小伙伴喜欢吗，比我们还看得准"。

5. 数据成为资源

数据成为企业竞争力和社会发展的一个重要的资源，为什么电商的数据可以转向金融、转向用户信用、商家信用、提供信贷等，这些都是大数据在后面起作用。包括社交网络平台，对于一个用户，他的信用会产生什么影响？设想在不知道这个用户的情况下，就根据他朋友的信用，通过算法来算出他的信用。搜索引

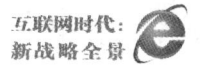

擎有一个算法是"Page Rank",根据每一个页面的调度指向来算出这个页面的值,并影响到它的排序。

我们想象一下人的社交属性,是不是可以成为一个信用排序和算法迭代的思路?以后大家会知道有一个"人品排名",所谓的"拼人品"就出来了,这是一个前瞻性的研究。

微信中有大量的语音对话,如果后面有一个云端,就像婴儿还没有发育成熟的大脑,而它能够存储这些信息,开始分析、理解人输入的语意、语音,随着软件技术的不断升级,在整个云计算的网络,云端是有可能逐渐进化到2岁、3岁,甚至5岁人类大脑的水平。如果这样的话,可以向公共的智能"大脑"提问,以后的搜索引擎可能真的不再是传统搜索,跟它沟通,后面有一个庞大的云助理帮助你。

6. 大而不倒:巨人倒下,体温都是暖的

在一年半前,想象不到诺基亚会倒得这么快,2千亿欧元市值的公司最后低价卖掉手机业务。这就是发生在身边血淋淋的案例。对于很多公司而言,稍微没有跟上形势,可能瞬间就会倒下,巨人倒下体温还是暖的。

如腾讯,当时做了邮箱手机客户端,后来要做类似简版手机QQ的产品,怎么改呢?赶紧抽调团队三五个人,后端拿邮箱改造一下,两个月就完成了。当时中国移动意见很大,工信部压力很大,腾讯就问工信部:如果你能出一个命令禁止微信团体使用,那可以;腾讯还有手机QQ,你总不能全封掉吧。

还没安稳多久,网易结合中国电信创造了易信产品,特点是全网免流量,或者送流量。就像当年跟旺旺竞争,郭广昌对马化腾说,"你就把来往当成一个移动旺旺吗?我觉得这还是要跟他自己的淘宝用户、电子商务结合,定位用于商家和买家之间,它很难成为一个消费体的沟通工具"。过去PC时代已经完全沿着这样的路,15年后又再重演一次。

但最终都抵挡不过潮流。如果不是腾讯做,也有国外的竞争者做。运营商还担心什么?至少可以薄利多销,或者语音、短信完全免费,甚至在套餐里随便用,最主要是流量数据包经营,因为谁也离不开数据流量,这个做得好的话,每月消费并不会降,当然利润率也没那么高。未来运营商和很多服务提供商还有很多合作空间,软件、硬件服务和通信服务可以连为一体,提供一个综合体验的服务。

7. 以人为本：不拼爹，只拼团队

有些业务做得不是太好，回头看不是资金或资源没有给够，很关键的还是团队的精神。尤其是带团队的将帅相当重要，真的会有"将帅无能累死三军"的感觉，下面的同事会很失望，觉得为什么公司很多决策这么慢。

在传统行业，会有资金密集型扭转的机会，但移动互联网基本不太可能，因为这个市场不是拼钱，也不是拼买流量，更多的是拼团队。

腾讯用激励手段刺激内部的团队不断进行创业。像腾讯内部的有些业务可能会转给投资公司，只要那个公司做得好，然后持有股份30%、20%，不一定全部都放在自己手上。保持内部人员的高流动性也是激发整个内部团队的积极性的一种尝试。

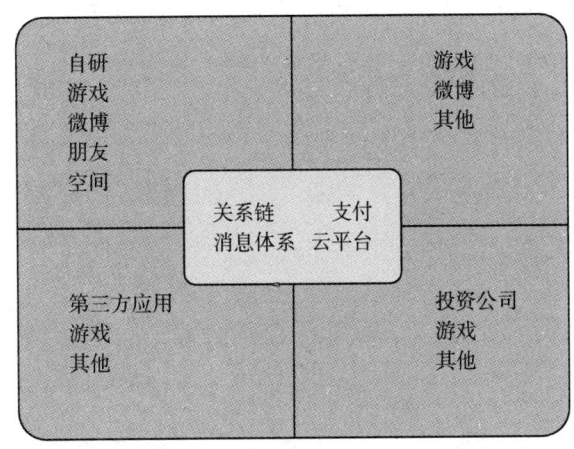

图 8-8　腾讯的体系架构

如图 8-8 所示，腾讯牢牢把握住自己的核心资源，即 QQ 用户之间的关系链和支付体系，通过这两个方法确保用户和金钱不会流失，同时通过强大的消息体系以及云平台降低用户的开发和部署成本，利用消息体系来做推广以及交叉营销，提高产品的销售额。应用类业务，无论是自研的还是外部导入的，都通过统一的接口开发，一方面保证了自己对于重要战略产品的控制，另一方面也加快了业务的开发速度和扩充了业务的种类。这种开放式的体系结构，在保证自身优势资源不变的情况下，拉动了整体销售额的提升，给股东创造最大化价值。

资料来源：王啸枫.腾讯社交网络商业模式分析.天津：天津大学硕论文.
黎润.腾讯商业模式分析, http://blog.sina.com.cn/s/blog_508d2c500100qu1x.html.
王伟，魏炜，华欣."帝"企鹅的顶层设计，新财富，2014-01-09, http://www.xcf.cn/tt2/201401/t20140109_539925.htm? COLLCC=1918738165&.

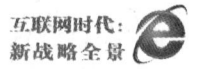

练 习

阅读关于腾讯的案例，组成 3~5 人的小组进行讨论，参考案例中给出的资料和网络、书籍上查找的内容，回答以下问题，并形成小组汇报在课堂上进行分享和讨论：

1. 画出腾讯的互联网思维模式定位图，并标明腾讯在每个定位图区间中是如何应对的。

2. 在腾讯的价值因素中，你认为哪个是最重要的？为什么？

3. 在腾讯的概念因素中，你认为哪个是最重要的？为什么？

4. 在腾讯的能力因素中，你认为哪个是最重要的？为什么？

5. 假设你是腾讯内部的一个产品经理，现在需要为马化腾出谋划策开发新的产品或服务，与你的小组成员一起，完成一份产品计划书。

参考文献

[1] Abdul-Rahman, A., & Hailes, S. (1998). A distributed trust model. In Proceedings of the 1997 workshop on New security paradigms (pp. 48-60). ACM.

[2] Adler, B. T., & De Alfaro, L. (2007). A content-driven reputation system for the Wikipedia. In Proceedings of the 16th International Conference on World Wide Web (pp. 261-270). ACM.

[3] Aguilera, R. V., Rupp, D. E., Williams, C. A., & Ganapathi, J. (2007). Putting the S back in corporate social responsibility: A multilevel theory of social change in organizations. Academy of Management Review, 32(3), 836-863.

[4] Aldrich, H·E. 1999. Organizations evolving. London: Sage Publications.

[5] Alexander, G. J., & Buchholz, R. A. 1978. Corporate social responsibility and stock market performance. Academy of Management Journal, 21(3), 479-486.

[6] Alonso, J. A., & Garcimartín, C. (2013). The determinants of institutional quality. More on the debate. Journal of International Development, 25(2), 206-226.

[7] Amiti, M., & Khandelwal, A. K. (2013). Import competition and quality upgrading. Review of Economics and Statistics, 95(2), 476-490.

[8] Anderson. C. (2004). The Long Tail. The future of entertainment is in the millions of nichemarkets at the shallow end of the bitstream, Wired Magazine 12(10), New York.

[9] Andrews, K. R. (1971). The Concept of Corporate Strategy, Homewood,

IL: Dow Jones-Irwin, 18-46.

[10] Angus-Leppan, T., Metcalf, L., & Benn, S. (2010). Leadership styles and CSR practice: An examination of sensemaking, institutional drivers and CSR leadership. Journal of Business Ethics, 93 (2), 189-213.

[11] Applegate, L. M. (2001). E-business models: Making sense of the Internet business landscape. Information Technology and the Future Enterprise: New Models for Managers, 49-169.

[12] Argandona, A. (1998). The Stakeholder Theory and the Common Good. Journal of Business Ethics, 17 (9/10): 1093-1102.

[13] Argyres, N., & Bigelow, L. (2007). Does transaction misalignment matter for firm survival at all stages of the industry life cycle? Management Science, 53 (8), 1332-1344.

[14] Arora, P., and Dharwadkar, R. (2011). Corporate governance and corporate social responsibility (CSR): The moderating roles of attainment discrepancy and organization slack. Corporate Governance: An International Review, 19 (2): 136-152.

[15] Ashforth, B. E., & Gibbs, B. W. (1990). The double-edge of organizational legitimation. Organization Science, 1 (2), 177-194.

[16] Astebro, T., & Michela, J. L. (2005). Predictors of the survival of innovations. Journal of Product Innovation Management, 22 (4), 322-335.

[17] Aupperle, K. E., Carroll, A. B., & Hatfield, J. D. (1985). An empirical examination of the relationship between corporate social responsibility and profitability. Academy of Management Journal, 28 (2), 446-463.

[18] Bae, J., & Lawler, J. J. (2000). Organizational and HRM strategies in Korea: Impact on firm performance in an emerging economy. Academy of Management Journal, 43 (3), 502-517.

[19] Banerjee, S. B. (2003). Who sustains whose development? Sustainable development and the reinvention of nature. Organization Studies, 24 (1), 143-180.

[20] Bansal, P. (2005). Evolving Sustainably: A Longitudinal study of corporate sustainable development. Strategic Management Journal, 26: 197-218.

[21] Bansal, P., & Roth, K. (2000). Why companies go green: a model of ecological responsiveness. Academy of Management Journal, 43 (4): 717-736.

[22] Barnes, S. J., & Vidgen, R. T. (2002). An integrative approach to the assessment of E-commerce quality. J. Electron. Commerce Res., 3 (3), 114-127.

[23] Barnett, M. L., & Salomon, R. M. (2006). Beyond dichotomy: The curvilinear relationship between social responsibility and financial performance. Strategic Management Journal, 27 (11), 1101-1122.

[24] Barnett, W., & Carroll, G. (1993). How institutional constraints affected the organization of early US telephony. Journal of Law, Economics and Organization, 9: 98-126.

[25] Barney, J. (1991). Firm resources and sustained competitive advantage. Journal of management, 17 (1), 99-120.

[26] Barney, J. B. (1991). Firm resources and sustained competitive advantage. Journal of Management, 17 (1), 99-120.

[27] Barney, J. B., & Hesterly, W. S. (2010). VRIO framework. Strategic Management and Competitive Advantage, 68-86.

[28] Basu, K., & Palazzo, G. (2008). Corporate social responsibility: A process model of sensemaking. Academy of Management Review, 33 (1), 122-136.

[29] Bayus, B. L., & Agarwal, R. (2007). The role of pre-entry experience, entry timing, and product technology strategies in explaining firm survival. Management Science, 53 (12), 1887-1902.

[30] Berchicci, L., & King, A. (2007). Postcards from the edge: A review of the business and environment literature. Academy of Management Annals, 1 (1), 513-547.

[31] Bernard, A. B., & Wagner, J. (2001). Export entry and exit by German firms. Review of World Economics, 137 (1), 105-123.

[32] Bernstein, L 1992. Opting out of the legal system: Extralegal contractual relations in the diamond industry. Journal of Legal Studies, 21: 115-157.

[33] Bharadwaj, A. S. (2000). A resource-based perspective on information technology capability and firm performance: an empirical investigation. MIS quarter-

ly, 169-196.

[34] Bharadwaj, S. G., Varadarajan, P. R., & Fahy, J. (1993). Sustainable competitive advantage in service industries: a conceptual model and research propositions. The Journal of Marketing, 83-99.

[35] Blodgett, L. L. (1991). Towards a resource-based theory of bargaining power in international joint ventures. Journal of Global Marketing (5): 35-54.

[36] Boal, K. B., & Peery, N. 1985. The cognitive structure of corporate social responsibility. Journal of Management, 11 (3), 71-82.

[37] Boisot, M., & Child, J. (1996). From fiefs to clans and network capitalism: Explaining China's emerging economic order. Administrative Science Quarterly, 600-628.

[38] Bonoma, T. V. and B. H. Clark. (1988), Marketing performance. Assessment. Boston: Harvard Business School Press.

[39] Bosse, D. A., Phillips, R. A., & Harrison, J. S. (2009). Stakeholders, reciprocity, and firm performance. Strategic Management Journal, 30 (4), 447-456.

[40] Boulding, W. and M. Christen (2003), 'Sustainable pioneering advantage? Profit implications of market entry order', Marketing Science, 22, 371-392.

[41] Boutilier, R. (2009). Stakeholder Politics: Social capital. Sustainable Development and the Corporation. Sheffield, UK, Greenleaf Publishing.

[42] Bowman, E. H., & Helfat, C. E. (2001). Does corporate strategy matter?. Strategic Management Journal, 22 (1), 1-23.

[43] Brammer, S. J., & Pavelin, S. (2006). Corporate reputation and social performance: The importance of fit. Journal of Management Studies, 43 (3), 435-455.

[44] Brammer, S., & Millington, A. (2005). Corporate reputation and philanthropy: An empirical analysis. Journal of Business Ethics, 61 (1), 29-44.

[45] Breen, M., & Gillanders, R. (2012). Corruption, institutions and regulation. Economics of Governance, 13 (3), 263-285.

[46] Brint, S., &Karabel, J. (1991). Institutional origins and transformations: The case of American community colleges. In W. Powell & P. DiMaggio (Eds.). The

new institutionalism in organizational analysis: 337-360. Chicago: University of Chicago Press.

[47] Brown, C. L., & Lattin, J. M. (1994). Investigating the relationship between time in market and pioneering advantage. Management Science, 40 (10), 1361-1369.

[48] Brown, T. J., & Dacin, P. A. (1997). The company and the product: corporate associations and consumer product responses. The Journal of Marketing, 68-84.

[49] Buysse, K. & Verbeke, A. (2003). Proactive environmental strategies: a stakeholder management perspective. Strategic Management Journal, 24 (5): 453-470.

[50] Cabral, L., & Hortacsu, A. (2010). The dynamics of seller reputation: Evidence from ebay*. The Journal of Industrial Economics, 58 (1), 54-78.

[51] Campbell, J. L. (2007). Why would corporations behave in socially responsible ways? An institutional theory of corporate social responsibility. Academy of Management Review, 32 (3), 946-967.

[52] Capon, N., Farley, J. U., & Hoenig, S. (1990). Determinants of financial performance: a meta-analysis. Management Science, 36 (10), 1143-1159.

[53] Carroll, A. B. (1979). A three-dimensional conceptual model of corporate performance. Academy of Management Review, 4 (4), 497-505.

[54] Cefis, E., & Marsili, O. (2006). Survivor: The role of innovation in firms'survival. Research Policy, 35 (5), 626-641.

[55] Chakrabarti, S. (2003). Mining the Web: Discovering Knowledge from Hypertext data. Morgan Kaufmann.

[56] Chambers, C., Kouvelis, P., & Semple, J. (2006). Quality-based competition, profitability, and variable costs. Management Science, 52 (12), 1884-1895.

[57] Chang, D. S., & Kuo, L. C. R. (2008). The effects of sustainable development on firms' financial performance-an empirical approach. Sustainable Development, 16 (6), 365-380.

[58] Chang, K. C., Jackson, J., & Grover, V. (2003). E-commerce and corporate strategy: an executive perspective. Information & Management, 40 (7), 663–675.

[59] Chattopadhyay, P., Glick, W. H., & Huber, G. P. (2001). Organizational actions in response to threats and opportunities. Academy of Management Journal, 44 (5), 937–955.

[60] Chen, M., & Singh, J. P. (2001). Computing and using reputations for internet ratings. In Proceedings of the 3rd ACM conference on Electronic Commerce (pp. 154–162). ACM.

[61] Chesbrough, H., & Rosenbloom, R. S. (2002). The role of the business model in capturing value from innovation: evidence from Xerox Corporation's technology spin-off companies. Industrial and Corporate Change, 11 (3), 529–555.

[62] Child, J. (1972). Organizational structure, environment, and performance: The role of strategic choice. Sociology, 6: 1–22

[63] Child, J., & Yuan, L. (1996). Institutional constraints on economic reform: The case of investment decisions in China. Organization Science, 7 (1), 60–77.

[64] Child, J., Lu, Y., & Tsai, T. (2007). Institutional entrepreneurship in building an environmental protection system for the People's Republic of China. Organization Studies, 28 (7), 1013–1034.

[65] Chittor, V. (2010). Online Retail: Getting the right product in front of your customers. http://www.inc.com/internet/articles/201002/chittoor.html.

[66] Chor, D., & Manova, K. (2012). Off the cliff and back? Credit conditions and international trade during the global financial crisis. Journal of International Economics, 87 (1), 117–133.

[67] Clasen, M., and Mueller, R. A. E. (2006). Success factors of agribusiness digital marketplaces. Electronic Markets, 16, 4, 349–360.

[68] Clogg, C. C., Petkova, E., & Haritou, A. (1995). Statistical methods for comparing regression coefficients between models. American Journal of Sociology, 1261–1293.

[69] Coase, R. H. (1937). The nature of the firm. Economica, 4 (16), 386–405.

[70] Cochran, P. L., & Wood, R. A. (1984). Corporate social responsibility and financial performance. Academy of Management Journal, 27 (1): 42–56.

[71] Coeurderoy, R., & Durand, R. (2004). Leveraging the advantage of early entry: proprietary technologies versus cost leadership. Journal of Business Research, 57 (6), 583–590.

[72] Coviello, N. E., & McAuley, A. (1999). Internationalisation and the smaller firm: a review of contemporary empirical research. MIR: Management International review, 223–256.

[73] Crawford, R. L., & Gram, H. A. (1978). Social responsibility as interorganizational transaction. Academy of Management Review, 3 (4): 880–888.

[74] Creyer, E. H. (1997). The influence of firm behavior on purchase intention: Do consumers really care about business ethics?. Journal of Consumer Marketing, 14 (6), 421–432.

[75] Dacin, M. T. (1997). Review–institutions and organizations. Administrative Science Quarterly, 42: 821–824.

[76] Dacin, M. T., Oliver, C., & Roy, J. P. (2007). The legitimacy of strategic alliances: an institutional perspective. Strategic Management Journal, 28 (2), 169–187.

[77] Damiani, E., di Vimercati, D. C., Paraboschi, S., Samarati, P., & Violante, F. (2002, November). A reputation–based approach for choosing reliable resources in peer–to–peer networks. In Proceedings of the 9th ACM Conference on Computer and Communications Security (pp. 207–216). ACM.

[78] Daniels, J. D., Radebaugh, L. H. and Sullivan, D. P. (2011), International business: Environments and operations. Pearson Education.

[79] Daniels, R. L., Mazzola, J. B., & Shi, D. 2004. Flow shop scheduling with partial resource flexibility. Management Science, 50 (5): 658–669.

[80] Davis, K. (1973). The case for and against business assumption of social responsibilities. Academy of Management Journal, 16 (2): 312–322.

[81] Dawkins, J. (2004). The public's views of corporate responsibility 2003. Mori.

[82] de Bakker, F. G., & den Hond, F. (2008). Introducing the politics of stakeholder influence a review essay. Business & Society, 47 (1), 8–20.

[83] De Beule, F., & Van Beveren, I. (2012). Does firm agglomeration drive product innovation and renewal? An application for Belgium. Journal of Economic and Social Geography, 103 (4), 457–472.

[84] De Rosa, D., Gooroochurn, N., & Görg, H. (2010). Corruption and productivity firm-level evidence from the BEEPS survey (No. 5348). Policy Research Working Paper, The World Bank.

[85] Dellarocas, C. (2001). Analyzing the economic efficiency of eBay-like online reputation reporting mechanisms. In Proceedings of the 3rd ACM Conference on Electronic Commerce (pp. 171–179). ACM.

[86] Delmas, M. A., & Toffel, M. W. (2008). Organizational responses to environmental demands: Opening the black box. Strategic Management Journal, 29 (10), 1027–1055.

[87] Delmas, M., & Toffel, M. (2004). Stakeholders and environmental management practices: An institutional framework. Business Strategy and the Environment, 13: 209–222.

[88] Demsetz, H., & Villalonga, B. (2001). Ownership structure and corporate performance. Journal of Corporate Finance, 7 (3): 209–233.

[89] Deng, Z. (2012). Determinants of international innovation performance in Chinese manufacturing firms: An integrated perspective. Asian Business & Management, 11 (1), 31–55.

[90] Deng, Z., Guo, H., Zhang, W., & Wang, C. (2014). Innovation and survival of exporters: A contingency perspective. International Business Review, 23 (2), 396–406.

[91] Deng, Z., Jean, R., & Sinkovics, R. R. (2012). Determinants of international innovation performance in Chinese manufacturing firms: An integrated perspective. Asian Business & Management, 11 (1), 31–55.

[92] Di Tommaso, M. L., Raiser, M., & Weeks, M. (2007). Home Grown or Imported? Initial Conditions, External anchors and the determinants of institutional reform in the transition economies*. The Economic Journal, 117 (520), 858–881.

[93] DiMaggio, P. (1983). State expansion and organizational field. In R. Hall & R. Quinn (Eds.), Organizational theory and public policy. Beverly Hills, CA: Sage, 147–161.

[94] DiMaggio, P. (1988). Interest and agency in institutional theory. In L. Zucker (Ed.), Institutional patterns and organizations: 3–21. Cambridge, MA: Ballinger.

[95] DiMaggio, P. (1995). Comments on "what theory is not." Administrative Science Quarterly, 40: 391–397.

[96] DiMaggio, P. J., & Powell W. W. (1991). Introduction. in W. W. Powell & P. J. DiMaggio (Eds.). The new institutionalism in organizational analysis. Chicago: University of Chicago Press, 1–38.

[97] DiMaggio, P. J., & Powell, W. W. (1983). The iron cage revisited: Institutional isomorphism and collective rationality in organizational fields. American Sociological Review, 147–160.

[98] Donaldson, G., & Lorsch, J. W. (1983). Decision making at the top: The shaping of strategic direction. New York: Basic Books.

[99] Douglas, T. J., & Ryman, J. A. (2003). Understanding competitive advantage in the general hospital industry: Evaluating strategic competencies. Strategic Management Journal, 24 (4), 333–347.

[100] Dowling, J., & Pfeffer, J. (1975). Organizational legitimacy: Social values and organizational behavior. Pacific Sociological Review, 18: 122–136.

[101] Dreher, A., Kotsogiannis, C., & McCorriston, S. (2009). How do institutions affect corruption and the shadow economy?. International Tax and Public Finance, 16 (6), 773–796.

[102] Dreyer, B., & Grønhaug, K. (2004). Uncertainty, flexibility, and sustained competitive advantage. Journal of Business Research, 57 (5): 484–494.

[103] Eesley, C., & Lenox, M. J. (2006). Firm responses to secondary

stakeholder action. Strategic Management Journal, 27(8), 765-781.

[104] Elbing, A. O., Jr. (1970). The value issue of business: The responsibility of the businessman. Academy of Management Journal, 13(1): 79-89.

[105] Elfenbein, D. W., Fisman, R., & McManus, B. (2012). Charity as a substitute for reputation: Evidence from an online marketplace. The Review of Economic Studies, 79(4), 1441-1468.

[106] Ellen, P. S., Mohr, L. A., & Webb, D. J. (2000). Charitable programs and the retailer: do they mix?. Journal of Retailing, 76(3), 393-406.

[107] Elsbach, K. D. (1994). Managing organizational legitimacy in the California cattle industry: The construction and effectiveness of verbal accounts. Administrative Science Quarterly, 39: 57-88.

[108] Epstein, M. J., & Roy, M. J. (2001). Sustainability in action: Identifying and measuring the key performance drivers. Long Range Planning, 34(5), 585-604.

[109] Evans, J. S. (1991). Strategic flexibility for high technology manoeuvres: a conceptual framework. Journal of Management Studies, 28(1): 69-89.

[110] Fahey, L. (1999). Competitors: outwitting, outmaneuvering, and outperforming. New York: Wiley.

[111] Fillis, I., Johannson, U., & Wagner, B. (2004). Factors impacting on e-business adoption and development in the smaller firm. International Journal of Entrepreneurial Behaviour & Research, 10(3), 178-191.

[112] Fligstein, N. (1985). The spread of the multidivisional form among large firms, 1919-1979. American Sociological Review, 50: 377-391.

[113] Fligstein, N. (1996). Markets as politics: A political-cultural approach to market institutions. American Sociological Review, 61: 656-673.

[114] Foedermayr, E. K., & Diamantopoulos, A. (2008). Market segmentation in practice: Review of empirical studies, methodological assessment, and agenda for future research. Journal of Strategic Marketing, 16(3), 223-265.

[115] Fombrun, C. (1996). Reputation. Boston: Harvard Business School Press.

[116] Fombrun, C. J. (1996). Reputation: Realizing Value from the Corporate Image. Harvard Business School Press: Boston, MA.

[117] Fombrun, C., & Shanley, M. (1990). What's in a name? Reputation building and corporate strategy. Academy of Management Journal, 33 (2), 233-258.

[118] Franco, A. M., Sarkar, M. B., Agarwal, R., & Echambadi, R. (2009). Swift and smart: The moderating effects of technological capabilities on the market pioneering-firm survival relationship. Management Science, 55 (11), 1842-1860.

[119] Frank, D. J., Hironaka, A., & Schofer, E. (2000). The nation-state and the natural environment over the twentieth century. American Sociological Review, 96-116.

[120] Freeman, R. E. (1984). Strategic Management: A Stakeholder approach. Pitman Publishing Inc, Marshfield, MA.

[121] Fry, L. W., & Cohen, M. P. (2009). Spiritual leadership as a paradigm for organizational transformation and recovery from extended work hours cultures. Journal of Business Ethics, 84 (2), 265-278.

[122] Galbreath, J., & Galvin, P. (2008). Firm factors, industry structure and performance variation: New empirical evidence to a classic debate. Journal of Business Research, 61 (2), 109-117.

[123] Gao, G. Y., Murray, J. Y., Kotabe, M., & Lu, J. (2010). A "strategy tripod" perspective on export behaviors: Evidence from domestic and foreign firms based in an emerging economy. Journal of International Business Studies, 41 (3), 377-396.

[124] Gao, J., & Bansal, P. (2013). Instrumental and integrative logics in business sustainability. Journal of Business Ethics, 112 (2), 241-255.

[125] Gao, Y. (2009). Corporate social performance in China: Evidence from large companies. Journal of Business Ethics, 89 (1), 23-35.

[126] Garriga, E., & Melé, D. (2004). Corporate social responsibility theories: Mapping the territory. Journal of Business Ethics, 53: 51-71.

[127] Gavin, J. F., & Maynard, W. S. (1975). Perceptions of corporate social

responsibility. Personnel Psychology, 28: 377-387.

[128] Geyskens, I., Gielens, K., & Dekimpe, M. G. (2002). The market valuation of internet channel additions. Journal of Marketing, 66 (2), 102-119.

[129] Giacalone, R. A., Jurkiewicz, C. L., & Dunn, C. (Eds.). (2005). Positive psychology in business ethics and corporate responsibility. IAP.

[130] Gibbs, J., Kraemer, K. L., & Dedrick, J. (2003). Environment and policy factors shaping global e-commerce diffusion: A cross-country comparison. The Information Society, 19 (1), 5-18.

[131] Gill, D., & Prowse, V. (2012). A structural analysis of disappointment aversion in a real effort competition. The American Economic Review, 102 (1), 469-503.

[132] Gladwin, T. N., & Kennelly, J. J. (1995). Shifting paradigms for sustainable development: Implications for management theory and research. Academy of Management Review, 20 (4): 874-907.

[133] Glen, J., Lee, K., & Singh, A. (2003). Corporate profitability and the dynamics of competition in emerging markets: A time series analysis. The Economic Journal, 113 (491), 465-484.

[134] Global Scan. (2003). The global scan survey sustainability experts.

[135] Godfrey, P. C. (2005). The relationship between corporate philanthropy and shareholder wealth: A risk management perspective. Academy of Management Review, 30 (4), 777-798.

[136] Godfrey, P. C., Merrill, C. B., & Hansen, J. M. (2009). The relationship between corporate social responsibility and shareholder value: An empirical test of the risk management hypothesis. Strategic Management Journal, 30 (4), 425-445.

[137] Golden, W., & Powell, P. (2000). Towards a definition of flexibility: In search of the Holy Grail? Omega, 28 (4): 373-384.

[138] Gómez, J., & Maícas, J. P. (2011). Do switching costs mediate the relationship between entry timing and performance? Strategic Management Journal, 32 (12), 1251-1269.

[139] Goodstein, J. D. (1994). Institutional pressures and strategic responsiveness: Employer involvement in work–family issues. Academy of Management Journal, 37: 350–382.

[140] Gosain, S., & Palmer, J. W. (2004). Exploring strategic choices in marketplace positioning. Electronic Markets, 14 (4), 308–321.

[141] Grant, R. M. (2010). Contemporary strategy analysis and cases: text and cases. JohnWiley & Sons.

[142] Greenwood, R., & Hinings, C. (1996). Understanding radical organizational change: Bringing together the old and the new institutionalism. Academy of Management Review, 21: 1022–1054.

[143] Gregg, D. G., & Scott, J. E. (2006). The role of reputation systems in reducing on–line auction fraud. International Journal of Electronic Commerce, 10 (3), 95–120.

[144] Greve, H. R. (2009). Bigger and safer: The diffusion of competitive advantage. Strategic Management Journal, 30 (1), 1–23.

[145] Grewal, R., & Tansuhaj, P. (2001). Building organizational capabilities for managing economic crisis: the role of market orientation and strategic flexibility. Journal of Marketing, 65 (2), 67–80.

[146] Griffin, J. J., & Mahon, J. F. (1997). The corporate social performance and corporate financial performance debate twenty–five years of incomparable research. Business & Society, 36 (1), 5–31.

[147] Gummesson, E. (2002). Relationship marketing in the new economy. Journal of Relationship Marketing, 1 (1), 37–57.

[148] Ha, S., & Stoel, L. (2009). Consumer e-shopping acceptance: Antecedents in a technology acceptance model. Journal of Business Research, 62 (5), 565–571.

[149] Hagel, J., Brown, J. S., & Davison, L. (2008). Shaping strategy in a world of constant disruption. Harvard Business Review, 86 (10), 80–89.

[150] Hannan, M. T., & Freeman, J. (Eds.). (1993). Organizational ecology. Harvard University Press.

[151] Hart, S. (1995). A natural resource-based view of the firm. Academy of Management Review, 20 (4): 986-1014.

[152] Harvey, B., & Schaefer, A. (2001). Managing relationships with environmental stakeholders: a study of UK water and electricity utilities. Journal of Business Ethics, 30 (3), 243-260.

[153] Hatch, N. W., & Mowery, D. C. (1998). Process innovation and learning by doing in semiconductor manufacturing. Management Science, 44 (11-part-1), 1461-1477.

[154] Hay, R., & Gray, E. (1974). Social responsibilities of business managers. Academy of Management Journal, 17 (1): 135-143.

[155] Henisz, W. J. (2000). The institutional environment for economic growth. Economics & Politics, 12 (1), 1-31.

[156] Henriques, I., & Sadorsky, P. (1999). The relationship between environmental commitment and managerial perceptions of stakeholder importance. Academy of Management Journal, 42 (1), 87-99.

[157] Herger, N., Hodler, R., & Lobsiger, M. (2008). What determines financial development? Culture, institutions or trade. Review of World Economics, 144 (3), 558-587.

[158] Hirsch, P. (1997). Sociology without social structure: Neo-institutional theory meets brave new world. American Journal of Sociology, 102: 1702-1723.

[159] Hirsch, P., & Lounsbury, M. (1997). Ending the family quarrel: Toward a reconciliation of "old" and "new" institutionalisms. American Behavioral Scientist, 40: 406-418.

[160] Hite, J. M., & Hesterly, W. S. (2001). The evolution of firm networks: From emergence to early growth of the firm. Strategic Management Journal, 22 (3), 275-286.

[161] Hitt, M. A., Freeman, R. E., & Harrison, J. S. (Eds.). (2001). The Blackwell handbook of strategic management. Blackwell.

[162] Hoang, H., & Antoncic, B. (2003). Network-based research in entrepreneurship: A critical view. Journal of Business Venturing, 18, 165-187.

[163] Hoffman, A. J. (1999). Institutional evolution and change: Environmentalism and the US chemical industry. Academy of Management Journal, 42 (4), 351-371.

[164] Hoffman, A. J. (2001). From heresy to dogma: An institutional history of corporate environmentalism. Stanford University Press.

[165] Holm, P. (1995). The dynamics of institutionalization: Transformation processes in Norwegian fisheries. Administrative Science Quarterly, 40: 398-422.

[166] Hoskisson, R. E., Hitt, M. A., Wan, W. P., & Yiu, D. (1999). Theory and research in strategic management: Swings of a pendulum. Journal of Management, 25 (3), 417-456.

[167] Hoskisson, R., Hitt, M., Ireland, R. D., & Harrison, J. (2012). Competing for advantage. Cengage Learning.

[168] Hough, J. R., & White, M. A. (2004). Scanning actions and environmental dynamism: Gathering information for strategic decision making. Management Decision, 42 (6), 781-793.

[169] Hsiao, C. (2003), Analysis of panel data. Cambridge University Press.

[170] Huang, J. H. (2001). Consumer evaluations of unethical behaviors of web sites: A cross-cultural comparison. Journal of International Consumer Marketing, 13 (4), 51-71.

[171] Ilmakunnas, P., & Nurmi, S. (2010). Dynamics of export market entry and exit*. The Scandinavian Journal of Economics, 112 (1), 101-126.

[172] Internet_Wikipedia. http://en.wikipedia.org/wiki/Internet#cite_note-3.

[173] Ireland, R. D., & Webb, J. W. (2009). Crossing the great divide of strategic entrepreneurship: Transitioning between exploration and exploitation. Business Horizons, 52 (5), 469-479.

[174] Ireland, R. D., Hoskisson, R. E., & Hitt, M. A. (2009). The management of strategy. Mason, OH: South-Western Cengage Learning.

[175] Isaac Mostovicz, Nada Kakabadse and Andrew Kakabadse, CSR: the role of leadership in driving ethical outcomes [J]. Corporate Governance, 2009, 9 (4): 448-460.

[176] Isobe, T., Makino, S., & Montgomery, D. B. (2000). Resource commitment, entry timing, and market performance of foreign direct investments in emerging economies: The case of Japanese international joint ventures in China. Academy of Management Journal, 43 (3), 468-484.

[177] Ivan Montiel. 2008. Corporate Social Responsibility and Corporate Sustainability: Separate Pasts, Common Futures. Organization & Environment, 21 (3): 245-269.

[178] J Dowling, & J Pfeffer. 1975. Organizational legitimacy: Social values and organizational behavior. Pacific Sociological Review, 18: 122-136.

[179] J. Barney. 1991. Firm resources and sustained competitive advantage. Journal of Management, 17: 99-120.

[180] Jackson, E. (2012). Here's why Google and Facebook might completely disappear in the next 5 years. Forbes, April.

[181] Jansen, J. J., Vera, D., & Crossan, M. (2009). Strategic leadership for exploration and exploitation: The moderating role of environmental dynamism.The Leadership Quarterly, 20 (1), 5-18.

[182] Jennings, P. D., & Zandbergen, P. A. (1995). Ecologically sustainable organizations: An institutional approach. Academy of Management Review, 20 (4), 1015-1052.

[183] Jick, T. (1979). Mixing qualitative and quantitative methods: Triangulation in action. Administrative Science Quarterly, 24: 602-611.

[184] Jin, G. Z., & Kato, A. (2006). Price, quality, and reputation: Evidence from an online field experiment. The Rand Journal of Economics, 37 (4), 983-1005.

[185] Joe M. Ricks, Jr. and Jacqueline A. Williams. Strategic Corporate Philanthropy: Addressing frontline talent needs through an educational giving program [J]. Journal of Business Ethics, 2005, 60 (2): 147-157.

[186] Johanson, J., & Vahlne, J. E. (2003). Business relationship learning and commitment in the internationalization process. Journal of International Entrepreneurship, 1 (1), 83-101.

[187] Johanson, J., & Vahlne, J. E. (2009). The Uppsala internationalization process model revisited: From liability of foreignness to liability of outsidership. Journal of International Business Studies, 40 (9), 1411–1431.

[188] Johnson, M. W., Christensen, C. M., & Kagermann, H. (2008). Reinventing your business model. Harvard Business Review, 86 (12), 57–68.

[189] Johnson, R. A., & Greening, D. W. (1999). The effects of corporate governance and institutional ownership types on corporate social performance. Academy of Management Journal, 42 (5), 564–576.

[190] Jøsang, A., Hird, S., & Faccer, E. (2003). Simulating the effect of reputation systems on e-markets. In Trust Management (pp. 179–194). Springer Berlin Heidelberg.

[191] Jøsang, A., Ismail, R., & Boyd, C. (2007). A survey of trust and reputation systems for online service provision. Decision Support Systems, 43 (2), 618–644.

[192] Julian, S. D., Ofori Dankwa, J. C., & Justis, R. T. (2008). Understanding strategic responses to interest group pressures. Strategic Management Journal, 29 (9), 963–984.

[193] Kacperczyk, A. (2009). With greater power comes greater responsibility? Takeover protection and corporate attention to stakeholders. Strategic Management Journal, 30 (3), 261–285.

[194] Kaplan, S. (2008). Cognition, capabilities, and incentives: assessing firm response to the fiber-optic revolution. Academy of Management Journal, 51 (4), 672–695.

[195] Kapopoulos, P., & Lazaretou, S. (2007). Corporate ownership structure and firm performance: evidence from Greek firms. Corporate Governance: An International Review, 15 (2), 144–158.

[196] Kaufmann, D., Kraay, A., & Mastruzzi, M. (2004). Governance matters III: Governance indicators for 1996, 1998, 2000, and 2002. The World Bank Economic Review, 18 (2), 253–287.

[197] Kaufmann, D., Kraay, A., & Mastruzzi, M. (2007). Governance

matters VI: Aggregate and individual governance indicators. World Bank Policy Research Working Paper, 4280.

[198] Keikha, A., Keikha, A., & Mehrara, M. (2012). Institutional quality, economic growth and fluctuations of oil prices in oil dependent countries: A panel cointegration approach. Modern Economy, 3, 218.

[199] Keser, C., & CIRANO. (2002). Trust and reputation building in e-commerce. Cirano.

[200] Khandelwal, A. (2010). The long and short (of) quality ladders. The Review of Economic Studies, 77 (4), 1450-1476.

[201] Khanna, T. (2000). Business groups and social welfare in emerging markets: Existing evidence and unanswered questions. European Economic Review, 44 (4), 748-761.

[202] Khanna, T., & Palepu, K. (1999). Policy shocks, market intermediaries, and corporate strategy: The evolution of business groups in Chile and India. Journal of Economics & Management Strategy, 8 (2), 271-310.

[203] Khanna, T., & Palepu, K. (1999). Emerging market business groups, foreign investors, and corporate governance (No. w6955). National Bureau of Economic Research.

[204] Khanna, T., & Palepu, K. (2000). Emerging market business groups, foreign intermediaries, and corporate governance. In Concentrated Corporate Ownership (pp. 265-294). University of Chicago Press.

[205] Khanna, T., & Palepu, K. (2000). Is group affiliation profitable in emerging markets? An analysis of diversified Indian business groups. The Journal of Finance, 55 (2), 867-891.

[206] Khanna, T., & Palepu, K. (2000). The future of business groups in emerging markets: Long-run evidence from Chile. Academy of Management Journal, 43 (3), 268-285.

[207] Khanna, T., & Palepu, K. G. (2004). Globalization and convergence in corporate governance: Evidence from Infosys and the Indian software industry. Journal of International Business Studies, 35 (6), 484-507.

[208] Khanna, T., & Rivkin, J. W. (1999). Estimating the performance effects of networks in emerging markets. Academy of Management Proceedings (Vol. 1999, No. 1, pp. G1-G6). Academy of Management.

[209] Khanna, T., & Rivkin, J. W. (2006). Interorganizational ties and business group boundaries: Evidence from an emerging economy. Organization Science, 17 (3), 333-352.

[210] Khanna, T., Gulati, R., & Nohria, N. (1998). The dynamics of learning alliances: Competition, cooperation, and relative scope. Strategic Management Journal, 19 (3), 193-210.

[211] Khanna, T., Kogan, J., & Palepu, K. (2006). Globalization and similarities in corporate governance: A cross-country analysis. Review of Economics and Statistics, 88 (1), 69-90.

[212] Kim, D. J., Ferrin, D. L., & Rao, H. R. (2008). A trust-based consumer decision-making model in electronic commerce: The role of trust, perceived risk, and their antecedents. Decision Support Systems, 44 (2), 544-564.

[213] Kim, D. J., Song, Y. I., Braynov, S. B., & Rao, H. R. (2005). A multidimensional trust formation model in B-to-C e-commerce: A conceptual framework and content analyses of academia/practitioner perspectives. Decision Support Systems, 40 (2), 143-165.

[214] Kim, H., Kim, H., & Lee, P. M. (2008). Ownership structure and the relationship between financial slack and R&D investments: Evidence from Korean firms. Organization Science, 19 (3): 404-418.

[215] Klassen, R. D., & Whybark, D. C. (1999). The impact of environmental technologies on manufacturing performance. Academy of Management Journal, 42 (6), 599-615.

[216] Klein, M. W. (2005). Capital account liberalization, institutional quality and economic growth: Theory and evidence (No. w11112). National Bureau of Economic Research.

[217] Knack, S., & Keefer, P. (1995). Institutions and economic performance: Cross country tests using alternative institutional measures. Economics & Pol-

itics, 7 (3), 207-227.

[218] Kolk, A., & Extercatte, C. (2005). KPMG international survey of corporate responsibility reporting 2005. S. Peters (Ed.). KPMG Global Sustainability Services.

[219] Kotha, S., Rajgopal, S., & Venkatachalam, M. (2004). The Role of Online Buying Experience as a Competitive Advantage: Evidence from third party ratings for e-commerce Firms*. The Journal of Business, 77 (S2), 109-133.

[220] KPMG, T. (2008). KPMG International survey of corporate responsibility reporting 2008. KPMG, Amsterdam, The Netherlands.

[221] Kraatz, M., & Zajac, E. (1996). Exploring the limits of the new institutionalism: The causes and consequences of illegitimate organizational change. American Sociological Review, 61: 812-836.

[222] Kuhn, T. (2008). A communicative theory of the firm: Developing an alternative perspective on intra-organizational power and stakeholder relationships. Organization Studies, 29 (8-9), 1227-1254.

[223] Kumar, R., Das, T. K. (2007). Interpartner legitimacy in the alliance development process [J]. Journal of Management Studies, 44 (8): 1467-1453.

[224] La Porta, R., Lopez-de-Silanes, F., Shleifer, A., & Vishny, R. (1999). The quality of government. Journal of Law, Economics, and Organization, 15 (1), 222-279.

[225] Lado, A. A., Boyd, N. G., Wright, P., & Kroll, M. (2006). Paradox and theorizing within the resource-based view. Academy of Management Review, 31 (1), 115-131.

[226] Lai, P. (2014). Utilizing the access value of customers. Business Horizons, 57 (1), 61-71.

[227] Lamberg, J. A., Tikkanen, H., Nokelainen, T., & Suur-Inkeroinen, H. (2009). Competitive dynamics, strategic consistency, and organizational survival. Strategic Management Journal, 30 (1), 45-60.

[228] Lamin, A., & Livanis, G. (2013). Agglomeration, catch-up and the liability of foreignness in emerging economies. Journal of International Business Stud-

ies, 44 (6), 579-606.

[229] Laseter, T., Long, B., & Capers, C. (2001). B2B benchmark: The state of electronic exchanges. Strategy and Business, 32-43.

[230] Law, S. H., & Azman-Saini, W. N. W. (2012). Institutional quality, governance, and financial development. Economics of Governance, 13 (3), 217-236.

[231] Lee, M. K., & Turban, E. (2001). A trust model for consumer internet shopping. International Journal of electronic commerce, 6, 75-92.

[232] Lee, R. P., & Grewal, R. (2004). Strategic responses to new technologies and their impact on firm performance. Journal of Marketing, 68 (4), 157-171.

[233] Leiblein, M. J., & Madsen, T. L. (2009). Unbundling competitive heterogeneity: Incentive structures and capability influences on technological innovation. Strategic Management Journal, 30 (7), 711-735.

[234] Levitas, E., & Ndofor, H. A. (2006). What to do with the resource-based view a few suggestions for what Ails the RBV that supporters and opponents might accept. Journal of Management Inquiry, 15 (2), 135-144.

[235] Lewis, M. S. (2012). Price leadership and coordination in retail gasoline markets with price cycles. International Journal of Industrial Organization, 30 (4), 342-351.

[236] Liang, H. E., & Jin, L. M. (2011). Research on the development Situation of transmutability clothing. Advanced Materials Research, 331, 620-623.

[237] Lieberman, M. B. (1989). The learning curve, technology barriers to entry, and competitive survival in the chemical processing industries. Strategic Management Journal, 10 (5), 431-447.

[238] Lieberman, M. B., & Asaba, S. (2006). Why do firms imitate each other? Academy of Management Review, 31 (2), 366-385.

[239] Lieberman, M. B., & Montgomery, D. B. (1990). Strategy of market entry: To pioneer or follow. Handbook of Business Strategy, 2.

[240] Lin, C., Ma, Y., and Su, D. W. (2009). Corporate governance and firm efficiency: Evidence from China's publicly listed firms. Managerial and Decision Economics, 30 (3): 193-209.

[241] Lorange, P., Scott Morton, M., & Ghoshal, S. (1986). Strategic control systems. St Paul: West.

[242] Lord, D. (2001). B2B e-commerce. Business Insights, Ltd., London, United Kingdom.

[243] Lounsbury, M., & Glynn, M. A. (2001). Cultural entrepreneurship: Stories, legitimacy, and the acquisition of resources. Strategic Management Journal, 22 (6-7), 545-564.

[244] Ludwig, S., de Ruyter, K., Friedman, M., Brüggen, E. C., Wetzels, M., & Pfann, G. (2013). More than words: The influence of affective content and linguistic style matches in online reviews on conversion rates. Journal of Marketing, 77 (1), 87-103.

[245] Luo, Y. (2005). Transactional characteristics, institutional environment and joint venture contracts. Journal of International Business Studies, 36(2), 209-230.

[246] Luo, Y., & Peng, M. W. (1999). Learning to compete in a transition economy: Experience, environment, and performance. Journal of International Business Studies, 269-295.

[247] Mackey, A., Mackey, T. B., & Barney, J. B. (2007). Corporate social responsibility and firm performance: Investor preferences and corporate strategies. Academy of Management Review, 32 (3), 817-835.

[248] Madhok, A., & Marques, R. (2013). Competing on action: Business models and the competitiveness of emerging market enterprises. Available at SSRN 2376337.

[249] Maignan, I., & Ralston, D. A. (2002). Corporate social responsibility in Europe and the U. S.: Insights from businesses' self-presentations. Journal of International Business Studies, 33 (3), 497-514.

[250] Makino, S. & Neupert, K. E. (2000). National culture, transaction costs, and the choice between joint venture and wholly owned subsidiary. Journal of International Business Studies, 31 (4): 705-713.

[251] Makino, S., Isobe, T., & Chan, C. M. (2004). Does country matter? Strategic Management Journal, 25 (10), 1027-1043.

[252] Maximilien, E. M., & Singh, M. P. (2001). Reputation and endorsement for web services. ACM Sicecom Exchanges, 3 (1), 24–31.

[253] Maximilien, E. M., & Singh, M. P. (2002). Conceptual model of web service reputation. Acm Sigmod Record, 31 (4), 36–41.

[254] McAlister, D. T., & Ferrell, L. (2002). The role of strategic philanthropy in marketing strategy. European Journal of Marketing, 36 (5/6), 689–705.

[255] McGee, J. (1998). Commentary on 'Corporate strategies and environmental regulations: An organizing framework' by AM Rugman and A. Verbeke. Strategic Management Journal, 19 (4), 377–387.

[256] McGregor, J. (2009). Smart management for tough times. BusinessWeek, March, 12.

[257] McGuire, J. B., Sundgren, A., & Schneeweis, T. (1988). Corporate social responsibility and firm financial performance. Academy of Management Journal, 31 (4), 854–872.

[258] McKnight, D. H., & Chervany, N. L. (2002). What trust means in e-commerce customer relationships: an interdisciplinary conceptual typology. International Journal of Electronic Commerce, 6, 35–60.

[259] McWilliams, A., & Siegel, D. (2000). Corporate social responsibility and financial performance: correlation or misspecification?. Strategic Management Journal, 21 (5), 603–609.

[260] McWilliams, A., & Siegel, D. (2001). Corporate social responsibility: A theory of the firm perspective. Academy of Management Review, 26 (1), 117–127.

[261] McWilliams, A., Siegel, D. S., & Wright, P. M. (2006). Corporate social responsibility: Strategic implications*. Journal of Management Studies, 43 (1), 1–18.

[262] Mears, P., & Smith, J. (1977). The ethics of social responsibility: A discriminant analysis. Journal of Management, 3 (2): 1–5.

[263] Meijer, M. M., de Bakker, F. G., Smit, J. H., & Schuyt, T. (2006). Corporate giving in the Netherlands 1995–2003: Exploring the amounts involved and the motivations for donating. International Journal of Nonprofit and Voluntary Sector

Marketing, 11 (1), 13–28.

[264] Melnik, M. I., & Alm, J. (2002). Does a seller's e-commerce reputation matter? Evidence from eBay auctions. The Journal of Industrial Economics, 50 (3), 337–349.

[265] Merz, M. A., Peloza, J., & Chen, Q. (2010). Standardization or localization? Executing corporate philanthropy in international firms. International Journal of Nonprofit and Voluntary Sector Marketing, 15 (3), 233–252.

[266] Meyer, A. D. (1982). Adapting to environmental jolts. Administrative science quarterly, 515–537.

[267] Meyer, J. W., & Rowan, B. (1977). Institutionalized organizations: Formal structure as myth and ceremony. American Journal of Sociology, 340–363.

[268] Meyer, K. E., Estrin, S., Bhaumik, S. K., & Peng, M. W. (2009). Institutions, resources, and entry strategies in emerging economies. Strategic Management Journal, 30 (1), 61–80.

[269] Millar, C. C., Eldomiaty, T. I., Choi, C. J., & Hilton, B. (2005). Corporate governance and institutional transparency in emerging markets. Journal of Business Ethics, 59 (1–2), 163–174.

[270] Miller, K. D. (1992). A framework for integrated risk management in international business. Journal of International Business Studies, 311–331.

[271] Miller, K. D. (2007). Risk and rationality in entrepreneurial processes. Strategic Entrepreneurship Journal, 1 (1–2), 57–74.

[272] Min, S., & Wolfinbarger, M. (2005). Market share, profit margin, and marketing efficiency of early movers, bricks and clicks, and specialists in e-commerce. Journal of Business Research, 58 (8), 1030–1039.

[273] Mohr, J. W., & White, H. C. (2008). How to model an institution. Theory and Society, 37 (5), 485–512.

[274] Montiel, I., & Husted, B. W. (2009). The adoption of voluntary environmental management programs in Mexico: First movers as institutional entrepreneurs. Journal of Business Ethics, 88 (2), 349–363.

[275] Mui, L., Mohtashemi, M., & Halberstadt, A. (2002). A computation-

al model of trust and reputation. In System Sciences, 2002. HICSS. Proceedings of the 35th Annual Hawaii International Conference on (pp. 2431-2439). IEEE.

[276] Mui, L., Mohtashemi, M., & Halberstadt, A. (2002). Notions of reputation in multi-agents systems: a review. In Proceedings of the first international joint conference on Autonomous agents and multiagent systems: part 1 (pp. 280-287). ACM.

[277] Muller, A., & Kräussl, R. (2011). Doing good deeds in times of need: A strategic perspective on corporate disaster donations. Strategic Management Journal, 32 (9), 911-929.

[278] Murillo-Luna, J. L., Garcés Ayerbe, C., & Rivera Torres, P. (2008). Why do patterns of environmental response differ? A stakeholders' pressure approach. Strategic Management Journal, 29 (11), 1225-1240.

[279] Nauta, R. (1988). Task performance and attributional biases in the ministry. Journal for the Scientific Study of Religion, 27: 609-620.

[280] Newbert, S. L. (2007). Empirical research on the resource based view of the firm: An assessment and suggestions for future research. Strategic Management Journal, 28 (2), 121-146.

[281] Newbert, S. L. (2008). Value, rareness, competitive advantage, and performance: A conceptual level empirical investigation of the resource based view of the firm. Strategic Management Journal, 29 (7), 745-768.

[282] Ngendakuriyo, F. (2013). Institutional quality and growth. Journal of Public Economic Theory, 15 (1), 157-183.

[283] Nikolaeva, R. (2007). The dynamic nature of survival determinants in e-commerce. Journal of the Academy of Marketing Science, 35 (4), 560-571.

[284] Oliver Schwarz, J. (2008). Assessing the future of futures studies in management. Futures, 40 (3), 237-246.

[285] Oliver, C. (1990). Determinants of interorganizational relationships: Integration and future directions. Academy of Management Review, 15 (2), 241-265.

[286] Oliver, C. (1991). Strategic responses to institutional processes. Academy of Management Review, 16 (1), 145-179.

[287] Oliver, C. (1992). The antecedents of deinstitutionalization. Organization studies, 13(4), 563-588.

[288] Oliver, C. (1997). The influence of institutional and task environment relationships on organizational performance: the Canadian construction industry. Journal of Management Studies, 34(1), 99-124.

[289] Oliver, C., & Holzinger, I. (2008). The effectiveness of strategic political management: A dynamic capabilities framework. Academy of Management Review, 33(2), 496-520.

[290] Olsson, O. (2005). Geography and institutions: Plausible and implausible linkages. Journal of Economics, 10(1), 167-194.

[291] Orlitzky, M., Schmidt, F. L., & Rynes, S. L. (2003). Corporate social and financial performance: A meta-analysis. Organization Studies, 24(3), 403-441.

[292] Orlitzky, M., Schmidt, F. L., & Rynes, S. L. (2003). Corporate social and financial performance: A meta-analysis. Organization Studies, 24(3), 403-441.

[293] Orru, M., Biggart, N. W., & Hamilton, G. G. (1991). Organizational isomorphism in east Asia. The New Institutionalism in Organizational Analysis, 361-389.

[294] Osman, R. H., Alexiou, C., & Tsaliki, P. (2011). The role of institutions in economic development: Evidence from 27 Sub-Saharan African countries. International Journal of Social Economics, 39(1/2), 142-160.

[295] Oviatt, B. M., & McDougall, P. P. (1994). Toward a theory of international new ventures. Journal of International Business Studies, 45-64.

[296] Owen, A. L., Videras, J., & Davis, L. (2009). Do all countries follow the same growth process? Journal of Economic Growth, 14(4), 265-286.

[297] Oxley, J. E., & Yeung, B. (2001). E-commerce readiness: institutional environment and international competitiveness. Journal of International Business Studies, 705-723.

[298] Paré, D. J. (2003). Does this site deliver? B2B e-commerce services for

developing countries. The Information Society, 19 (2), 123–134.

[299] Parsons, T., & Jones, I. (1960). Structure and process in modern societies (Vol. 3). New York: Free Press.

[300] Partanen, J., Möller, K., Westerlund, M., Rajala, R., & Rajala, A. (2008). Social capital in the growth of science-and-technology-based SMEs. Industrial Marketing Management, 37 (5), 513–522.

[301] Pavlou, P. A. (2002). Institution-based trust in interorganizational exchange relationships: The role of online B2B marketplaces on trust formation. The Journal of Strategic Information Systems, 11 (3), 215–243.

[302] Pavlou, P. A. (2003). Consumer acceptance of electronic commerce: integrating trust and risk with the technology acceptance model. International Journal of Electronic Commerce, 7 (3), 101–134.

[303] Pavlou, P. A., Tan, Y. H., & Gefen, D. (2003). The transitional role of institutional trust in online interorganizational relationships. In System Sciences, 2003. Proceedings of the 36th Annual Hawaii International Conference on (pp. 10-pp). IEEE.

[304] Peng, M. (2013). Global strategy. Cengage Learning.

[305] Peng, M. W. (2002). Towards an institution-based view of business strategy. Asia Pacific Journal of Management, 19 (2–3), 251–267.

[306] Peng, M. W. (2003). Institutional transitions and strategic choices. Academy of Management Review, 28 (2), 275–296.

[307] Peng, M. W. (2005). Perspectives-from China strategy to global strategy. Asia Pacific Journal of Management, 22 (2), 123–141.

[308] Peng, M. W. (2009). Global strategy. Cincinnati: South-Western Cengage Learning.

[309] Peng, M. W., & Heath, P. S. (1996). The growth of the firm in planned economies in transition: Institutions, organizations, and strategic choice. Academy of Management Review, 21 (2), 492–528.

[310] Peng, M. W., & Shenkar, O. (2002). Joint venture dissolution as corporate divorce. The Academy of Management Executive, 16 (2), 92–105.

[311] Pentina, I., Pelton, L. E., & Hasty, R. W. (2009). Performance implications of online entry timing by store-based retailers: A longitudinal investigation. Journal of Retailing, 85 (2), 177-193.

[312] Pfeffer, J., & Salancik, G. R. (1978). The external control of organizations. New York.

[313] Pfeffer, J., & Salancik, G. R. (2003). The external control of organizations: A resource dependence perspective. Stanford University Press.

[314] Pirsch, J., Gupta, S., & Grau, S. L. (2007). A framework for understanding corporate social responsibility programs as a continuum: An exploratory study. Journal of Business Ethics, 70 (2), 125-140.

[315] Porter, M. E. (1991). Towards a dynamic theory of strategy. Strategic Management Journal, 12 (S2), 95-117.

[316] Porter, M. E. (2001). Strategy and the Internet. Harvard Business Review, 79 (3), 62-79.

[317] Porter, M. E. (2008). Competitive advantage: Creating and sustaining superior performance. Simon and Schuster.

[318] Porter, M. E., & Kramer, M. R. (2002). The competitive advantage of corporate philanthropy. Harvard Business Review, 80 (12), 56-68.

[319] Porter, M. E., & McGahan, A. M. (1997). How much does industry matter, really?. Strategic Management Journal, 18 (6), 15-30.

[320] Post, F. R. (2003). A response to "the social responsibility of corporate management: A classical critique". American Journal of Business, 18 (1), 25-36.

[321] Powell, W. W., & DiMaggio, P. J. (Eds.). (2012). The new institutionalism in organizational analysis. University of Chicago Press.

[322] Purcell, T. V. (1974). What are the social responsibilities for psychologists in industry? A symposium. Personnel Psychology, 27 (3), 435-453.

[323] Qiu, T. (2008). Scanning for competitive intelligence: A managerial perspective.European Journal of Marketing, 42 (7/8), 814-835.

[324] Ramchurn, S., Sierra, C., Godó, L., & Jennings, N. R. (2003). A computational trust model for multi-agent interactions based on confidence and reputa-

tion.

[325] Ramus, C. A., & Montiel, I. (2005). When are corporate environmental policies a form of greenwashing? Business & Society, 44(4), 377-414.

[326] Reddy, E. R., & Madhavi, V. (2013). A reputation based approach For choosing reliable resources in peer to peer networks. In international Journal of Engineering Research and Technology (Vol. 2, No. 3 (March-2013)). ESRSA Publications.

[327] Richard, S. W. (2003). Organizations: Rational, natural, and open systems.

[328] Riordan, M. H., & Williamson, O. E. (1985). Asset specificity and economic organization. International Journal of Industrial Organization, 3(4), 365-378.

[329] Robbins, B. G. (2012). Institutional quality and generalized trust: A nonrecursive causal model. Social Indicators Research, 107(2), 235-258.

[330] Roberson, Q. M., & Park, H. J. (2007). Examining the Link between Diversity and Firm Performance: The effects of diversity reputation and leader racial diversity. Group & Organization Management, 32(5), 548-568.

[331] Roberts, P. W., & Dowling, G. R. (2002). Corporate reputation and sustained superior financial performance. Strategic Management Journal, 23(12), 1077-1093.

[332] Robinson, W. T. (1988). Sources of market pioneer advantages: The case of industrial goods industries. Journal of Marketing Research, 87-94.

[333] Robinson, W. T., & Fornell, C. (1985). Sources of market pioneer advantages in consumer goods industries. Journal of Marketing Research, 305-317.

[334] Robinson, W. T., Fornell, C., & Sullivan, M. (1992). Are market pioneers intrinsically stronger than later entrants? Strategic Management Journal, 13, 609-624.

[335] Roelfsema, H., & Zhang, Y. (2012). The causal effect of institutional quality on outsourcing. The Journal of International Trade & Economic Development, 21(6), 895-920.

[336] Romano Jr, N. C., & Fjermestad, J. (2003). Electronic commerce customer relationship management: A research agenda. Information Technology and Management, 4 (2–3), 233–258.

[337] Rose, C., & Thomsen, S. (2004). The Impact of Corporate Reputation on Performance: Some Danish Evidence. European Management Journal, 22 (2), 201–210.

[338] Ruef, M., & Scott, W. R. (1998). A Multi-dimensional model of organizational legitimacy: Hospital survival in changing institutional environments. Administrative Science Quarterly, 43 (4): 877–903.

[339] Rugman, A. M., & Verbeke, A. (2002). Edith Penrose's contribution to the resource-based view of strategic management. Strategic Management Journal, 23 (8), 769–780.

[340] Rumelt, R. P. (1984). Towards a strategic theory of the firm. Competitive Strategic Management, 26, 556–570.

[341] Russo, M. V., & Fouts, P. A. (1997). A resource-based perspective on corporate environmental performance and profitability. Academy of management Journal, 40 (3), 534–559.

[342] Russo, M. V., & Harrison, N. S. (2005). Organizational design and environmental performance: Clues from the electronics industry. Academy of Management Journal, 48 (4), 582–593.

[343] Sabater, J., & Sierra, C. (2005). Review on computational trust and reputation models. Artificial Intelligence Review, 24 (1), 33–60.

[344] Sapienza, H. J., Autio, E., George, G., & Zahra, S. A. (2006). A capabilities perspective on the effects of early internationalization on firm survival and growth. Academy of Management Review, 31 (4), 914–933.

[345] Schoemaker, P. J., & Amit, R. (1993). Investment in strategic assets: Industry and firm-level perspectives. Wharton School, SEI Center for Advanced Studies in Management.

[346] Scott, W. R. (1987). The adolescence of institutional theory. Administrative Science Quarterly, 493–511.

[347] Scott, W. R. (1991). Unpacking institutional arguments. The New Institutionalism in Organizational Analysis, 143-63.

[348] Scott, W. R. (1995). Institutions and organizations. London: Sage.

[349] Scott, W. R., & Meyer, J. W. (1982). The organization of societal sectors.

[350] Scott, W. R., & Meyer, J. W. (1994). Environmental linkages and organizational complexity: Public and private schools. Institutional environments and organizations: Structural complexity and individualism, 137-159.

[351] Sepulveda, F., & Gabrielsson, M. (2013). Network development and firm growth: A resource-based study of B2B Born Globals. Industrial Marketing Management, 42(5), 792-804.

[352] Sharma, S., & Henriques, I. (2005). Stakeholder influences on sustainability practices in the Canadian forest products industry. Strategic Management Journal, 26(2), 159-180.

[353] Sharma, S., & Vredenburg, H. (1998). Proactive corporate environmental strategy and the development of competitively valuable organizational capabilities. Strategic Management Journal, 19(8), 729-753.

[354] Shi, L. (2010). An investigation of the sources of store-based retailers' early entrant advantages: Market and resource factors. Journal of Marketing Channels, 17(4), 263-280.

[355] Short, J. C., Ketchen, D. J., Palmer, T. B., & Hult, G. T. M. (2007). Firm, strategic group, and industry influences on performance. Strategic Management Journal, 28(2), 147-167.

[356] Shrivastava, P. (1995). Environmental technologies and competitive advantage. Strategic Management Journal, 16: 183-200.

[357] Simpson, W. G., & Kohers, T. (2002). The link between corporate social and financial performance: Evidence from the banking industry. Journal of Business Ethics, 35(2), 97-109.

[358] Simpson, W. G., & Kohers, T. (2002). The link between corporate social and financial performance: Evidence from the banking industry. Journal of Busi-

ness Ethics, 35 (2), 97-109.

[359] Singh, A. (2003). Competition, corporate governance and selection in emerging markets. The Economic Journal, 113 (491), 443-464.

[360] Sinha, F. (2006). Social Rating and Social Performance Reporting in Microfinance. Towards a Common Framework, The SEEP Network for the Argidius Foundation.

[361] Sinkovics, R. R., Jean, A. P. R. J. B., & Cavusgil, S. T. (2011). Does IT integration really enhance supplier responsiveness in global supply chains? Management International Review, 51 (2), 193-212.

[362] Sirmon, D. G., Gove, S., & Hitt, M. A. (2008). Resource management in dyadic competitive rivalry: The effects of resource bundling and deployment. Academy of Management Journal, 51 (5), 919-935.

[363] Srikant, R., Basu, S., Wang, N., & Pregibon, D. (2010). User browsing models: Relevance versus examination. In Proceedings of the 16th ACM SIGKDD international conference on Knowledge discovery and data mining. ACM, 223-232.

[364] Stan, C. V., Peng, M. W., & Bruton, G. D. (2013). Slack and the performance of state-owned enterprises. Asia Pacific Journal of Management, 1-23.

[365] Standifird, S. S. (2001). Reputation and e-commerce: EBay auctions and the asymmetrical impact of positive and negative ratings. Journal of Management, 27 (3), 279-295.

[366] Stanwick, P. A., & Stanwick, S. D. (1998). The relationship between corporate social performance, and organizational size, financial performance, and environmental performance: An empirical examination. Journal of Business Ethics, 17 (2), 195-204.

[367] Starik, M., & Rands, G. P. (1995). Weaving an integrated web: Multilevel and multisystem perspectives of ecologically sustainable organizations. Academy of Management Review, 20 (4): 908-935.

[368] Staw, B. M., & Epstein, L. D. (2000). What bandwagons bring: Effects of popular management techniques on corporate performance, reputation, and CEO

pay. Administrative Science Quarterly, 45 (3), 523–556.

[369] Stevens, B. (2008). Corporate ethical codes: Effective instruments for influencing behavior. Journal of Business Ethics, 78 (4), 601–609.

[370] Stewart, W. H., May, R. C., & Kalia, A. (2008). Environmental perceptions and scanning in the United States and India: Convergence in entrepreneurial information seeking?. Entrepreneurship Theory and Practice, 32 (1), 83–106.

[371] Strike, V., Gao, J., & Bansal, P. (2006). Being good while being bad: Social responsibility and the international diversification of U. S. firms. Journal of International Business Studies, 37 (6): in press.

[372] Suchman, M. C. (1995). Managing legitimacy: Strategic and institutional approaches. Academy of Management Review, 20 (3), 571–610.

[373] Sull, D. (2009). How to thrive in turbulent markets. Harvard Business Review, 87 (2), 78–88.

[374] Swidler, A. (1986). Culture in action: Symbols and strategies. American sociological Review, 273–286.

[375] Taleb, N. N. (2012). Antifragile: Things that gain from disorder. Random House LLC.

[376] Tan, J., & Zeng, Y. (2009). A stage–dependent model of resource utilization, strategic flexibility, and implications for performance over time: Empirical evidence from a transitional environment. Asia Pacific Journal of Management, 26 (3), 563–588.

[377] Teece, D. J., Pisano, G., & Shuen, A. (1997). Dynamic capabilities and strategic management.

[378] Tolbert, P. S. (1985). Institutional environments and resource dependence: Sources of administrative structure in institutions of higher education. Administrative Science Quarterly, 1–13.

[379] Tornikoski, E. T., & Newbert, S. L. (2007). Exploring the determinants of organizational emergence: A legitimacy perspective. Journal of Business Venturing, 22 (2), 311–335.

[380] Tuzzolino, F., & Armandi, B. R. (1981). A need–hierarchy framework

for assessing corporate social responsibility. Academy of Management Review, 6 (1), 21-28.

[381] Uotila, J., Maula, M., Keil, T., & Zahra, S. A. (2009). Exploration, exploitation, and financial performance: Analysis of S&P 500 corporations. Strategic Management Journal, 30 (2), 221-231.

[382] Urban, G. L., & Star, S. H. (1991). Advanced marketing strategy: Phenomena, analysis, and decisions. Englewood Cliffs, NJ: Prentice Hall.

[383] Urban, G. L., Carter, T., Gaskin, S., & Mucha, Z. (1986). Market share rewards to pioneering brands: An empirical analysis and strategic implications. Management Science, 32 (6), 645-659.

[384] Urriolagoitia, L., & Vernis, A. (2012). May the economic downturn affect corporate philanthropy? Exploring the contribution trends in Spanish and US companies. Nonprofit and Voluntary Sector Quarterly, 41 (5), 759-785.

[385] Van der Laan, G., Van Ees, H., & Van Witteloostuijn, A. (2008). Corporate social and financial performance: An extended stakeholder theory, and empirical test with accounting measures. Journal of Business Ethics, 79 (3), 299-310.

[386] Verwaal, E., Commandeur, H., & Verbeke, W. (2008). Value creation and value claiming in strategic outsourcing decisions: A resource contingency perspective. Journal of Management.

[387] Vilkka, L. (1997). The intrinsic value of nature. Amsterdam: Rodopi.

[388] Waddock, S. A., & Graves, S. B. (1997). The corporate social performance. Strategic Management Journal, 8 (4), 303-319.

[389] Wade-Benzoni, K. A., Hoffman, A. J., Thompson, L. L., Moore, D. A., Gillespie, J. J., & Bazerman, M. H. (2002). Barriers to resolution in ideologically based negotiations: The role of values and institutions. Academy of Management Review, 27 (1), 41-57.

[390] Waldman, D. A., de Luque, M. S., Washburn, N., House, R. J., Adetoun, B., Barrasa, A., & Wilderom, C. P. (2006). Cultural and leadership predictors of corporate social responsibility values of top management: A globe study of 15 countries. Journal of International Business Studies, 37 (6), 823-837.

[391] Walters, B. A., & Priem, R. L. (1999). Business strategy and CEO intelligence acquisition. Competitive Intelligence Review, 10 (2), 15–22.

[392] Wang, H., & Qian, C. (2011). Corporate philanthropy and corporate financial performance: The roles of stakeholder response and political access. Academy of Management Journal, 54 (6), 1159–1181.

[393] Wang, H., Choi, J., & Li, J. (2008). Too little or too much? Untangling the relationship between corporate philanthropy and firm financial performance. Organization Science, 19 (1), 143–159.

[394] Wang, S., Mao, J. Y., & Archer, N. (2012). On the performance of B2B e-markets: An analysis of organizational capabilities and market opportunities. Electronic Commerce Research and Applications, 11 (1), 59–74.

[395] Wang, Y., & Lin, K. J. (2008). Reputation-oriented trustworthy computing in e-commerce environments. Internet Computing, IEEE, 12 (4), 55–59.

[396] WBCSD. (2002). The guidance tool on sustainable development reporting.

[397] Webb, D. J., Mohr, L. A., & Harris, K. E. (2008). A re-examination of socially responsible consumption and its measurement. Journal of Business Research, 61 (2), 91–98.

[398] Weigelt, K., & Camerer, C. (1988). Reputation and corporate strategy: A review of recent theory and applications. Strategic Management Journal, 9 (5), 443–454.

[399] Welch, J., & Welch, S. (2009). An employee bill of rights. BusinessWeek, March, 17, 72.

[400] Welsh, J., & Welch, S. (2009). The economy: A little clarity. Business Week, May 4, 80.

[401] Whiteman, G., & Cooper, W. H. (2000). Ecological embeddedness. Academy of Management Journal, 43 (6): 1265–1282.

[402] Williamson, O. E. (1985). The economic institutions of capitalism. Simon and Schuster.

[403] Winter, C. (2007). The intrinsic, instrumental and spiritual values of natural area visitors and the general public: A comparative study. Journal of Sustain-

able Tourism, 15 (6), 599–614.

[404] Wolfinbarger, M., & Gilly, M. C. (2001). Shopping online for freedom, control, and fun. California Management Review, 43 (2), 34–55.

[405] Wolfinbarger, M., & Gilly, M. C. (2003). eTailQ: dimensionalizing, measuring and predicting etail quality. Journal of Retailing, 79 (3), 183–198.

[406] Wood, D. J. (1991). Corporate social performance revisited. Academy of Management Review, 16 (4), 691–718.

[407] Wu, C. F. (2002). The relationship of ethical decision-making to business ethics and performance in Taiwan. Journal of Business Ethics, 35 (3), 163–176.

[408] Xiong, L., & Liu, L. (2003). A reputation-based trust model for peer-to-peer e-commerce communities. In E-Commerce, 2003. CEC 2003. IEEE International Conference on IEEE, 275–284.

[409] Xiong, L., & Liu, L. (2004). Peer trust: Supporting reputation-based trust for peer-to-peer electronic communities. Knowledge and Data Engineering, IEEE Transactions on, 16 (7), 843–857.

[410] Xu, E. & Yang, H. (2011). CSR and Sustainable Development of Firms: A Moderated Model Based on Institutional Theories. Proceedings 2011: International Conference on Management Science and Intelligent Control, IEEE Press.

[411] Xu, E., Yang, H., Quan, J. M., & Lu, Y. (2014). Organizational slack and corporate social performance: Empirical evidence from China's public firms. Asia Pacific Journal of Management, 1–18.

[412] Xu, G. Evaluation report of Chinese industry portals (2007). Available at www.ccwresearch.com.cn/store/article_content.asp? articleId =28087andColumnid = 354andview=#.

[413] Ye, Q., Law, R., & Gu, B. (2009). The impact of online user reviews on hotel room sales. International Journal of Hospitality Management, 28 (1), 180–182.

[414] Ye, Q., Li, Y., Kiang, M., & Wu, W. (2009). The impact of seller reputation on the performance of online sales: Evidence from taobao buy-it-now (bin) data.ACM SIGMIS Database, 40 (1), 12–19.

[415] Yiu, D., & Makino, S. (2002). The choice between joint venture and wholly owned subsidiary: An institutional perspective. Organization Science, 13(6), 667-683.

[416] Yiu, D., Bruton, G. D., & Lu, Y. (2005). Understanding business group performance in an emerging economy: Acquiring resources and capabilities in order to prosper. Journal of Management Studies, 42(1), 183-206.

[417] Yoshikawa, T., Tsui-Auch, L. S., & McGuire, J. (2007). Corporate governance reform as institutional innovation: The case of Japan. Organization Science, 18(6), 973-988.

[418] Zaheer, S. (1995). Overcoming the liability of foreignness. Academy of Management Journal, 38(2), 341-363.

[419] Zenisek, T. J. (1979). Corporate social responsibility: A conceptualization based on organizational literature. Academy of Management Review, 4(3), 359-368.

[420] Zhang, J. (2006). The roles of players and reputation: Evidence from eBay online auctions. Decision Support Systems, 42(3), 1800-1818.

[421] Zhang, J., & Cohen, R. (2006). Trusting advice from other buyers in e-marketplaces: The problem of unfair ratings. In Proceedings of the 8th international conference on electronic commerce: The new e-commerce: innovations for conquering current barriers, obstacles and limitations to conducting successful business on the internet. ACM, 225-234.

[422] Zhao, J., Wang, S., & Huang, W. V. (2008). A study of B2B e-market in China: E-commerce process perspective. Information & Management, 45(4), 242-248.

[423] Zhu, F., & Zhang, X. (2010). Impact of online consumer reviews on sales: The moderating role of product and consumer characteristics. Journal of Marketing, 74(2), 133-148.

[424] Zhu, K. (2002). Information transparency in electronic marketplaces: Why data transparency may hinder the adoption of B2B exchanges. Electronic Markets, 12(2), 92-99.

[425] Zimmerman, M. A., & Zeitz, G. J. (2002). Beyond survival: Achieving new venture growth by building legitimacy. Academy of Management Review, 27(3), 414–431.

[426] Zott, C. (2003). Dynamic capabilities and the emergence of intraindustry differential firm performance: Insights from a simulation study. Strategic Management Journal, 24(2), 97–125.

[427] Zott, C., Amit, R., & Massa, L. (2011). The business model: Recent developments and future research. Journal of Management, 37(4), 1019–1042.

[428] 中国互联网信息中心. 第34次中国互联网络发展状况统计报告. 北京: 2014.

[429] 中国互联网络信息中心. http: //www.cnnic.net.cn/.

[430] 互联网_百度百科. http: //baike.baidu.com/view/6825.htm.

[431] 卢泰宏. 中国消费者行为报告. 北京: 中国科学社会出版社, 2005.

[432] 周书恒. 从职业经理人到产品经理: 下一代企业家展望. 零壹财经, 2014年07月02日, http: //01caijing.com/html/zl/1446_4887.html.

[433] 姜彩芬. 重视网上消费行为研究, 促进B2C电子商务发展. 经济师, 2012(2).

[434] 宋文官, 姜何, 华迎. 网络营销. 北京: 清华大学出版社, 2008.

[435] 张彩虹, 莫钰姿, 刘耀中. 网络消费者行为决策影响因素与企业策略分析, 消费经济, 2012, 24(1): 62-64.

[436] 张铭洪. (2007). 网络经济学. 北京: 高等教育出版社, 2007.

[437] 彭剑锋. (2008). 21世纪人力资源管理的十大特点. 中国人才, 2008, 11.

[438] 李明哲. 网上购物的消费者行为分析2012. 现代商贸工业, 2012, 20(6).

[439] 杨晓燕. 中国消费者行为研究综述2003. 经济经纬, 2003, 1(56-58).

[440] 杨洁, 甄翠敏, 王宏伟. 市场营销学. 北京: 中国社会科学出版社, 2009.

[441] 艾瑞网_中国新经济门户. http: //news.iresearch.cn/zt/235923.shtml.